Gertraud E. Heuß
Erstlesen und Erstschreiben

Gertraud E. Heuß

Erstlesen und Erstschreiben

Eine Didaktik des Schriftspracherwerbs

IA Verlag Ludwig Auer Donauwörth

FÜR HANS

Gedruckt auf umweltbewußt gefertigtem, chlorfrei gebleichtem
und alterungsbeständigem Papier.

1. Auflage. 1993
© by Ludwig Auer GmbH, Donauwörth. 1993
Alle Rechte vorbehalten
Umschlagentwurf: Josef Kinzelmann, Bäumenheim
Gesamtherstellung: Ludwig Auer GmbH, Donauwörth
ISBN 3-403-02205-6

Inhalt

Vorwort

„Jeder fünfte Schüler sagt, die Schule verleide das Lesen". Diese Feststellung *Franzmanns* (1991, 59) bezieht sich auf eine Züricher Studie unserer Tage[1] und resultiert aus der Befragung von über dreihundert Gymnasiasten, Haupt- und Realschülern.

Es ist kein Trost, daß sich diese Aussage nicht auf die Bundesrepublik bezieht, denn von dort liegen vergleichbare Behauptungen vor. *Schmidtchen* zieht aus seinen Recherchen schon 1968 den Schluß, „daß die Volksschule alten Typs als Sozialisationsinstanz für das Eintrainieren einer produktiven Beziehung zum Buch versagt hat"[2]. Volkshochschulen bieten wegen des wachsenden funktionalen Analphabetismus[3] Kurse zum Schriftspracherwerb an und schenken damit unmündigen Lesern die Chance, nachzuholen, was sie in der Regelschule versäumt haben. Diese Tatsache bestürzt angesichts jahrelanger Bemühungen engagierter Grundschullehrerinnen und -lehrer, denen es offensichtlich nicht gelingt, alle Kinder zu kompetenten Lesern zu erziehen.

Es kann hier nicht den Ursachen für die Unfähigkeit vieler Menschen, mit Schriftsprache umzugehen, nachgespürt werden. Ein ganzes Bündel von Faktoren müßte entwirrt und offengelegt werden; denn Einstellungen, Wertschätzungen, Fertigkeiten und Fähigkeiten im Umgang mit Schriftsprache beziehen sich weit über den Raum der Schule hinaus. Soweit aber diese verantwortlich gemacht werden kann für den Erwerb der Schriftsprache und bleibender Lese- und Schreibmotivationen der ihr anvertrauten Kinder, sollen hier Zusammenhänge aufgezeigt, Perspektiven entwickelt und Reflexionen ermöglicht werden, die den Lehrerinnen und Lehrern Mut machen, Neues zu erproben, bisher Praktiziertes zu überdenken und die Grenzen und Möglichkeiten eigenen Handelns auszuloten. Damit versteht sich das Buch gleichermaßen als Basis für das Studium des Schriftspracherwerbs sowie als Hilfe für den schulischen Alltag.

---

1 Bonfadelli, Heinz 1991
2 Schmidtchen, Gerhard: Lesekultur in Deutschland. In: I/2 Börsenblatt für den Deutschen Buchhandel – Frankfurter Ausgabe – Nr. 70, vom 30. 8. 1968, 1999
3 vgl. Hasler, Herbert 1991, 186 ff.

1. Grundlegung und Aufriß der Thematik

1.1 Zum Verständnis einer Didaktik des Schriftspracherwerbs

Lehrerinnen und Lehrer hängen – oft auch unbewußt – didaktischen Theorien an. Sie „wissen", wie ihr Unterricht abläuft, ohne darüber weiter nachzudenken. Um das Lehrverhalten aber vor sich selbst, den Kindern, den Eltern oder einer Öffentlichkeit rechtfertigen zu können, ist es notwendig, dieses zu reflektieren.

Den Bezugsrahmen für solche Reflexionen liefert das jeweilige Verständnis von Didaktik. Da es nun *die* Didaktik schlechthin nicht gibt, sondern verschiedene Auffassungen davon, „die zu unterschiedlichen Theorien oder Modellvorstellungen führen" *(Beisbart/Marenbach* 1990, 15), ist es notwendig, sich über den eigenen Didaktikbegriff Klarheit zu verschaffen. Allen Vorstellungen von Didaktik ist gemeinsam, daß sie Didaktik als Theorie des Unterrichts, als Wissenschaft vom Lehren und Lernen begreifen. Ich halte mich bei meinen Ausführungen an die Darlegungen von *Klafki* (1980), der in der Weiterentwicklung seines bildungstheoretischen Ansatzes zu einer kritisch-konstruktiven Didaktik findet. *Klafki* ordnet alles unterrichtliche Geschehen der pädagogischen Zielsetzung zu, Hilfen zur Entwicklung der Selbstbestimmungs- und Solidaritätsfähigkeit zu geben. „Selbstbestimmungs- und Solidaritätsfähigkeit schließen, als konstitutive Momente, rationale Diskursfähigkeit, d. h. Fähigkeiten zur Begründung und Reflexion, entwickelte Emotionalität und Handlungsfähigkeit, d. h. die Fähigkeit ein, auf die eigenen Beziehungen zur natürlichen und gesellschaftlichen Wirklichkeit im Sinne begründeter Zielsetzungen aktiv einzuwirken"*(Klafki* 1980,32). *Klafki* bezieht seinen Didaktikbegriff auf eine pädagogische Zielebene. Er will den Zusammenhang von Lehren und Lernen als einen Interaktionsprozeß von allen Beteiligten verstanden wissen, bei dem auch den Schülern Möglichkeiten zur Mitplanung, ja zur Unterrichtskritik eingeräumt werden. Lernen versteht sich in solchem

Zusammenhang als ein entdeckender, sinnhafter, nachentdeckender, verstehender Prozeß, der sich gleichermaßen auf Lehrende und Lernende erstreckt.

Dieser weite Didaktikbegriff umfaßt, bezogen auf den Schriftspracherwerb, den *„Gesamtkomplex der Entscheidungen, Entscheidungsvoraussetzungen, Entscheidungsbegründungen und Entscheidungsprozesse für alle Aspekte des Unterrichts"*, wie *Klafki* schon 1976 formulierte[4] und *Menzel* (1981) es für die Didaktik des Erstschreibens fordert. Zielstellungen, Auswahl der Inhalte und der daraus zu spezifizierenden Themen, organisatorisches und methodisches Vorgehen im Lese- und Schreibunterricht sind dabei ebenso angesprochen wie die Integration ausgewählter Medien und die Analyse des jeweiligen Lernstandes eines Kindes. Hier wird die Verflochtenheit und Komplexität einer Didaktik des Schriftspracherwerbs deutlich. Sie unter verschiedenen Perspektiven aufzulösen, ist ein Anliegen dieser Schrift.

Da sich Schriftsprachdidaktik als eine Fachdidaktik versteht, ist es zunächst unumgänglich, den Gegenstand Schriftsprache in seinem Bezug zum Lesen- und Schreibenlernen zu verdeutlichen, seiner Herkunft nachzugehen und seine Bedeutung für Menschen unseres Kulturkreises herauszustellen (Kapitel 2). Dabei ist es interessant, sich gerade auch auf die Situation der Lernenden zu besinnen. Ihre vorschulischen Lerngeschichten, ihre unterschiedlichen Erwartungshaltungen, ihr individuelles Vorwissen, ihre Lernbereitschaft und -fähigkeit tragen entscheidend zum Erfolg oder Mißerfolg des Lesen- und Schreibenlernens bei. Nicht für jedes Kind wird es selbstverständlich sein, die beiden Lernprozesse mühelos zu verkraften. Schwierigkeiten, die sich dabei einstellen können, gehören ebenso reflektiert wie der problemlose Unterrichtsverlauf (Kapitel 3). Der Rückblick auf die Geschichte der Lese- und Schreiblehrverfahren wird erkennen lassen, wie immer schon um die Art der Vermittlung von Schriftsprache an die nachfolgende Generation gerungen wurde (Kapitel 4). Schließlich wird an historischen und aktuellen Beispielen zu zeigen sein, welchen Zielen sich der Erstlese- und -schreibunterricht verpflichtet weiß, an welchen Inhalten und mit welchen Medien gelernt, geübt oder der jeweilige Leistungsstand überprüft wird. Besonderes Interesse wird dabei der Frage gewidmet, wie sich die einzelnen Momente in „eine sukzessive Abfolge eines Lehr- Lern- Prozesses bzw. in alternative Mög-

---

4 Klafki, Wolfgang 1976, 77

lichkeiten solcher Abfolgen" (*Klafki* 1980, 37) umsetzen lassen (Kapitel 5). Dabei ist mir selbstverständlich bewußt, daß alle Vorstellungen, Vorschläge,eröffneten Perspektiven und Möglichkeiten trotz des Versuchs, sie zu konkretisieren, im Allgemeinen verhaftet bleiben müssen. Sie bedürfen – bezogen auf die jeweilige Klasse, die je besondere Situation der Lehrerin oder des Lehrers, die immer wieder besonderen situativen Umstände – der ständigen Überprüfung und verantwortbaren Entscheidung durch Lehrerinnen und Lehrer.

1.2 Ausgewählte Methoden einer Didaktik des Schriftspracherwerbs

Die Methoden einer Didaktik des Schriftspracherwerbs unterscheiden sich im großen und ganzen nicht von denen der Didaktik allgemein. Auch diese kann für sich keine besonderen Methoden in Anspruch nehmen. Sie greift, selbst bei der Unterrichtsdokumentation, auf Verfahren zurück, wie sie in der Philosophie, der Pädagogik, der Erziehungswissenschaft, der Soziologie oder der Psychologie und Informatik auch zur Anwendung kommen:

Hermeneutisch wird gearbeitet, wenn etwas ausgelegt, interpretiert wird, wobei sich die Auslegung auf Texte, im Zusammenhang einer Reflexion der Schriftsprache aber auch auf Vorstufen der Schrift beziehen kann, von deren Interpretation Gesetzmäßigkeiten abgeleitet oder Zusammenhänge gestiftet werden. So wurden beispielsweise die über die Entstehung unseres Schriftsystems gewonnenen Erkenntnisse großenteils auf hermeneutischem Wege durch ein Hineinversetzen und Nacherleben des Aufgezeichneten ermittelt.

Auch *dialektisch* wird im Zusammenhang mit Schriftspracherwerb verfahren, wenn beispielsweise bei der Diskussion der zu erreichenden Ziele oder der anzuwendenden Lehrmethoden zwei scheinbare Gegensätze (These-Antithese) auf eine höhere Ebene geführt und in einen neuen Wirkungszusammenhang (Synthese) gestellt werden.

Gegenwärtig stehen die Beobachtungen der Lernzugriffe von Kindern im Unterschied zur Analyse des Lehrerverhaltens im Mittelpunkt einer didaktischen Diskussion um den Schriftspracherwerb (*Brügelmann* 1984, *Dehn* 1988, *Scheerer-Neumann* 1988). Möglichst vorurteilsfrei und unvoreingenommen wird dabei – unter Verzicht auf anderes Wissen – versucht, die Phänomene zu beobachten und die Stufen der Entwicklung beim

Lese- und Schreibanfänger aufzuschreiben. Hier finden sich Ansätze einer *phänomenologischen* Methode.

Empirische Methoden wie Interviews, Beobachtungen, Tests kommen im Rahmen des Schriftspracherwerbs ebenfalls zur Anwendung. So wurden beispielsweise Aussagen der Vorschul- und Grundschulkinder zu ihrem Leseverständnis (vgl. Kap. 2.1.3/3.1.3/5.4.3) oder die Anzahl der beim Schuleintritt schon lesefähigen Kinder (*Neuhaus-Siemon* 1989) empirisch ermittelt.

Didaktische Forschung versteht sich aber hauptsächlich als *Unterrichts- und Handlungsforschung.* Unterrichtsforschung setzt eine möglichst genaue Unterrichtsdokumentation voraus, wobei mit Hilfe von Medien wie Videokamera, Tonband, Cassettenrekorder, Protokollbogen versucht wird, die Vielschichtigkeit und Verflochtenheit eines Unterrichtsablaufs festzuhalten. Leider liegen uns aber – außer der Augsburger Dokumentation von *Röbe* (1977) – zum Schriftspracherwerb der Kinder noch viel zu wenig Aufzeichnungen vor. Nicht viel anders steht es um die Handlungsforschung, bei der die Grenzen zwischen Beobachter und Beobachtetem verwischt sind, weil der Forscher zugleich Handelnder in der Situation ist, und diese durch sein Verhalten beeinflussen und verändern möchte. Nicht nur Erkennen sondern Verändern ist das ausdrückliche Ziel der Handlungsforschung. In einem gewissen Sinn könnte jede Lehrerin und jeder Lehrer Handlungsforscher sein, weil sie beständig durch ihr Mitwirken die Situation verändern. Aber Lehrerinnen und Lehrer sind in der Regel zu wenig auf diese Aufgaben vorbereitet und bei der alltäglichen Schularbeit damit überfordert.

Mit Hilfe dieser Erhebungsmethoden wurden Aussagen gewonnen, die im vorliegenden Buch zusammengestellt sind. Zu ihrer Präsentation bediene ich mich dabei überwiegend *deskriptiver* und *präskriptiver* Vorgehensweisen. Dabei läßt es sich oftmals nicht umgehen, zu interpretieren, zu erläutern oder zu erklären. Hier vermengen sich dann zwangsläufig prä- und deskriptive Verfahren mit hermeneutischen.

Der *deskriptive Teil* der Arbeit beschreibt, referiert, denn die deskriptive Forschung „ist darauf gerichtet, zu klären, was ist", umfaßt aber auch Erklärungen und, wo möglich, Prognosen (*Klauer* 1986, 75). Die Kapitel 2 und 4 sind überwiegend deskriptiv verfaßt. Hier geht es vorwiegend darum, Fakten und Einsichten zu vermitteln, Zusammenhänge aufzuzeigen und Perspektiven zu eröffnen. Soweit Interpretationen erforderlich sind, fließen hermeneutische Momente in die Deskription mit ein.

Ein *präskriptiver Teil* versucht mit Handlungsanweisungen, Empfehlungen, Anleitungen Lehrerinnen und Lehrern zu helfen, ihre Praxis zu reflektieren oder zu verändern, denn „in der präskriptiven Forschung geht es stets darum, herauszufinden, wie ein als wertvoll erachtetes Ziel erreicht werden kann" (*Klauer* 1986, 76). Präskriptive Teile finden sich vorwiegend in den Kapiteln 3 und 5, sind dort aber ebenfalls mit hermeneutischen vermischt.

1.3 Weiterführende Literatur

Klafki, Wolfgang: Die bildungstheoretische Didaktik. In: Westermanns Pädagogische Beiträge 32/1/1980, S. 32–37

Klauer, Karl Josef: Forschungsmethoden der Pädagogischen Psychologie. In: Weidenmann/ Krapp (Hrsg.), Pädagogische Psychologie. München/Weinheim (Psychologie Verlagsunion/Urban & Schwarzenberg) 1986, S. 73–95

Menzel, Wolfgang: Schreiben – Lesen. Für einen handlungsorientierten Erstunterricht. In: E. Neuhaus-Siemon (Hrsg.), Schreibenlernen im Anfangsunterricht der Grundschule. Königstein/Ts. (Scriptor) 1981, S. 134–160

Oppolzer, Siegfried (Hrsg.): Denkformen und Forschungsmethoden der Erziehungswissenschaft. München (Ehrenwirth) 1966 (Bd. 1), 1969 (Bd. 2, 2. Aufl.)

2. Schriftsprache als Gegenstand der Vermittlung

2.1 Die Sprache als Handlungsträger für Lesen und Schreiben

2.1.1 Der Symbolcharakter der Buchstabenschrift

Sprache gilt seit langem als Ausdruck menschlichen Geistes; sie ist ein Abstraktum, steht sie doch symbolisch für Gegenstände, situative Zusammenhänge, Handlungen, Gefühle, ja für Gedanken aller Art. Durch Sprache werden Gegenstände, Beziehungen und Realitäten geistig verfügbar. Das Miteinandersprechen erspart es uns, das Gemeinte, Beabsichtigte, vorzuführen, zu zeigen. Mit Worten drücken wir Einfälle, Gedanken aus, erzählen schon Gewesenes, an dem ein anderer nicht hat teilhaben können oder entwerfen Zukunftsperspektiven. Auf abstrakt-symbolischer Ebene ermöglicht gesprochene Sprache menschliche Kommunikation. Wird gesprochene Sprache aufgeschrieben, so wird das primäre Lautsystem in ein sekundäres Schriftsystem transformiert. *Bosch* (1937) bezeichnet daher zurecht die Schrift als ein Symbolsystem zweiten Grades[5]. Damit wird Schrift zu einem Kulturgut, das nur dem menschlichen Geist eigen ist.

Dieses Umsetzen der Sprache aus Lauten in Schrift bereitet bei unserer Buchstabenschrift Schwierigkeiten, weil sich unsere Sprache nur wenig lauttreu verschriften läßt. *Kainz*, der die Buchstabenschrift als „den leistungsfähigsten Gipfel aller Schriftsysteme" bezeichnet (*Kainz* 1977, 25), weist auf die Schwierigkeiten hin, die sich daraus ergeben, daß unsere Schrift zwar phonetisch ist, daß aber „zwischen Phonemen (Lauten als Artikulationsprodukten) und Graphemen (geschriebenen Buchstaben) kein absoluter Parallelismus, ja nicht einmal restlose Konsequenz und

---

5 Zu grundlegenden Fragen von Sprache und Schrift vgl. auch F. Saussure: Grundfragen der Sprachwissenschaft. Berlin (Kröner) 1967 (2. Aufl.), 27 ff. und N. Hartmann: Das Problem des geistigen Seins. Berlin (de Gruyter) 1933

Konstanz in den Annäherungen besteht" (*Kainz* 1977, 27f.). Wir kennen für ein Phonem[6] verschiedene Grapheme[7], wie zum Beispiel für den „ks"-Laut in sechs, Keks, fix oder den „f"-Laut in Philipp, Vater, Fisch. Wir kennen umgekehrt für ein und dasselbe Zeichen verschiedene Aussprachemöglichkeiten, wie zum Beispiel für „ch" in wichtig, Christine, Bach oder für das „V" in Vogel und Vase. Es kommt hinzu, daß wir beim Sprechen sehr viel mehr Laute ineinander verschmelzen als wir aufschreiben, wenn wir den gesprochenen Text verschriften. So sprechen wir beispielsweise „Lilije" und schreiben „Lilie".[8] Und schließlich sprechen wir in der Mundart oder Umgangssprache bestimmte Wörter anders aus als wir sie schreiben (z. B. „Vata un Muta" für Vater und Mutter). Welche Schwierigkeiten sich daraus für Kinder ergeben, wenn sie erste Schreibversuche unternehmen, hat *Dehn* (1988) überzeugend nachgewiesen.

Doch die Probleme treten nicht nur beim Schreiben auf. Auch beim Lesen eines Textes erfolgt keineswegs eine deckungsgleiche Zuordnung von Graphem und Phonem. Wer einen Text verstehen will, muß mehr leisten als nur die aufgeschriebenen Laute nacheinander zu sprechen. Oft genug kann man Leseanfänger beobachten, die erst nach einigem Zögern oder einer produktiven Pause wissen, welches Wort sie gelesen haben, weil sich das Verständnis für das Gelesene nicht unmittelbar mit dem lauten Lesen einstellt. Das obige Beispiel läßt sich umkehren: Wenn ein Kind „*Mutter*" liest und dabei jedes Phonem gleich gewichtet, wird es einige Zeit dauern, bis es verstehend „Muta" wiederholt.

Der Symbolcharakter unserer Buchstabenschrift verhindert, daß sich die schriftliche Information direkt, wie bei einer Bilderschrift, ablesen läßt. Der Leser einer Buchstabenschrift muß zuerst lernen, wie er den verschlüsselten Text entschlüsseln kann. Welch unterschiedliche „Tüchtigkeitsniveaus" dabei vermutlich durchlaufen werden, hat *Goodman* (1976) herausgearbeitet und in einem Diagramm dargestellt. Er bedient sich dabei der Sprache der Informatik und benutzt für sein Modell die Vorstel-

---

6 Ein Phonem ist die kleinste lautliche Einheit der gesprochenen Sprache mit bedeutungs-unterscheidender Wirkung (Ulrich, Winfried: Wörterbuch, linguistische Grundbegriffe. Kiel [Hirt] 1972). In der Reihe *H*and, *S*and, *L*and sind beispielsweise H, S, L solche Phoneme.

7 Ein Graphem entspricht dem geschriebenen Zeichen, dem Buchstaben.

8 Dazu schreibt Kainz: „Daß die Schrift weniger Buchstaben verwendet als die Sprache Laute, ist eine Notwendigkeit, die in einzelnen Fällen zwar einen Mangel, in bezug auf die Tätigkeit als Ganzes dagegen einen Vorteil bedeutet, weil erst dadurch schnelles Schreiben ermöglicht wird" (1977, S. 29).

lung von „In-" und „Output". Befindet sich der Leser auf dem ersten Tüchtigkeitsniveau (Tab.1), so nimmt er als graphischen Input Buchstaben, Buchstabengruppen oder einzelne Wörter wahr. Mit dem visuellen Erfassen stellt sich ein inneres Hören, ein „auraler Input" ein, das heißt, der Leser weiß, wie die Buchstaben, Buchstabengruppen oder Wörter lauten. Spricht er diese Phoneme, Phonemgruppen oder Wortnamen aus, so hat eine Umsetzung aus dem graphischen Code in den phonetischen stattgefunden. Diese Umsetzung bezeichnet *Goodman* als *Rekodieren*, weil der Leser die Nachricht oder Mitteilung aus einem Symbolsystem (dem graphischen) in ein anderes (das phonetische) übersetzt. Dabei muß sich das Verständnis für das Gelesene noch keinesfalls einstellen, wie beispielsweise jeder, der eine Fremdsprache nicht fließend beherrscht, aus eigener Erfahrung weiß. Man kann einen Text oftmals problemlos vorlesen, ohne schon zu wissen, was er bedeutet. Das Textverständnis ist erst zu erwarten, wenn eine *Dekodierung* stattgefunden hat. Im Diagramm sieht dieser Vorgang folgendermaßen aus:

1. Tüchtigkeitsniveau

Graphischer Input	Auraler Input	Oraler Output	Bedeutung
Buchstaben Buchstaben- gruppen Wortbilder	Phoneme Phonemgrup- pen Wortnamen	Laute Lautgruppen Wortnamen	Lautverständnis Verständnis Wort- verständnis
→ Rekodieren	→ Rekodieren	→ Dekodieren	

Tab. 1: (nach Goodman 1976, 141)

Es darf angenommen werden, daß sich dieser Vorgang durch Übung beschleunigt und verkürzt. Der Leser erfaßt immer größere graphische Einheiten, bei denen sich wohl sofort das innere Hören, der aurale Input, einstellt. Über das Aussprechen des innerlich Gehörten und visuell Aufgenommenen stellt sich dann das Verständnis für den Lesetext ein (Tab.2):

2. Tüchtigkeitsniveau

Graphischer Input + Auraler Input	Oraler Output	Bedeutung
Große graph. Sequenzen		
	→ Rekodieren	→ Dekodieren

Tab. 2 (nach Goodman 1976, 142)

Wiederum durch Übung kann der Prozeß verkürzt werden. War es bisher für den Leser zum Verständnis des Gelesenen noch nötig, das Rekodierte auszusprechen, also laut zu lesen, so verinnerlicht sich der Vorgang nun immer mehr. Der Dekodierungsprozeß dominiert, das Rekodieren wird nicht mehr wahrgenommen. Der Leser stellt sich gleich auf Sinnerfassung ein, da sich bei ihm der Rekodierungsvorgang quasi automatisiert hat (Tab.3):

3. Tüchtigkeitsniveau (stilles Lesen)

Graphischer Input	Bedeutung
Große Sequenzen	
→ Dekodieren	

Tab. 3 (nach Goodman 1976, 143)

Will ein Leser, der dieses Tüchtigkeitsniveau bereits erreicht hat, einen Text vorlesen, so kann man sich den Vorgang folgendermaßen vorstellen (Tab.4):

4. Tüchtigkeitsniveau (klanggestaltendes Lesen)

Graphischer Input	Bedeutung	oraler Output
Große Sequenzen		
	→ Dekodieren	→ Enkodieren

Tab. 4 (nach Goodman 1976, 144)

Wer anderen etwas vorlesen will, muß nach diesem Schema zuerst für sich selbst den Text dekodieren, er muß ihn verstanden haben, bevor er ihn so vortragen kann, daß der Zuhörer weiß, was gemeint ist. Der Leser enkodiert also noch einmal in seinen Ausdruck, was er für sich schon entschlüsselt hat. Damit wird deutlich, daß das klanggestaltende Lesen die Höchstform der Lesekunst darstellt.

18

2.1.2 Der Unterschied zwischen Sprechen/Hören und Schreiben/Lesen

Sprechenkönnen gilt als funktional vorgegeben. Schon Neugeborene babbeln bald nach der Geburt und lallen, selbst wenn sie taub sind. Dies wird durch ihre angeborenen Sprechwerkzeuge ermöglicht. Werden die ersten Lautäußerungen eines Kindes von der Umwelt aufgenommen, verstärkt und beantwortet, dann differenziert sich allmählich bei einem vollsinnigen Kind dessen Sprache aus. Sprechenkönnen wird daher als etwas Selbstverständliches erlebt, das kaum je als Arbeit empfunden wird.

Anders verhält es sich dagegen beim Schreiben. Seine Ausführung ist nicht wie beim Sprechen an ein bestimmtes Organ gebunden. Man kann mit der Hand, dem Arm, dem Fuß oder Mund schreiben. Außer dem ausführenden Körperorgan sind zum Schreiben noch Materialien nötig, ein Stift, Griffel, Stichel, eine Feder oder zumindest ein Finger, der auf einer beschlagenen Fensterscheibe, im Sand oder Schnee eine Spur hinterläßt. Im Unterschied zum Sprechen wird Schreiben daher nicht unbedingt als selbstverständlich empfunden. Es gilt eher als anspruchsvollere Tätigkeit, die auch anstrengend sein kann.

Sprechen gilt als ein dynamischer Vorgang, der einem ständigen Wandel unterworfen ist. Dialekte bilden sich aus, Redewendungen und Redensarten werden geprägt, Untergruppen der Gesellschaft entwickeln ihre eigenen Sprachgewohnheiten, die sich immer wieder verändern. Nicht so bei der Schrift. Schriftliche Sprache wirkt „wandelbremsend" oder vereinheitlichend, wie *Kainz* (1956) sich ausdrückt. „Schrift ist imstande, eine (...) Gruppe auseinanderstrebender Mundarten zusammenzuhalten und zur Einheit einer Hoch-und Gemeinsprache zu verbinden" (*Kainz* 1956, 2).

Ein weiterer Unterschied zwischen der gesprochenen und geschriebenen Sprache liegt darin, daß die gesprochene Sprache oftmals leichter verstanden wird als die geschriebene, weil sie sich eines weniger umfangreichen Wortschatzes bedient. Sie greift auf den schnelleren Weg der direkten Mitteilung zurück, der kaum Zeit zur erlesenen Wortwahl läßt. Der Sprecher benützt in der Regel die gängigsten Wortfügungen, kann mit verschiedenen Worten das Gesagte wiederholen und sich des Verständnisses beim Zuhörer versichern. Schreiben dagegen läßt eine sorgsame Auswahl der Wörter zu. Der Schreiber kann sich Zeit lassen, kann überlegen, welche Ausdrücke er wählt, um einen Gedanken zu präzisieren. Er kann auf Redundanz verzichten und damit seine Aussagen verdichten. Diese sind dann in der Regel prägnanter als in der mündlichen Mitteilung aber oft auch schwerer verständlich.

In der gesprochenen Sprache wird die Kommunikation durch viele Hinweise wie Tonfall, Mimik oder Gestik des Sprechers unterstützt. Der Zuhörer kann bei Verständnisschwierigkeiten auch sofort zurückfragen. Auf solche Hilfsmöglichkeiten muß die schriftliche Form der Sprache verzichten. Trotz sorgsamer Wortwahl und der Möglichkeit, die Sinnbetonung mit Satzzeichen zu steuern, treten bei schriftlicher Kommunikation häufiger Mißverständnisse auf als bei mündlicher.

2.1.3 Der Zusammenhang von Lesen und Schreiben

Lesen und Schreiben im Verständnis von Schulanfängern

Antworten von Vorschulkindern auf die Frage, ob sie schon etwas lesen können, zeigen nicht selten, daß für das Kind Lesen und Schreiben keine getrennten Funktionen sind. Wir erhielten in eigenen Studien[9] auf die Frage „Was kannst du schon lesen?" häufig zur Antwort: „Das, was ich auch schreiben kann." Oder: „Nur die Buchstaben vom eigenen Namen schreiben". Ein Mädchen antwortete auf die Frage, ob sie lesen lernen möchte: „Ich möchte schon mal lesen lernen, damit ich weiß, wie man meinen Nachnamen schreibt." Ein Junge, befragt, was ihm zu „Lesen" einfalle, sagte ganz einfach „Schreiben".

Die Beispiele ließen sich erweitern. Sie belegen, daß für ein Kind Lesen und Schreiben zwei eng miteinander verbundene Tätigkeiten sind. Sie im Unterricht zu trennen, wie das in früheren Jahren nicht selten geschehen ist, widerspricht offensichtlich dem kindlichen Vorverständnis dieses Lernbereichs.

Der Zusammenhang von Lesen und Schreiben in linguistischer Sicht

Lesen und Schreiben beziehen sich gleichermaßen auf Sprache; sie setzen verbal formulierte Gedankengänge voraus. Im Schreiben werden diese Gedanken, Worte, Texte über Raum und Zeit hinweg fixiert. Der Wiener Sprachpsychologe *Kainz* bezeichnet daher schon 1956 das Schreiben als „die Tätigkeit des Umsetzens sprachlicher Bedeutungseinheiten (Sinnträger) und verbal ausformulierter Gedankengänge eines innersprachlichen Konzepts in sichtbare Zeichen" (*Kainz* 1956, 3). Lesen ist dann die

---

9 Die Befragungen wurden im Rahmen von Seminaren zur Erstlesedidaktik am Lehrstuhl für Grundschuldidaktik der Ludwig-Maximilians-Universität München in der Zeit von 1987–89 durchgeführt. An dieser Stelle danke ich allen beteiligten Studentinnen und Studenten für ihre Hilfe.

Umkehrung dieses Prozesses, oder wie *Kainz* es formuliert, „das verstehende Aufnehmen von schriftlich fixierten Sprachfügungen, somit die auf Grund der erworbenen Kenntnis der Schriftzeichen vollzogene Tätigkeit des Sinnerfassens graphisch niedergelegter Gedankengänge" (*Kainz* 1956, 162). *Hasler* (1991) sieht im „Lesen und Schreiben (...) Sprachtätigkeiten im Medium der geschriebenen Sprache. Lesenlernen und Schreibenlernen", so folgert er, „sind daher aufs engste miteinander verbunden" (*Hasler* 1991, 199).

Voraussetzung für Lesen und Schreiben ist also die Kenntnis derselben Zeichen, mit denen jeweils ver- bzw. entschlüsselt wird. Lesen und Schreiben hängen daher über das Zeichensystem der Buchstabenschrift zusammen, wie auch *Grissemann* (1986) ausführlich darlegt und daher, ebenso wie schon *Menzel* (1981), fordert, die beiden Lernprozesse im Unterricht zeitlich nicht zu trennen. *Menzel* bedauert das Fehlen einer „wirklichen Integration" der Prozesse des Schriftspracherwerbs. Sie werden seiner Meinung nach „künstlich auseinandergenommen." Er empfiehlt daher konzeptionelle Veränderungen der Lese- und Schreiblehrgänge, „um, was zusammengehört, auch tatsächlich integrativ lehrbar zu machen", (*Menzel* 1981, 151). Er stellt sich vor, „das Material müßte so aufgebaut sein, daß Lesen und Schreiben in engster Verbindung miteinander gelernt werden können" (*Menzel* 1981, 151).

Nun hat sich in den 80er Jahren einiges in der Didaktik des Schriftspracherwerbs geändert. So wird heute zumindest in einigen Bundesländern wieder die Druckschrift als Erstschrift zum Lesen- und Schreibenlernen verwendet, was eine Integration beider Lernprozesse erleichtert. Trotzdem fehlen noch „Lese- Schreib-Fibeln" im Sinne von *Menzel* (1981), „die nicht schon gänzlich fertig sind, sondern (...) in denen auch gemalt, gezeichnet, geschrieben werden kann" (*Menzel* 1981, 151), damit die Kinder das En- und Dekodieren von Sinn und Bedeutung integrativ erfahren können.

2.1.4 Der Lese- und Schreib-Begriff

Aus der Definition von *Kainz* (1956) läßt sich – vereinfachend gesehen – zusammenfassen:

Schreiben ist das Festhalten von Sprache in vereinbarten Zeichen, Lesen das verstehende Entschlüsseln derselben.

Diese verkürzte Definition setzt lediglich die Kenntnis der Buchstaben voraus, um einen Text im Sinne von *Goodman* (1976) lesend rekodieren zu können[10]. Um zum verstehenden Aufnehmen des Inhaltes zu kommen, wie *Kainz* (1956) es fordert, ist zusätzliches Wissen und Können nötig. „Der Leser bewegt nicht bloß seine Augen über die geschriebene Sprache, empfängt und registriert einen Strom von visuell-perzeptuellen Eindrücken. Er muß seine Sprachkenntnis, seine vergangene Erfahrung, seine begrifflichen Fähigkeiten aktiv in der Verarbeitung von Sprachinformation einsetzen (...)" (*Goodman* 1976, 139). *Neisser* (1974, 176) spricht in diesem Zusammenhang von Lesen als dem „äußerlich gelenkten Denken". Damit diese Gedankenarbeit in Gang kommen kann, wird vorausgesetzt, daß der Leser vom Text betroffen wird, daß er versteht, wovon der Inhalt handelt, daß die im Text angesprochenen Sachverhalte sich auf seine Lebenswelt beziehen. Mit diesem Blick auf den situativen Kontext, auf Erfahrungen und Erwartungen des Lesers, läßt sich Lesen nicht mehr nur als generelle Sinnentnahme (*Kainz* 1956) verstehen. Es hängt vom Leser ab, welche Bilder er innerlich aufbaut, was er aus dem Text aufgrund seiner persönlichen Erfahrungen herausliest, wie er den Text selektiv (*Goodman* 1976) wahrnimmt. „Lesen ist ein aktiver Prozeß, der durch den Leser in mehreren Hinsichten selbst gesteuert wird (...)", betonen *Gibson* und *Levin* (1980, 17). Mit diesem selektiven Lesen lassen sich auch Mißverständnisse erklären, die sich beim Lesen desselben Textes durch verschiedene Leser beobachten lassen. Das Lesen kann also als „eine Interaktion zwischen dem Leser und der geschriebenen Sprache betrachtet werden" (*Goodman* 1976, 139) oder als „kommunikatives Handeln" (*Müller* 1978, 13) zwischen dem Leser und dem Schreiber eines Textes.

Noch mehr geistige Aktivität als beim Lesen wird von einem Schreibenden erwartet. Dieser muß nicht nur graphomotorisch geschickt sein, also die zum Lesen und Schreiben nötigen Zeichen gestalten können, er muß auch kompetent sein, aus dem individuellen Erfahrungshorizont abgeleitetes Wissen sprachlich zu fassen und zu Papier zu bringen; er muß zudem Orthographie und Syntax beherrschen und über die oftmals mehrdeutige Semantik bestimmter Wörter Bescheid wissen. Da er der Schöpfer eines Textes ist und diesen gestaltet, wird ihm mehr an Kreativität abverlangt als einem Leser. *Ludwig* (1983) hat versucht, in Anlehnung an *Hayes* und *Flower* (1980) die hochkomplexen Vorgänge beim Schreiben darzustellen (Tab. 5). Damit ist andeutungsweise veranschaulicht, was sich beim Schreiben abspielt.

---

10 vgl. Kapitel 2.1.1

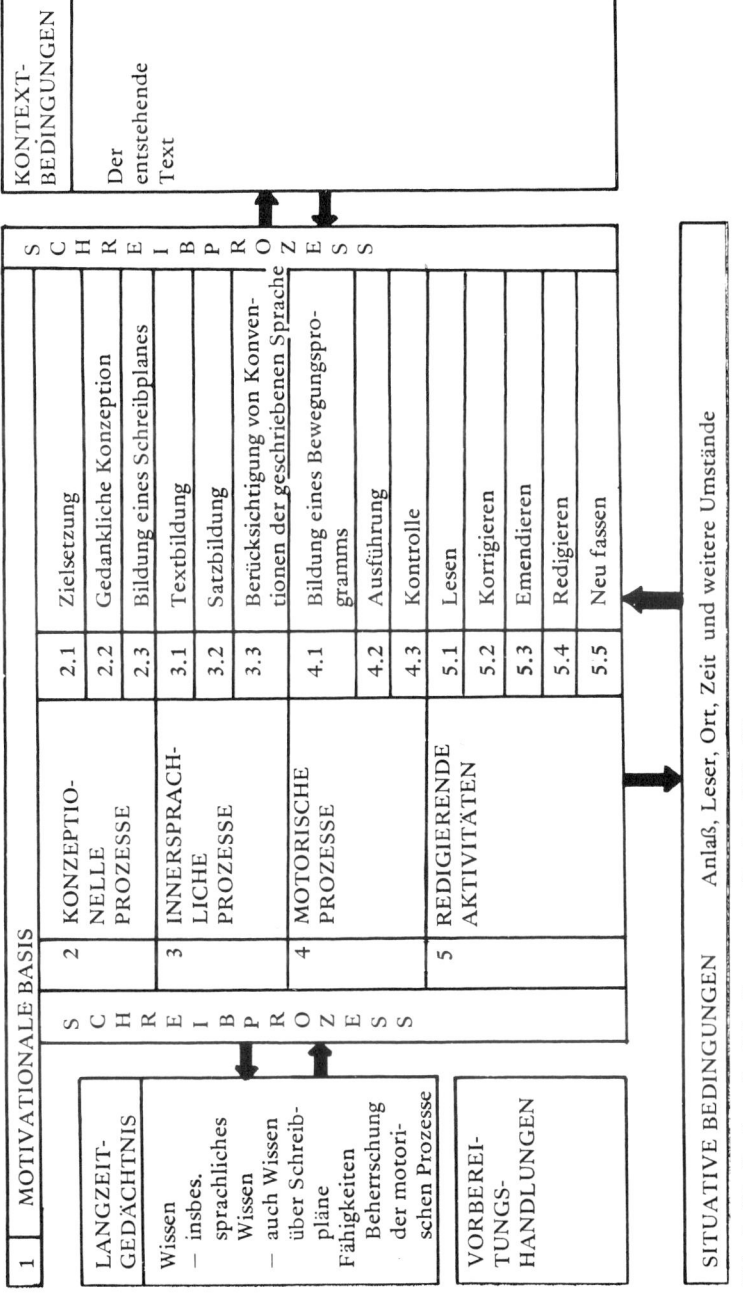

KONTEXT-BEDINGUNGEN

Der entstehende Text

SCHREIBPROZESS

1	MOTIVATIONALE BASIS		
2	KONZEPTIONELLE PROZESSE	2.1	Zielsetzung
		2.2	Gedankliche Konzeption
		2.3	Bildung eines Schreibplanes
3	INNERSPRACHLICHE PROZESSE	3.1	Textbildung
		3.2	Satzbildung
		3.3	Berücksichtigung von Konventionen der geschriebenen Sprache
4	MOTORISCHE PROZESSE	4.1	Bildung eines Bewegungsprogramms
		4.2	Ausführung
		4.3	Kontrolle
5	REDIGIERENDE AKTIVITÄTEN	5.1	Lesen
		5.2	Korrigieren
		5.3	Emendieren
		5.4	Redigieren
		5.5	Neu fassen

SCHREIBPROZESS

LANGZEIT-GEDÄCHTNIS

Wissen
– insbes. sprachliches Wissen
– auch Wissen über Schreibpläne
Fähigkeiten
Beherrschung der motorischen Prozesse

VORBEREITUNGS-HANDLUNGEN

SITUATIVE BEDINGUNGEN   Anlaß, Leser, Ort, Zeit und weitere Umstände

Tab. 5: Die Struktur des Schreibprozesses (Ludwig 1983, 46)

23

2.2 Die Entstehung unseres Schriftsystems

Vor etwa 5000 Jahren entstanden die ersten großen Schriften. Bilderschriftliche Aufzeichnungen lassen sich aber noch sehr viel weiter zurück verfolgen. Dabei spielt es keine Rolle, ob es der Mensch dem Bären abgeschaut hat, der mit seinen Krallen in den Felswänden Spuren hinterließ oder ob er von sich aus auf die Idee kam, Spuren und Bilder in die Höhlenwände zu ritzen. Es war dem Menschen offenbar ein Bedürfnis, sich graphisch auszudrücken. Vielleicht war es reine Funktionslust, die zum ersten spielerischen „Kratzen" führte. Ob die graphischen Spuren schon kommunikativen Charakter trugen, ob sie auch der Markierung und Abgrenzung dienten, wissen wir nicht. Dunkel umgibt die Anfänge der Schrift und läßt nur ahnen, welchem animistischen Zauberdenken die Urheber dieser Höhlenmalereien verfallen waren.

2.2.1 Vorstufen zur Schrift

In Wyhlen bei Lörrach in Baden wurden zwei Stücke gefunden, die wahrscheinlich zu den ältesten Vorläufern der Schrift in unserem Raum zu rechnen sind: ein Mammutstoßzahn und der Unterkiefer eines Pferdes, beide mit einer Kerbreihe verziert[11], vermutlich, um etwas festzuhalten. Wir kennen die Abwandlung dieser „Gedächtnisstützen" bis in unsere Tage, wenn man beispielsweise in einem Gasthaus mit Bleistiftstrichen auf Bierfilzen den Getränkekonsum der Gäste notiert.

In die Zeit zwischen 60 000 bis 40 000 v. Chr. werden die ersten zeichnerisch-malenden Dokumente der jüngeren Altsteinzeit eingeordnet, wie beispielsweise der Kopf des Moschusochsen, der an der Decke der Höhle von Altamira entdeckt wurde (Abb. 1).

Bilder erzählen Geschichten und ersetzen durch ihren Ausdruck die fehlende Möglichkeit, Sprache anders festzuhalten (Abb. 2).

Wenngleich in solchen Darstellungen Toten- oder Jagdmagie zum Aufzeichnen motiviert haben mag [12], so läßt diese Abbildung doch eine Handlung erkennen, die in Sprache übersetzt werden kann. Schon bei diesen frühen Malereien fallen gelegentlich abstrakte Zeichen auf, die in oder über figürliche Abbildungen gesetzt sind (Abb. 3).

---

11 vgl. Földes-Papp, Károly 1984, 7

12 Vieles spricht dafür, daß das Bedürfnis nach Mitteilung dem Eiszeitmenschen aufgrund seiner gesellschaftlichen, wirtschaftlichen und kulturellen Situation völlig fremd war. „Einzig eine magisch beschaffene Zeichen- und Gemäldeschrift konnte entstehen" (Földes-Papp 1984, 27).

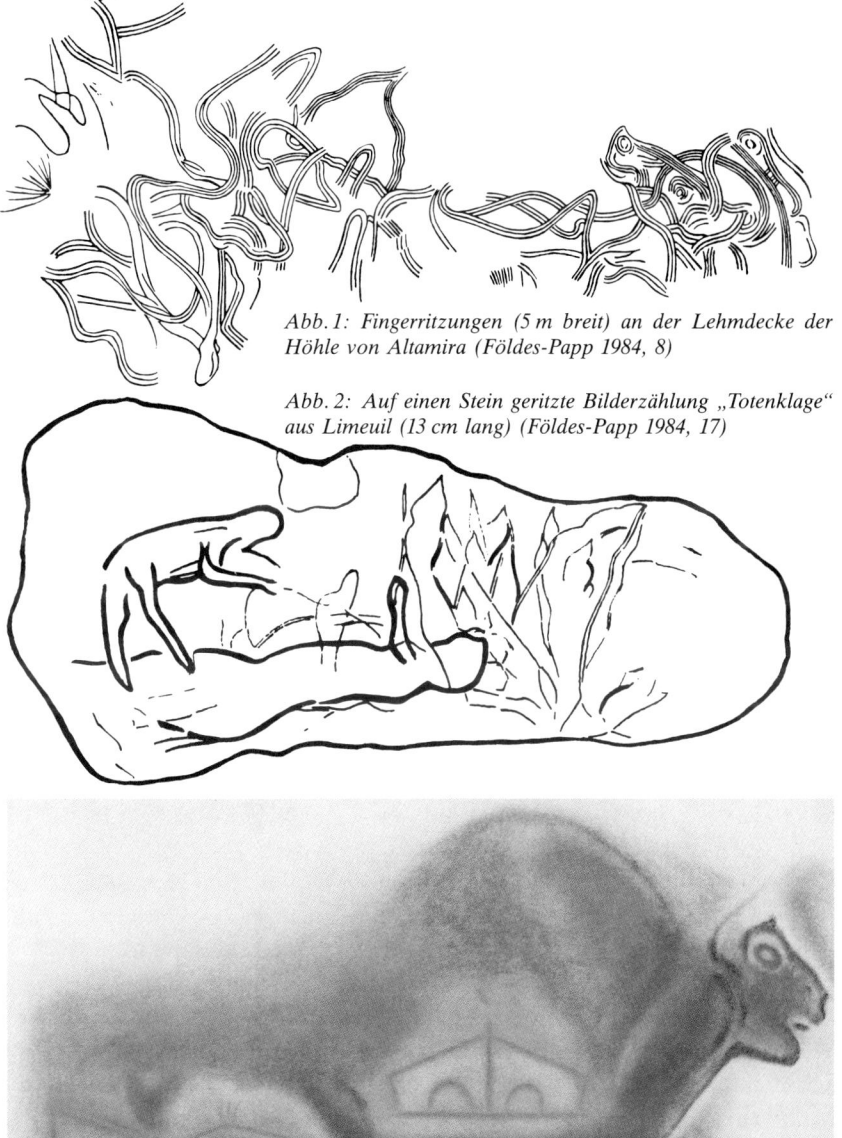

Abb. 1: Fingerritzungen (5 m breit) an der Lehmdecke der Höhle von Altamira (Földes-Papp 1984, 8)

Abb. 2: Auf einen Stein geritzte Bilderzählung „Totenklage" aus Limeuil (13 cm lang) (Földes-Papp 1984, 17)

Abb. 3: Bisondarstellung, übermalt mit Hüttenzeichen, aus Font-de-Gaume (Földes-Papp 1984, 29)

Diese „Hüttenzeichen" haben mit großer Wahrscheinlichkeit magische Bedeutung. Sie belegen aber gleichzeitig die Möglichkeit des Menschen, sich graphisch abstrakter zu äußern und stellen einen ersten Fundus an Zeichen dar, der später in den Bilderschriften wieder aufgegriffen und, mit anderer Bedeutung versehen, zum Schreiben benutzt werden konnte. Einen ersten Ansatz zu einer solchen Bilderschrift stellen die Zeichen in der Höhle La Pasiega in Nordspanien dar, die, erst 1911 entdeckt, bis heute unterschiedlich gedeutet werden (Abb. 4).

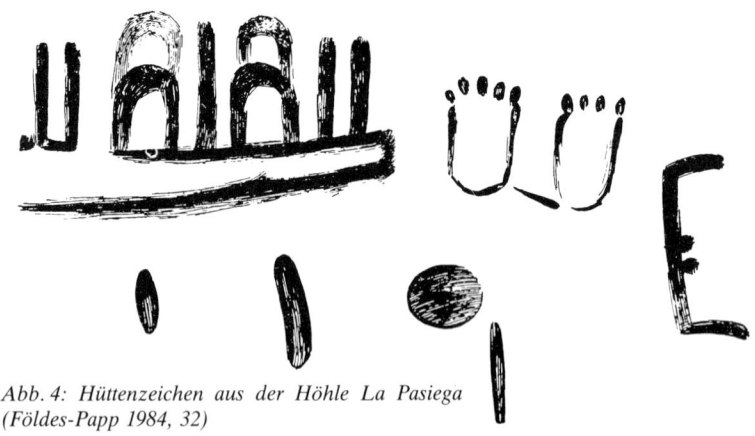

Abb. 4: Hüttenzeichen aus der Höhle La Pasiega (Földes-Papp 1984, 32)

Földes-Papp schreibt dazu: „Wir halten (...) die hüttenförmigen Zeichen links oben für ‚magische Wohnstätten der Geister' von toten Vorfahren. Ob das Fußpaar daneben Menschen- oder Bärenspuren darstellt, erscheint unwesentlich; als Fußspur versinnbildlicht es (...) das Gehen von Menschen und von Tieren. Das E-ähnliche Zeichen und die drei unteren Striche mit dem ausgefüllten Kreis wie auch die ganze Inschrift müssen als von rechts nach links laufend betrachtet werden, gleich den unvergleichlichen viel später entstandenen ersten großen Schriftsystemen des Alten Orients. Die drei Striche – Sinnbilder der Geister der oberen magischen Wohnstätten – scheinen sich zu bewegen, zu schweben, und zwar zu den Wohnstätten von unten nach oben (...) In diesem Zusammenhang paßt die Deutung des kreisförmigen Zeichens (...) als ‚Vollmond' gut hinein (...) es gibt zahlreiche völkerkundliche Parallelen, nach denen die Geister besonders bei Vollmond ihre Reisen machen (...) Was nun das E-Zeichen betrifft, so läßt es sich nach der Raumsymbolik der Schriftpsychologie unmißverständlich als völlige Absperrung der Bildzeichen nach rechts, das heißt zum Mitmenschen bzw. zur Umgebung deuten; es stellt hier ein magisches Verbot dar (...) Wir glauben also, den Sinn des frühesten Dokumentes einer magischen Bilderschrift aus der Eiszeit mit folgendem Wortlaut richtig zu deuten: ‚Weder Mensch noch Tier darf die (magischen) Wohnstätten der Geister stören, damit diese ihre Wege, insbesondere bei Vollmond, ungehindert gehen können'". (*Földes-Papp* 1984, 32)

In der Mittel- und Jungsteinzeit (8000 bis 3500 v. Chr.) wurden die Bilderzählungen lebendiger, die dabei verwendeten Formen, vor allem für Menschen, immer abstrakter (Abb. 5).

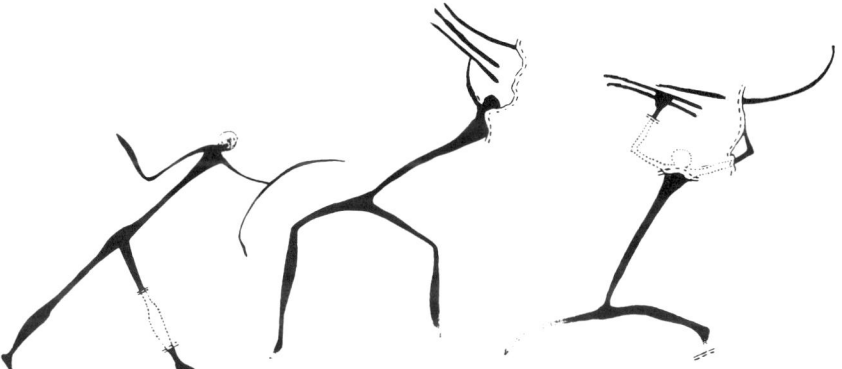

Abb. 5: Ausdrucksstarke Darstellung aus der Mittelsteinzeit: Tanz mit Pfeilen und Bogen (Földes-Papp 1984, 34)

Es darf vermutet werden, daß mit dem Seßhaftwerden von Völkern, mit der Entwicklung von Ackerbau, Viehzucht, Werkzeugen, Geräten ebenso wie mit der Erstellung von Gebäuden das Bedürfnis nach graphischem Festhalten bzw. nach festgehaltener Mitteilung wuchs. Leider sind bisher noch keine Beispiele für reine Bilderschriften gefunden worden. Wir kennen Siegel und Eigentumsmarken aus Ägypten, Mesopotamien und anderen Orten hochentwickelter Wirtschaft mit Export und Import. Mit dem Handel wurden Formen und Möglichkeiten der Abrechnung, des Vermerkens von Ab- und Zugängen weitergegeben, so daß sich Bilder- und, als deren Weiterentwicklung, Begriffsschriften rasch ausgebreitet haben. Sowohl Bilder- als auch Begriffsschriften waren sprachlich ungebunden und konnten von jedem in seiner Sprache, vergleichbar unseren heutigen arabischen Ziffern, benannt werden.

Auch wir bedienen uns heute noch vielfach der Bilderschrift, vor allem dort, wo es nötig ist, Menschen unterschiedlicher Sprache wichtige Informationen zu vermitteln. So lesen und verstehen wir beispielsweise auch im Ausland Piktogramme im Straßenverkehr, am Bahnhof, beim Sport, wir erkennen an bestimmten Hausschildern den Namen eines Gasthauses oder die Art des Handwerks, das dort getrieben wird. Hier hat sich neben unseren hochentwickelten Buchstabenschriften eine sprachunabhängige Schriftart bis in unsere Tage erhalten.

Es gilt als sicher, daß sich aus Töpfer- und Keramikzeichen der Mittel-und Jungsteinzeit ebenso wie aus den Zeichen der bemalten Kiesel von Mas d'Azil (Südfrankreich) später Schriftzeichen entwickelten, die allerdings mit neuer Bedeutung versehen wurden (Abb. 6).

Abb. 6: Kiesel von Mas d'Azil (Földes-Papp 1984, 37)

Aus den naturgetreuen, noch heute verhältnismäßig mühelos lesbaren Bildzeichen des Altertums entwickelten sich die Hieroglyphen und die Keilschrift (Abb. 7). Damit war der Anschluß an die sprachlich gebundenen Schriften geschafft.

Abb. 7: Entwicklungsreihe für „Vogel" und „Ochse" vom Piktogramm zur Keilschrift (Jackson 1981, 16 f.)

28

2.2.2 Sprachlich gebundene Schriften

Es wird durchaus als möglich erachtet, daß die großen Schriftsysteme des Altertums von Einzelpersonen erfunden wurden, obwohl wir keine Namen kennen. Möglicherweise wurde die Umsetzung der gesprochenen und gehörten Sprache in sichtbare Zeichen als derart unheimlich empfunden, „daß die Zeitgenossen den Erfinder mythisiert haben", schreibt *Földes-Papp* (1984, 60). Drei Voraussetzungen, die zum Teil schon bei den ägyptischen Hieroglyphen erfüllt waren, waren nötig, um zu einer phonetischen Schrift zu kommen: die *Vereinfachung der Bildzeichen*, die *Linearisierung* der Zeichen und die Festlegung ihrer Verlautlichung, also die *Konventionalisierung*. Waren diese drei Bedingungen erfüllt, lag eine phonetisierte Schrift vor. Erste Phonetisierungen sind uns aus Mesopotamien, Ägypten, Kreta und China bekannt. Die Doppel- und Mehrdeutigkeit von Wörtern (Homonyme) wurde ausgenützt, um etwas aufzuschreiben. Um dem Leser zu signalisieren, in welchem Sinn ein Homonym gemeint ist, waren kommentierende Deutzeichen nötig. Aus den Wortzeichen wurden Silbenzeichen. Diese wiederum wurden – zuerst nur in Ägypten – zu Konsonantenzeichen weiterentwickelt (Abb. 8).

Hieroglyphen monumental	papyrus	Hiera-tisch	Bedeutung	Hieroglyphen monumental	papyrus	Hiera-tisch	Bedeutung
			ka, k *Stier, Vier-füssler*				ba, b, sr, s *Widder*
			nb, hs *Kuh*				ab *Elephant*
			fu, aa *Kalb*				χb, tp, tb *Nilpferd*
			ab *Durst*				sr *Giraffe*
			nfr, sm *Pferd*				l, ar, šna (*Löwe*)
			apr *Schwein*				ma, šna *Löwe*
			au, a, ar, š, šs *Ziege*				abi *Leopard*

Abb. 8: Bedeutung altägyptischer Hieroglyphen (Faulmann 1880, Reprint 1985, 28)

Angeregt durch diese ägyptischen Konsonantenbezeichnungen entwickelte sich das nordsemitisch-phönikische Alphabet. Es bestand aus 22 Zeichen für 22 Konsonanten, deren Namen heute nicht mehr bekannt sind. Es wird aber vermutet, daß sie den Bezeichnungen unseres Alphabets ähnlich waren (Abb. 9).

Die Entwickelung unsrer Schrift.

	Phönikisch	Althebräisch	Samaritanisch	Griechisch Ältere Form des Westens rechts n.links	links n. rechts	Ältere Form des Ostens	Jüngere Form d.Ostens	Altrömisch	Gutenbergschrift 15. Jahrh.	Moderne latein. Schrift	Moderne deutsche Schrift
1	(Spiritus lenis)	(Spiritus lenis)	(Spiritus lenis)	Λ	Λ	Λ A	A a	ΔΛA	A a	A a	$\mathfrak{A}$ a
2					B	B B	B β	b B	Bb	B b	$\mathfrak{B}$ b
3					Γ	ΓΛ	Γ γ (g)	< C	Cc	C c	$\mathfrak{C}$ c
4				△	△	△ D	Δ δ	D	Dd	D d	$\mathfrak{D}$ d
5	(h)	(h)	(h)		E	E E	E ε	E ‖	Ee	E e	$\mathfrak{E}$ e
6	(w)	(w)	(w)		F	F		F ‖	ff	F f	$\mathfrak{F}$ f
7	wie Zeile 3	wie Zeile 3	wie Zeile 3	wie Zeile 3	wie Zeile 3	wie Zeile 3	wie Zeile 3		Gg	G g	$\mathfrak{G}$ g
8	(ch)	(ch)	(ch)	B	B	B H	H η	H	Hh	H h	$\mathfrak{H}$ h
9	(t)	(t)	(t)	⊗	⊗	⊗ ⊙	Θ ϑ (th)				
10	(j)	(j)	(j)			I	I ι	I	Jii	I i	$\mathfrak{J}$ i j
11					K	K	K κ	K	Kk	K k	$\mathfrak{K}$ k
12				∧	∧	∧ ∧	Λ λ	L	lll	L l	$\mathfrak{L}$ l
13					M	M M	M μ	M	m	M m	$\mathfrak{M}$ m
14				V	N	N N	N ν	N	nn	N n	$\mathfrak{N}$ n
15	(gh)	(gh)		O	O	O	O o	O	o	O o	$\mathfrak{O}$ o
16					Γ	Γ Π	Π π	Γ P	Pp	P p	$\mathfrak{P}$ p
17				Q	Q	Q		Q	q	Q q	$\mathfrak{Q}$ q
18					P	P R R	P ρ	R R	rr	R r	$\mathfrak{R}$ r
19	(sch)	(sch)	(sch)	M	M						
20			(s)			S S	Σ σ ς	SS	SſS	S s	$\mathfrak{S}$ ſ s
21				T	T	T	T τ	T	t	T t	$\mathfrak{T}$ t
22	wie Zeile 6	wie Zeile 6	wie Zeile 6	V V	V V	V V	Y v (ü)	V	uu	U u	$\mathfrak{U}$ u
23									u	V v	$\mathfrak{V}$ v
24									w		$\mathfrak{W}$ w
25				⊞	⊞		Ξ ξ			X x	$\mathfrak{X}$ r
26	wie Zeile 6	wie Zeile 6	wie Zeile 6	V V	V V	V V	Y	Y		Y y	$\mathfrak{Y}$ y
27				I	I	I	Z ζ	Z	Z z	Z z	$\mathfrak{Z}$ z

Abb. 9: Phönikisches Alphabet, verglichen mit dem der lateinischen Schrift (Meyers Konversationslexikon 1897, Bd. 15 (5. Aufl.), Tafel IV, nach S. 634)

Die Weiterentwicklung der Konsonantenschrift läßt sich nur undeutlich verfolgen. Der syrisch-palästinensische Raum war, das steht fest, ein guter Nährboden für weitere Schrifterfindungen. Die Griechen haben das Alphabet von den Phönikiern übernommen und ihrer Sprache angepaßt. Die größte Neuerung war dabei die Einführung von Zeichen auch für Vokale. Geschrieben wurde noch linksläufig. Gelegentlich wechselte die Schreibrichtung aber auch von links nach rechts. Erst ab 500 v. Chr. wurde in allen griechischen Landesteilen rechtsläufig geschrieben.

Auch in den griechischen Kolonien wurde das griechische Alphabet gebraucht. So gelangte es nach Italien. Dort wurde es von den Römern – vermutlich vermengt mit einer etruskischen Schrift – übernommen. Vom 2. vorchristlichen Jahrhundert an entwickelten sich die lateinischen Buchstaben, die sich durch Einfachheit, Schönheit und Klarheit auszeichneten. Unter Kaiser Augustus wurden sie zur lateinischen Kapital- oder Monumentalschrift vervollkommnet (Abb. 10).

Abb. 10: In Stein gehauene römische Capitalis (Salberg-Steinhardt 1988, 71)

Die nur aus Großbuchstaben bestehende Schrift hat sich im alltäglichen Gebrauch oftmals bis zur Unkenntlichkeit verschliffen. Winkel verschwanden beim schnellen Schreiben, bogige Formen überwogen. Aus langen Schleifen in der oberen und unteren Zone bildete sich allmählich eine Dreizonenschrift. Die exakte Ausformung der Großbuchstaben wurde in der flüssig geschriebenen Schrift mehr und mehr vernachlässigt, was zu Kleinbuchstaben führte. Individuelle Abweichungen führten zu

31

immer mehr Varianten der handgeschriebenen Kapitalkursive. So entstanden nationale und lokale Schriften mit ihren je spezifischen Eigenheiten. Heute, wo Latein als lebendige Sprache längst erloschen ist, wird die lateinische Schrift – mit ihren individuellen Abwandlungen – zwar längst nicht überall geschrieben, aber sie ist fast auf der ganzen Welt bekannt. Wenn wir von „Buchstaben" sprechen, die geschrieben werden, so hat sich in dieser Bezeichnung eine Herleitung aus der germanischen Runenschrift erhalten. Diese selbst ist zwar für die Entwicklung des phonetischen Alphabets belanglos, da es längst vollentwickelte alphabetische Schriftsysteme gab, als im Norden noch bis ins 10./11. Jahrhundert n. Chr. mit Runen geschrieben wurde. Ihre eckigen, winkeligen, meist senkrechten Zeichen wurden vorwiegend auf Holz geritzt; von den „Buchenstaben" stammt unser Name Buchstabe ab. Somit zeigt unsere Buchstabenschrift auch eine Rückverbindung zu den Runen der germanischen Völker.

2.3 Die Bedeutung von Lesen und Schreiben für das Individuum und die Gesellschaft

Miteinander sprechen und aufeinander hören können sind für ein Individuum unabdingbare Voraussetzungen zum Leben in einer menschlichen Gesellschaft. Wer keinen Sprachkontakt zu seiner Mitwelt aufbauen kann, bleibt von der Teilhabe am Leben der menschlichen Gesellschaft ausgeschlossen, bleibt handlungs-, wenn nicht gar lebensunfähig. Sprechenkönnen darf daher als lebensnotwendig bezeichnet werden.

Anders verhält es sich dagegen mit der Schriftsprache. Wir brauchen nicht bis zu den Anfängen der Menschheit zurückzudenken, um zu beweisen, daß ein Leben ohne Schrift durchaus denkbar ist. Große Teile der mittelalterlichen Bevölkerung waren Analphabeten und Hunderte von Millionen Menschen der Dritten Welt sind es noch heute. Aber auch in den entwickelten Industriestaaten wird immer wieder von erwachsenen Analphabeten berichtet[13], die, wenngleich mit erheblichen psychischen Belastungen und großen Einschränkungen, ihr Dasein ohne Lesen- und Schreibenkönnen fristen.

---

13 Nach Wechsler (1987) schätzte die Unesco im Jahre 1983 die Zahl erwachsener Analphabeten in westlichen Industrieländern auf 22,5 Millionen.

2.3.1 Verfügen über Schrift: eine Lebenserleichterung

Wer Schreiben und Lesen kann, ist in der Lage, mit anderen Menschen über Raum und Zeit zu *kommunizieren*, weil sich in der Schrift Sprache aufbewahren, vervielfältigen, ja sogar versenden läßt. Die Schrift macht es möglich, daß Menschen an unterschiedlichen Orten und zu unterschiedlichen Zeiten aufeinander hören können, ohne daß sie physisch anwesend zu sein brauchen. Zwar kann der Leser nicht direkt zurückfragen, wie *Platon* schon im „Phaidros" beklagt[14], aber er kann wieder und wieder das Schriftstück zur Hand nehmen, das, anders als mündliche Aussagen, seinen Inhalt in stets gleichbleibender Weise bewahrt.

Schrift *entlastet* außerdem *das Erinnerungsvermögen*, wie *Laermann* (1990) ausführt, denn sie „hält einen wachsenden Vorrat objektivierten Wissens abrufbar. Sie dient zur Anlage, Sicherung und Handhabung kultureller Bestände, in denen die Zeugnisse der Vergangenheit in anderer und verläßlicherer Weise vorhanden sind als in der Erinnerung" (*Laermann* 1990, 121). Doch nicht nur die Erinnerungstäuschung wird durch schriftliches Fixieren eines Sachverhaltes verhindert. Es ist heute ganz unvorstellbar, daß jemand das Wissen seiner Zeit im Gedächtnis speichern könnte. Hier sind wir auf schriftliches Fixieren angewiesen. Diesen Vorteil der Gedächtnisentlastung macht sich jeder schon bei kurzen Notizen und Aufzeichnungen des Alltags zunutze.

Schrift kann *das Gedächtnis* aber nicht nur entlasten, sie kann es auch *unterstützen*. Das Auf- oder Abschreiben von Lerntexten erleichtert das Einprägen, weil sich der Schreiber dabei auf die Inhalte sehr viel stärker konzentriert als wenn er dieselben nur liest.

Lebenserleichterung bedeutet es auch, wenn man sich Um- und Irrwege aller Art erspart, weil man, des Lesens kundig, nach Gebrauchsanleitungen arbeiten, nach Vorschriften, Ge- und Verboten handeln und Informationen beachten kann. Diese *informative Funktion* der Schrift kann über die Lebenserleichterung hinaus zur Lebensbewahrung werden, wenn man beispielsweise an das Lesen von Geboten im Straßenverkehr, von Beipackzetteln bei Medikamenten, von Verhaltensgeboten in Notfällen und anderes mehr denkt.

Lebenserleichternd sind schließlich alle Informationen, die das *Wissen erweitern* oder *Zusammenhänge klären*. Sehr viele solcher Informationen

---

14 Platon bedauert, daß die Schrift stumm bleibt und keine Rückfragen beantwortet, denn sie zeige „immer nur eines und dasselbe an". Zit. n. Klaus Laermann, Schrift als Gegenstand der Kritik (Merkur 44,2, Februar 1990, 120).

werden auch heute noch durch das Lesen von Tageszeitungen, Zeitschriften oder Büchern erworben, trotz der allgegenwärtigen audio-visuellen Medien.

Lebenserleichterung kann es auch bedeuten, wenn man, um dem Alltag zu entfliehen, zur Lektüre greift, die einen Raum und Zeit vergessen läßt, die Entspannung, Ablenkung, Erholung schenkt. Diese *evasorische Funktion*[15] des Lesens wird heute allerdings zum größten Teil von anderen Medien, vorab dem Fernsehen, erfüllt.

All die genannten Funktionen von Schrift erleichtern in unserer hochtechnisierten Welt nicht nur das Leben. Sie sind geradezu lebensnotwendig, wenn man an berufliche Aufstiegschancen denkt, die für Analphabeten unvorstellbar sind.

2.3.2 Schrift als Möglichkeit der Teilhabe am Kulturgut

Wir dürfen wohl behaupten, daß *geschichtliche Zeit* im engeren Sinn erst mit der Erfindung der Schrift *beginnt*. Durch die Funde von Aufzeichnungen lassen sich individuelle und soziale Lebensformen, Möglichkeiten der Daseinsbewältigung, historische Ereignisse und Zusammenhänge erst erfahren und nachvollziehen. Wer diese Aufzeichnungen entschlüsseln kann, hat die Möglichkeit, sich in vergangene Zeiten zu versetzen, Daten aufzuarbeiten, zu analysieren und sie sich und anderen zugänglich zu machen. Ebenso wie historische Ereignisse lassen sich philosophische, theologische, medizinische, naturwissenschaftliche und andere wissenschaftliche Theorien durchdenken und weiterführen. Ohne die Erfindung der Schrift wären unser heutiger Wissensstand, unsere technisch-zivilisatorischen Errungenschaften, unsere wissenschaftlichen Erkenntnisse, medizinischen Fortschritte, ja die gesamte Lebensqualität der Gegenwart unvorstellbar. Wer lesen und schreiben kann, hat aber auch *Anteil am musisch-ästhetischen Leben* der menschlichen Gesellschaft. Romane, Gedichte, Schauspiele, Abhandlungen aller Art können mit Hilfe der Schrift gelesen oder geschaffen werden. Der Schriftkundige ist also in der Lage, sich das ästhetische, musische, wissenschaftliche, religiöse, politische, technische, wirtschaftliche *Erbe seines Kulturkreises* zu *erschließen* und *selbst Kultur* zu *schaffen*. Lesen- und Schreibenkönnen der Mitglieder einer Gesellschaft tradiert demnach Kultur. Durch die Speicherung und Weitergabe dieses Gutes kann eine Gesellschaft letztlich erst überleben.

---

15 vgl. Giehrl, Hans E.: Der junge Leser. Donauwörth (Auer) 1977 (3. Aufl.)

2.3.3 Schrift als Hilfe zur Persönlichkeitsentfaltung

Durch das lesende Eindringen in fördernde Gedanken aller Art bietet sich gerade jungen Menschen die Möglichkeit, *selbst zu reifen*. Entwicklungsromane, Autobiographien, aber auch wissenschaftliche, ästhetische, religiöse oder politische Texte können zur Konfrontation mit der eigenen Problematik führen und zu einer Stellungnahme herausfordern. Durch die Lektüre können Gedanken angeregt werden, die einer Art Probehandeln gleichkommen. Der Leser durchspielt Rollen und vergrößert damit sein Handlungsrepertoir in der Wirklichkeit[16]. Dabei wird es dem Leser durchaus nicht immer bewußt sein, wie ihn Lektüre prägt, wie sie in ihm wirkt und ihn verändert. Eher wird er bemerken, wie das Lesen auf den eigenen *Denkstil* zurückwirkt, wie es seinen *Schreibstil* beeinflußt oder seinen *Wortschatz* bereichert.

Wechsler (1987) stellt sich die Wirkung von Lektüre folgendermaßen vor: „Im Akt des Lesens entsteht eine eigene subjektive Wirklichkeit. Man kann diese subjektive Wirklichkeit auch als Innerlichkeit des Leser bezeichnen, in der mit Wörtern und Bildern, mit Affekten und Gedanken gespielt werden kann. In diesem Spiel wird der Leser fähig zum Dialog mit sich selbst, zum Denken" (*Wechsler* 1987, 5). Aufgrund einer Bertelsmann-Studie über die Hirnforschung ist er davon überzeugt, daß „Lesen (...) eine das menschliche Gehirn in hohem Maße aktivierende Handlung (ist), die positiv in andere Bereiche hineinwirkt" (*Wechsler* 1987, 7). Ebenso wie das Lesen kann auch das Aufschreiben von Gedanken zur *Klarheit* und *Struktur* eines Sachverhaltes beitragen. Manchmal wird beim Schreiben die Lösung eines Problems deutlich, weil man es sich, in Form von Tagebuchnotizen, oder anderen, in Form von Briefen, strukturieren muß. Hier kann Schreiben zu einer inneren Befreiung führen, wenn sich der Schreiber von etwas löst, was ihn belastet. Sich etwas „von der Seele schreiben" kann wie ein *therapeutischer Effekt* wirken, denn während des Schreibens kommen oftmals Gedanken in Fluß, die bis dahin zurückgehalten waren. Diese äußern sich mitunter auch in einer ungeahnten *Kreativität*. So erleben manche Schreiber, daß ihnen während des Schreibens Ideen und Einfälle kommen, die sie zuvor nicht hatten.

Regelmäßiges Schreiben von Hand wirkt sich auch auf die *Entwicklung und Gestaltung der Handschrift* aus, die ihrerseits wiederum als Ausdruck der Persönlichkeit gilt.

---

16 vgl. Wechsler, Ulrich 1987, 5 f.

All diese Möglichkeiten, sich durch den Erwerb von Lesen und Schreiben persönlich zu entwickeln, sind einem Schulanfänger wohl kaum bewußt. Für ihn bedeutet Lesen- und Schreibenkönnen zunächst den *Gewinn von Unabhängigkeit,* denn jetzt kann er sich selbständig mit Texten befassen und eigene Gedanken notieren. Dies ist für Kinder ein *Prestigegewinn,* der sie den Erwachsenen einen großen Schritt näher führt.

2.4 Zusammenfassung

Sprache ermöglicht menschliche Kommunikation auf abstrakt-symbolischer Ebene. Schon die gesprochene Sprache stellt ein System von Symbolen dar, das in Schrift übersetzt werden kann. Schrift wird daher als Symbolsystem zweiten Grades bezeichnet.

Vereinfachung, Linearisierung und Konventionalisierung der Bezeichnungen einzelner Schriftzeichen haben zu unserer Buchstabenschrift geführt, deren Name sich aus den oftmals aus Holz (Buchenstäbchen) geschnitzten germanischen Runen herleitet.

Leser und Schreiber eines Textes bedienen sich derselben Zeichen. Wer diese beherrscht, kann lesen und schreiben und verfügt damit über die in unserer Gesellschaft notwendigen Grundfunktionen, um als mündiger Mensch sein Leben selbst bestimmen zu können. Da Lesen und Schreiben durch das Zeichensystem der Buchstabenschrift zusammenhängen, spricht vieles dafür, die beiden Lernprozesse auch in der Schule integriert zu vermitteln.

2.5 Weiterführende Literatur

Faulmann, Carl: Das Buch der Schrift. Nördlingen (Greno) 1985; Reprint n.d. Wiener Ausgabe von 1880
Földes-Papp, Károly: Vom Felsbild zum Alphabet. Stuttgart (Belser) Sonderausgabe 1984, Original 1966
Grissemann, Hans: Pädagogische Psychologie des Lesens und Schreibens. Bern/Stuttgart/Toronto (Huber) 1986
Grosse, Siegfried (Hrsg.): Schriftsprachlichkeit. Düsseldorf (Schwann) 1983
Hasler, Herbert: Lehren und Lernen der geschriebenen Sprache. Darmstadt (Wiss. Buchgesellschaft) 1991
Hofer, Adolf (Hrsg.): Lesenlernen. Theorie und Unterricht. Düsseldorf (Schwann) 1976
Jackson, Donald: Alphabet. Die Geschichte vom Schreiben. Frankfurt a. M. (Fischer) 1981
Salberg-Steinhardt, Barbara: Die Schrift, Geschichte, Gestaltung, Anwendung. Köln (Du Mont) 1988 (4. Aufl.)

3. Das Kind in seinem Bezug zum Lesen und Schreiben

3.1 Lern- und entwicklungspsychologische Voraussetzungen

3.1.1 Modellvorstellung über den Zugang des Kindes zur Buchstabenschrift nach *Günther*

Jeder, der Kinder beobachten kann, weiß, daß sich diese schon längst vor Schulbeginn auf ihre Art mit Schrift befassen. Da werden Autokennzeichen erfragt und gedeutet, Reklameschilder und Piktogramme „gelesen"; da werden Bilderbuchtexte beim Anschauen der Bilder erfunden oder aus der Erinnerung gesprochen, Briefe gekritzelt, einzelne Buchstaben geschrieben und gelegentlich auch schon zum eigenen Namen gefügt. Kinder, die in unserem Kulturkreis aufwachsen, sind längst vor Schuleintritt mit Schrift konfrontiert. *Scheerer-Neumann* (1988) hat bei eigenen Kindern die Entwicklung von Spontanschreibungen systematisch verfolgt und dabei Stufen oder Abfolgen von Entwicklungsverläufen bestätigt, die *Günther* (1986) in Anlehnung an *Frith* (1985) beschreibt (Tab. 6):

Dominante Strategien

Phase	Rezeption: Lesen	Produktion: Schreiben
0.1.	Präliteral-symbolisch S 1	Gegenständliche Manipul. G
0.2.	Präliteral-symbolisch S 2	Prälit.-symbolisch S 2
1.1.	Logographemisch L 1	Prälit.-symbolisch S 3
1.2.	Logographemisch L 2	Logographemisch L 2
2.1.	Logographemisch L 3	Alphabetisch A 1
2.2.	Alphabetisch A 2	Alphabetisch A 2
3.1.	Orthographisch O 1	Alphabetisch A 3
3.2.	Orthographisch O 2	Orthographisch O 2
4.1.	Orthographisch O 3	Integrativ-Automatisiert I 1
4.2.	Integrativ-Autom. I 2	Integrativ-Automatisiert I 2

Tab. 6 (nach Günther 1986, 32)

Günther (1986) stellt sich den Schriftspracherwerb als Prozeß in fünf zweistufigen Phasen vor, in denen „alternierend zwischen den beiden Modalitäten eine neue Strategie angewandt (wird), die den Erwerbsprozeß einem höheren Niveau zuführt" (*Günther* 1986, 33). Auf der *präliteral-symbolischen Stufe* ist ein Kind in der Lage, in der Umwelt wahrgenommenes Ausdrucksverhalten, wie Mimik und Gestik, rezeptiv richtig zu deuten (S1). Dies kann als Vorstufe zum Lesen gesehen werden, zumal dieses Ausdrucksverständnis sich bald zu einem Verständnis von Bildinformationen (S2) weitet. Auf der produktiven Seite wird ein Kind nach dem ausschließlich handelnden Umgang mit Gegenständen (G) zum Stift greifen und zu kritzeln beginnen (S2) (Abb. 11).

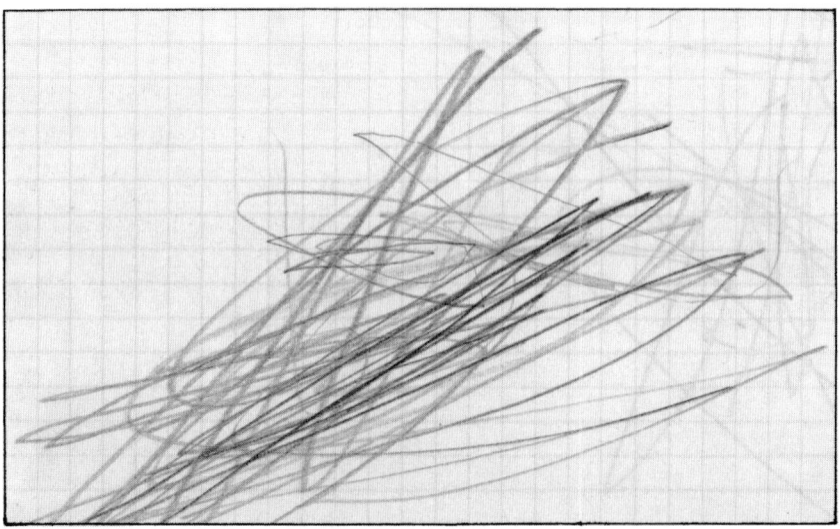

Abb. 11: Kritzeleien eines 2;5jährigen Jungen

Fängt es an, Schrift nachzuahmen, also etwas zu „schreiben", dann entspricht dieses Verhalten schon der nächsthöheren Stufe (S3) (Abb. 12). *Günther* mißt dieser Stufe große Bedeutung für das Schriftsprachverständnis bei, denn „bei gravierenden Entwicklungsstörungen der präliteralsymbolischen Rezeption und Produktion sind entsprechende Retardationen auch für die schriftsprachliche Aneignung zu erwarten" (*Günther* 1986, 35).
Auf der Stufe der *logographemischen Strategie* (L1–L3) orientiert sich ein Kind am ganzen Wort, das es „lesend" wiedererkennt und auch zu schrei-

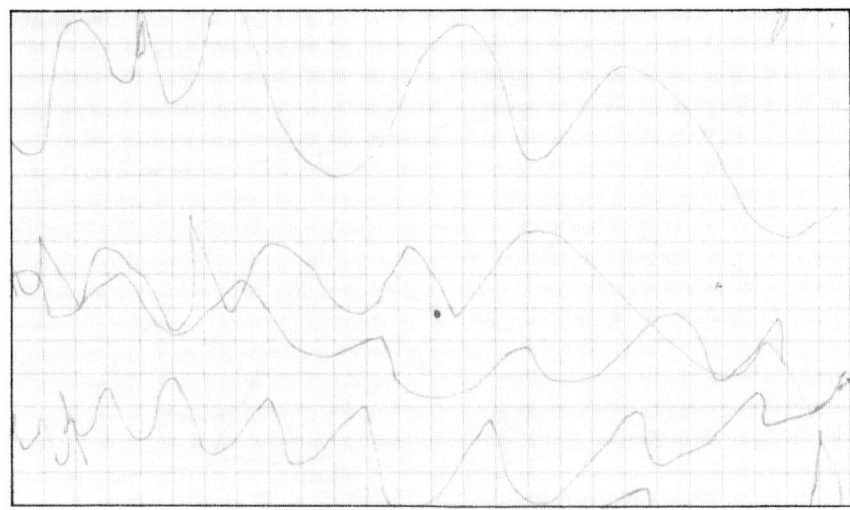

Abb. 12: „Brief" eines 3;1jährigen Mädchens

ben beginnt. Es ist bisher noch nicht eindeutig geklärt, auf welche Weise sich Kinder ganze Wörter speichern. Vermutlich orientieren sie sich an hervorragenden Merkmalen, mit großer Wahrscheinlichkeit aber nicht am Wortumfang. Bei der eigenen Wiedergabe logographemisch gespeicherter Wörter kommt es häufig zu Buchstabenverwechslungen oder -auslassungen. *Scheerer-Neumann* (1988) berichtet, wie ihr Sohn das Wort Mama logographemisch aufschreibt: „Bevor *Mama* endgültig zu ‚Mama' wurde, gab es viele verschiedene Versionen, die nur den Wechsel zwischen ‚M' und ‚A' gemeinsam haben" (*Scheerer-Neumann* 1988, 37). *Wimmer* et al. (1990) konnten allerdings die logographemische Stufe bei deutschsprachigen Kindern nicht zwingend ausmachen. Sie beobachteten, daß sowohl leseschwache Kinder als auch Normalleser die alphabetische Strategie bevorzugen, das heißt, ein Wort von links nach rechts entsprechend der Graphem-Phonem-Korrespondenz „auslauten" (A 2). Dies mag damit zusammenhängen, daß die geschriebene deutsche Sprache insgesamt lauttreuer ist als die englische, an der *Frith* (1985) das Stufenmodell ableitete, das von *Günther* (1986) auf unsere Sprache übertragen wurde.

Beim Mitsprechen von Schreibwörtern stoßen Kinder von selbst auf die *alphabetische Strategie* (A 1–A 3). Dabei betont *Günther*, daß Strategiewechsel nicht bedeutet, „daß die vorgängig dominante Strategie gänzlich aufgegeben wird. Sie geht vielmehr im Entwicklungsverlauf in der neuen Strategie als Tätigkeit höherer Ordnung auf" (*Günther* 1986, 40). Jetzt spätestens fragt das Kind nach der Lautung einzelner Buchstaben oder nach der Schreibweise von bestimmten Lauten. Es erfährt die Graphem-Phonem-Korrespondenz und wendet sie bei eigenen Verschriftungen entsprechend an. Da das Deutsche nun aber keineswegs eine 1:1-Zuordnung zwischen Graphem und Phonem kennt, kommt es auf dieser Stufe bei den Schreibhandlungen der Kinder unvermeidlich zu orthographischen Fehlern. Manchmal lassen sich auf dieser Stufe Aufzeichnungen der Kinder nur dadurch verstehen, daß man sie laut liest.

Durch häufige Leseübungen und durch wiederholtes Schreiben bekannter Lesewörter eignet sich ein Kind dann die *orthographische Stufe* (O1–O3) an. „Ihre Grundeinheit sind bedeutungstragende Morpheme und vermutlich auch häufige Buchstabensequenzen und Silben" (*Günther* 1986, 41). Da das Worterkennen der Wortwiedergabe vorauseilt, läßt sich die orthographische Strategie beim Lesen früher anwenden als beim Schreiben. Leider ist unsere deutsche Orthographie sehr vielen und zum Teil uneinheitlichen Regelungen unterworfen, so daß es meist lange dauert, bis ein Kind sich orthographische Sicherheit im Schreiben erwirbt (O2). Ist es dann ein kompetenter Leser und Schreiber, steht es auf der *integrativ-automatisierten Phase* (I1/I2), die im strengen Sinn keine neue Phase darstellt, sondern die durch Übung erworbene Sicherheit und Geläufigkeit im Lesen und Schreiben bezeichnet.

3.1.2 Der ökologische Ansatz

Aus entwicklungspsychologischer Sicht werden heute unterschiedliche Lernstände der Kinder mit unterschiedlichen Lernumwelten erklärt. Der ökologische Ansatz sieht die Abhängigkeit der Entwicklung eines Kindes von dessen biologischen Lebensbedingungen, von den „in einer Kultur erzeugten materiellen Gegenständen wie Häuser, Möbel und Werkzeuge" ebenso wie von „Regeln des Zusammenlebens, (...) impliziten oder expliziten Handlungsvorschriften und (von) (...) Einrichtungen für menschliche Entwicklung, wie sie in der betreffenden Kultur vorgegeben sind, allen voran die Familie" (*Oerter* 1987, 87). Je anregungsreicher die Umgebung für ein Kind gestaltet werden kann, umso eher lassen sich Lernprozesse – auch unabsichtlich – initiieren. Das Lebensalter gilt daher nicht mehr als Garant für einen bestimmten Entwicklungsstand. Vor allem die Anregung durch ein Elternhaus, das dem Kind den Umgang mit Sprache, Printmedien und Schreiben zur Selbstverständlichkeit macht, scheint von großer Bedeutung für das spätere Erlernen von Lesen und

Schreiben[17]. *Günther* (1986) verzichtet daher in seinem Stufenmodell auf die Zuordnung von Altersangaben. Unterschiedliche Anregungen und wohl auch Begabungsunterschiede führen zu unterschiedlichem Durchlaufen einzelner Phasen und lassen sich nicht generell einem bestimmten Lebensalter zuordnen. *Scheerer-Neumann* (1988) beobachtete bei ihrem Sohn erste Kritzelversuche mit 2;11 Jahren. Angeregt wurde das Kind vermutlich durch die Schreibversuche der damals gerade eingeschulten älteren Schwester. „Schon vor seinem 3. Geburtstag konnte Hanno zu einigen Buchstaben den richtigen Namen bzw. Lautwert angeben" (*Scheerer-Neumann* 1988, 33), das heißt, das Kind war schon auf die alphabetische Struktur der Schrift aufmerksam geworden. Trotzdem testiert ihm die Mutter aber erst zwischen 4;2 und 4;5 Jahren ein „logographemisches Schreiben und beginnendes Phonembewußtsein" (*Scheerer-Neumann* 1988, 37). In diese Zeit fielen auch lautorientierte Schreibungen des Kindes, so daß man deutlich sieht, wie sich die Stufen vermengen, ineinander übergehen, sich gegenseitig stützen und ergänzen. Wenn eine neue Strategie im Einzelfall schon angewandt wird, bleibt die alte, vorausgegangene, unter Umständen noch lange erhalten[18].

Wie in diesem Zusammenhang die Tatsache eingeordnet werden kann, daß Mädchen generell eher als Jungen zum Schreiben kommen, mag dahingestellt bleiben. Das kann an der anderen Erziehung der Mädchen liegen, kann aber auch genetisch bedingt sein. Jedenfalls wird von verschiedenen Autoren den Mädchen ein Vorsprung beim Schriftspracherwerb bestätigt. *Rudolf* (1978) beobachtete bei Mädchen eine raschere graphomotorische Entwicklung als bei Jungen. Dies wird auch von *Diener* (1980) berichtet. Nach dessen Beobachtungen schreiben „Mädchen zum Zeitpunkt der Einschulung nicht nur rascher, sondern auch exakter (...) als die Buben". Sie bemühen sich offensichtlich im Verlauf des ersten Schuljahres auch „zusehends um präzisere Formgestaltung" (*Diener* 1980, 133). Auch *Meiers* (1978) berichtet über geschlechtsspezifische Unterschiede beim Lesen. Zwar beobachtete er bei Jungen und Mädchen aus vergleichbarem soziokulturellen Umfeld eine gleich gute Leseleistung, konnte aber bei „Mädchen mit geringerem Wortschatz, weniger guten leselernspezifischen Voraussetzungen und geringerer sozialer Herkunft gegenüber den vergleichbaren Jungengruppen" signifikant bessere Leselernleistungen ausmachen (*Meiers* 1978, 129). *Röhr* (1978) spricht von

---

17 vgl. dazu besonders Scheerer-Neumann, Gerheid 1988, Smith, Carl B. 1971
18 vgl. Tab. 6, S. 37

hochsignifikanten Unterschieden zwischen den Lese- und Rechtschreibleistungen der Jungen und Mädchen am Ende des zweiten Schuljahres
zugunsten der Mädchen. Mädchen gelingt es offenbar besser, sich an die
Anforderungen der Schule anzupassen als Jungen.

3.1.3 Funktionen, die das Lesen und Schreiben bedingen

Da Lesen und Schreiben heute als integrierte kognitive Prozesse und nicht
als bloße Addition verschiedener Teilfunktionen aufgefaßt werden, wird
auch einem Einzeltraining bestimmter Teilfunktionen weniger Chance im
Hinblick auf Lese- und Schreibförderung eingeräumt als früher. Um ein
Kind als „schulfähig" und damit auch lese- und schreibfähig zu bezeichnen, werden bestimmte kognitive, soziale, motivationale, arbeitstechni-
sche und graphomotorische Kompetenzen vorausgesetzt. Generell gilt die
Erkenntnis, daß Kinder, „denen (...) die mit Schule verbundenen Tätigkeiten vertrauer sind, (...) größere Chancen [haben], diese Aufgabe zu
bewältigen" (*Oerter/Montada* 1987, 245).
Aus der Grundlagenforschung ergeben sich bestimmte Zusammenhänge
spezieller Teilleistungen, die einem Kind das Lesen- und Schreibenlernen
erleichtern oder erschweren können. *Rost* (1984) führt das Leseverständnis auf einen umfassenden *Sprachstand* und den *Wortschatz* eines Kindes
zurück. *Reitmajer* (1980) befürchtet eine besondere Benachteiligung für
solche Kinder, die nur Dialekt sprechen, denn sie müssen „nicht nur das
Lesen, sondern zugleich auch die Hochsprache erlernen" (*Reitmajer* 1980,
20). *Smith* (1971) spricht von der Basis schlechthin, die die Sprache für
den Schriftspracherwerb darstellt. Er mißt der Sprachanregung im Elternhaus ganz besondere Bedeutung zu.
Brügelmann (1984), *Valtin* (1986), *Schwander* (1989) und *Troßbach-Neuner* (1992) betonen die Notwendigkeit, über die Sprache und ihre Bau-
steine nachdenken zu können, also ein *Sprachbewußtsein* zu haben, bevor
die für das Lesen und Schreiben notwendigen Handlungen verstanden
werden können. Vielen Schulanfängern fehlt das Aufgabenbewußtsein für
Lesen und Schreiben, da sie noch keine Vorstellungen von einem Satz,
einem Wort oder Buchstaben haben. So konnten wir bei einer entsprechenden Umfrage[19] bei Kindergarten- und Grundschulkindern erfahren,

---

[19] Es handelt sich um die schon erwähnte Befragung von 200 zufällig ausgewählten Kinder-
garten- und Grundschulkindern am Lehrstuhl für Grundschuldidaktik der Ludwig-Maximilians-Universität München in der Zeit von 1987–89.

wie diffus noch die Vorstellungen der Handlungen sind, die zum Lesen führen. Auf die Frage, wie sie einem anderen Menschen erklären würden, was „Lesen" ist, kamen Antworten wie:

- „Lesen muß man, daß man in die Schule kommt" (4;0);
- „geht man in die Schule, dann kann man es und die Lehrerin lernt es einem" (4;0);
- „Lesen ist schön. Das sag ich hundertmal" (5;0);
- „ich würd's vormachen" (6;0);
- „mit 'nem Buch so zeigen" (6;0);
- „in ein Buch hineinschauen, die Schrift anschauen, sehen, was das heißt" (6;0).

Erst mit zunehmendem Alter und der entsprechenden Schulerfahrung wurden die Antworten präziser. So erklärte ein 7jähriges Mädchen „Lesen" als „Buchstaben zusammentun". Ein 8jähriger Junge meinte, „man baut Wörter zusammen, guckt mit den Augen auf die Wörter, spricht mit dem Mund". Ein 9jähriges Mädchen sagte, „man hat ein Blatt oder ein Buch, da sind Buchstaben geschrieben und die liest man". Und ein 10jähriger meinte schließlich, „Buchstaben werden zu Wörtern, man schreibt sie auf und guckt dann ab". Das Verständnis für Buchstaben, Wörter und Sätze darf also bei Schulanfängern keinesfalls vorausgesetzt werden. Zwischen einer Studentin und einem fünfjährigen Mädchen entspann sich folgender Dialog: „Weißt du schon, was ein Wort ist?" – „Ja. Ich zeig's dir" (malt einen Buchstaben aufs Papier).
„Und was ist ein Satz?" – „Ein Satz ist ein Wort."
„Und was ist ein Buchstabe?" – „Weiß ich nicht."
Dies sind ganz normale Reaktionen. *Valtin* (1986) und ihre Mitarbeiterinnen schreiben, „ein beträchtlicher Teil der Kinder kommt zur Schule mit nur vagen Vorstellungen über die Mechanismen und die sozialen Funktionen des Lesens und Schreibens. Auch nach zehn Monaten Schulunterricht kann ungefähr ein Drittel der Kinder keine Angaben dazu machen, wie geschrieben bzw. gelesen wird" (*Valtin* u. a. 1986, 43).
Mit dem Nachdenkenkönnen über Sprache hängt das *Symbolverständnis* für geschriebene Sprache zusammen. *Schwander* betont die Notwendigkeit, längst vor Schulbeginn „ein aktives und bedeutungsvolles ‚Zeichensetzen' internalisiert" zu haben (*Schwander* 1989, 108), wenn das Kind in der Schule keine Schwierigkeiten beim Lesen- und Schreibenlernen haben will. Er setzt das Verständnis für Schrift als „geistiges System" schon bei Schuleintritt voraus.
Das Verständnis für Symbole resultiert wiederum aus abstrahierendem

Denken. Ebenso wie dieses sind zum Leseverständnis problemlösendes Denken und Flexibilität des Denkens unerläßlich (*Dehn* 1988, *May* 1986). *Scheerer* (1978) untersuchte die verschiedenen Verarbeitungseinheiten und -ebenen beim Erkennen von Wörtern. Er kommt zu dem Schluß, daß alle vermuteten Mechanismen, wie das Wahrnehmen der Gesamtform oder determinierender Buchstaben allein nicht hinreichen, um das Worterkennen zu erklären. Hierfür ist das *Zusammenspiel von Denkprozessen* nötig, die einerseits, quasi „von oben die kontextbestimmte Bedeutungserwartung", andererseits, „von unten die figural bestimmte Evidenz zur Überprüfung der Bedeutungserwartung" ermöglichen (*Scheerer* 1978, 361).

Schließlich spielt auch die *phonologische Bewußtheit*, das Hinhören auf Laute und Lautgruppen bei gesprochener Sprache sowohl für das Lesen als auch für das eigene Verschriften von Gedanken eine entscheidende Rolle (*Heuß* 1980, *Dehn* 1988, *Schneider* 1989, *Troßbach-Neuner* 1992). Ein Schreiber muß sich in die Lautstruktur eines Wortes hineinhören, bevor er das Wort aufschreiben kann. Dieses Abhörenkönnen von gesprochener Sprache fällt Schulanfängern in der Regel noch sehr schwer (*Bosch* 1937, *Troßbach-Neuner* 1992), kann aber trainiert werden (*Schneider* 1989) und gilt als Prädiktor für die spätere Leseleistung eines Kindes (*Schneider* 1989, *Wimmer* et al. 1991). Die phonologische Bewußtheit beeinflußt den späteren Leselernprozeß positiv.

Auch die *Blickspanne* der Schulanfänger ist noch lange nicht so groß wie die des erwachsenen Lesers. *Baer* (1979) ermittelte Durchschnittswerte von 1,4 Buchstaben, die Schulanfänger während einer Fixationspause des Auges auf dem Text erfassen, während Kinder im zweiten Schuljahr schon 2,3 und Drittklässler 2,6 Buchstaben im Schnitt „auf einen Blick" lesen.

Hinsichtlich der *graphomotorischen Geschicklichkeit* berichtet *Edelmann* (1972/1973), daß Schreibanfänger im Vergleich zu gewandten Schreibern langsamer schreiben, dabei viel stärker auf die Unterlage drücken und häufiger den Schreibfluß unterbrechen als geübte Schreiber. Da die Bewegungen noch nicht eingespielt sind, kommt es mitunter zu Druckstockungen, die Verkrampfungen signalisieren und Druckerhöhungen, die besonderen Schwung andeuten. *Rudolf* (1978) gelangte aufgrund seiner empirischen Studien zu der Überzeugung, daß die Feinmotorik eines Kindes nicht notwendigerweise mit dessen Grobmotorik zusammenhängt. Beide Systeme können sich unabhängig voneinander entwickeln und durch Übungen ausdifferenzieren.

Schließlich wird von vielen Autoren bestätigt, wie wichtig die richtige *Motivation* der Schulanfänger für den Lese- und Schreiblernprozeß ist. *Dehn* (1988) sieht in der Motivation gar *die* „entscheidende Voraussetzung" für den Schriftspracherwerb. Das Kind braucht „persönliche Erfahrung im Umgang mit Schrift" und zwar als „Betrachter oder Handelnder" (*Dehn* 1988, 79). Es muß nach *Schwander* (1989) Fragen wie „Was hat das mit mir zu tun? Welche Rolle spielt es für mich und mein Leben? Was sagt mir das? Kann ich damit etwas anfangen?" (*Schwander* 1989, 169) positiv beantworten können. Damit ist wiederum auf den ökologischen Zusammenhang zwischen dem Lerner und seinem Lernerfolg hingewiesen.

3.2 Möglichkeiten pädagogischer Intervention

3.2.1 Hilfen zum Erwerb der Lese- und Schreibkompetenz

Wie schon erwähnt, wurde früher dem Training einzelner am Lese- und Schreibakt beteiligter Funktionen als Möglichkeit einer kompensatorischen Erziehung besondere Bedeutung zugemessen[20]. *Bronfenbrenner* (1974) war einer der ersten, der durch entsprechende Publikationen vor einem einseitigen Funktionstraining warnte und statt dessen einer insgesamt anregenden Lernumwelt durch das Elternhaus wesentlich größere Bedeutung beimaß. Er kam aufgrund seiner Studien zu der Erkenntnis, „daß in den frühen Lebensjahren der eigentliche Schlüsselvorgang das ständige gemeinsame Gespräch von Eltern und Kind über kognitiv herausfordernde Aufgaben ist" (*Bronfenbrenner* 1974, 143). In diesem Sinne beschreibt *Scheerer-Neumann* (1988) die Situation ihres Sohnes Hanno als eine „literale Umgebung", das heißt, das Kind lebt in einem Haushalt, „der schon fast einer kleinen Bibliothek gleicht. Er (Hanno; Anm. d. V.) hat täglich Gelegenheit, seine Eltern (ab 2;10 auch die 3½ Jahre ältere Schwester) beim Lesen und Schreiben zu beobachten. Er besitzt selbst eine ständig wachsende Sammlung von Kinderbüchern, aus denen ihm viel vorgelesen wurde, solange er noch nicht selbständig lesen konnte. Hanno hat immer Zugang zu Papier und Stiften und zumeist auch zu einer Schreibmaschine oder zum Computer" (*Scheerer-Neumann* 1988, 29).

---

20 vgl. Heuß, Gertraud, E.: Vorschule des Lesens. Wahrnehmungs- und Sprachtraining. München (Oldenbourg) 1971; Grabolle, Almut: Voraussetzungen erfolgreichen Lesenlernens. In: K. Meiers (Hrsg.) 1981

Nicht nur in der Vorschulzeit ist es nötig, einem Kind die entsprechenden Anregungen zu schenken. Auch innerhalb ihres Klassenzimmers können sich Schulanfänger mehr oder weniger zum Lesen und Schreiben ermuntert fühlen. Wer eine Lese- und Schreibecke mit vielen und vielerlei Bilder- und Kinderbüchern, Blättern und Buntstiften vorfindet, mit denen man ungestört umgehen darf, wer von der Lehrerin häufig vorgelesen bekommt, wer es erlebt, daß die eigene Lehrerin selbst regelmäßig und gern liest, wo über Bücher gesprochen, gezeichnet, gespielt wird, wo selbst kleine Bücher erstellt werden, da wird der Wunsch nach dem selbständigen Lesenkönnen zur Selbstverständlichkeit[21].

Geht man den einzelnen Leistungen nach, die für das Lesen und Schreiben unabdingbar sind, so stößt man mindestens auf die im vorigen Abschnitt aufgezählten Funktionen: *Aufgabenbewußtheit für Lesen und Schreiben, Sprachbewußtheit, Sprachverständnis, Symbolverständnis, auditive Wahrnehmungsdifferenzierung und richtiger Umgang mit Schreibmaterialien sind unverzichtbar und lassen sich im Rahmen übergeordneter Inhalte spielerisch üben*[22].

Wiener (1990) räumt der häuslichen Sprache, dem Gespräch zwischen Eltern und Kindern eine übergeordnete Bedeutung im Hinblick auf das spätere Lesenlernen ein. Er gibt eine Fülle von Anregungen, wie und worüber Eltern mit ihren Kindern sprechen können. Schließlich regt er an, anhand von Bilder- und Kinderbüchern Sprache zu hören und zu erlernen, indem Eltern mit ihren Kindern Bilder anschauen, über Bilder reden, den Text vorlesen, über das Gelesene gemeinsam sprechen oder Kinder selbständig „vorlesen" lassen. Wie hier oftmals unbewußt zum abstrakten Denken verholfen wird, stellt *Smith* (1971) heraus: „Usually the parents point out that a *cat* is an animal and a *dog* is an animal and that even though they are different, they are also the same. Most educated parents give these explanations and examples almost without thinking, but they are helping the child to perform abstractions, using language as a tool" (*Smith* 1971, 13).

Was können demnach Kinder unter günstigen Umständen an Sprachanregungen aufnehmen? Sie lernen Wörter, um etwas zu bezeichnen. Sie erfahren grammatische Wendungen, indem sie Sätze hören und später selbst sprechen. Sie erlernen die Aussprache, beim Zuhören auf vorgelesene Texte auch die für das Lesenlernen notwendige Lautung der gehobe-

---

21 vgl. Kapitel 5.4.3
22 vgl. Heuß, Gertraud E. 1980

nen Umgangssprache. Sie erfahren, daß Sprache *das* Kommunikationsmittel schlechthin ist, ohne das ein Zusammenleben mit anderen fast unmöglich wird. Sowohl im vorschulischen Bereich als auch in der Schule wird immer wieder Sprache gehört und gesprochen und damit der Erwerb der Schriftsprache vorbereitet.

Neben dem Erlernen der Sprache im allgemeinen ist auch das Wissen um die Besonderheiten unserer Sprache von erheblicher Bedeutung. Sie besteht aus Lauten, die abgehört werden können, aus Wörtern, die etwas bedeuten und zu Sätzen zusammengefügt werden. Dieses Wissen kann keinesfalls als selbstverständlich vorausgesetzt werden, wie Untersuchungen zur auditiven Wahrnehmung bei Kindern belegen[23]. Wie läßt sich das Abhören von gesprochener Sprache, im Sinne von *Günther* (1986) die alphabetische Strategie[24], bei Kindern anregen? Auf spielerische Weise finden schon Vorschulkinder dazu, wenn sie silbenweise einen Abzählvers sprechen, wenn sie beim Singen von Kinderliedern, wie dem „Bi-ba-Butzemann", auf ein bestimmtes Phonem aufmerksam werden, wenn sie Reimwörter wiederholen oder neue erfinden. In der Schule lassen sich solche Übungen spielerisch in den Unterricht einbauen: Man hört auf An- und Auslaute bei Kindernamen, spricht Zungenbrecher, unterstreicht gesprochene Verse durch Silbenklatschen, spricht Lesewörter langsam und gedehnt, wobei der Finger mitzeigt, baut im Lesekasten Wörter auf und ab und liest dabei die Wortfragmente. In vielen Fibeln und Leselehrwerken finden sich Bilder, aus deren Benennung ein bestimmtes Phonem abgehört und möglicherweise auch lokalisiert werden soll. Daß dieses dann aber auch wirklich gehört werden kann und nicht durch die Koartikulation mit dem vorausgehenden oder nachfolgenden Phonem verwischt wird, ist eine unverzichtbare Forderung (Abb. 13).

---

23 vgl. Troßbach-Neuner, Eva 1992
24 vgl. Tab. 6, S. 37

Sprich jedes Wort deutlich!

Wo hörst du Oo?

Abb. 13: Lautabhörübung in der Fibel „Mimi die Lesemaus" (Borries/Tauscheck 1987, 6)

Glogauer (1982) verweist auf die „besonderen Schwierigkeiten", die das Abhören und Sprechen bestimmter Laute und Lautverbindungen der Hochsprache bereiten. Er erwähnt das r, das am Wort- und Silbenende wie a gesprochen wird (wir - wia), oder sp und st, die am Wortanfang als schp bzw. scht lauten (*Glogauer* 1982, 10).

Deutliches Artikulieren der Wörter erleichtert das Abhören der gesprochenen Sprache. Es läßt einen Lehrer oder eine Lehrerin außerdem erkennen, welche Kinder noch nicht in der Lage sind, bestimmte Laute richtig zu bilden. Deshalb wird es notwendig sein, alle analysierten Phoneme laut und deutlich nachzusprechen und somit auch artikulatorisch zu sichern. Es wäre aber falsch, aus der Sorge um die Orthographie bestimmte Graphemfolgen überdeutlich und damit übertrieben zu artikulieren. Auch ein Lese- und Schreibanfänger muß sich damit zurechtfinden, daß unsere Schriftsprache keine absolut lauttreue Umsetzung des Gehörten ist.

Das Aufgabenbewußtsein für Lesen und Schreiben sowie das Symbolver-

48

ständnis für geschriebene Sprache lassen sich ebenfalls sowohl in der Vorschulzeit als auch während des ersten Schuljahres anbahnen. Ein Kind kann den Wunsch äußern, etwas zu einer Erzählung zu zeichnen. Was liegt näher, als unter das Bild vor den Augen des Kindes dann ein treffendes Wort oder einen kleinen Satz zu schreiben? Wenn Lehrer und Lehrerinnen mit den Kindern einen Gang in die Schulumgebung machen und anschließend einiges dokumentieren, was die besondere Aufmerksamkeit der Kinder erregte, so können auch die noch schreibungewandten Kinder dabei helfen. Sie werden überraschende Vorschläge bringen, wie *Brügelmann* (1987) nachweisen konnte, der Schreibanfänger bat, „vier Häuser" aufzuschreiben. Sie zeigten ein breites Spektrum an Einfällen und bewiesen damit ihr Verständnis für die Aufgabe bzw. für den Symbolcharakter der Zeichen (Abb. 14).

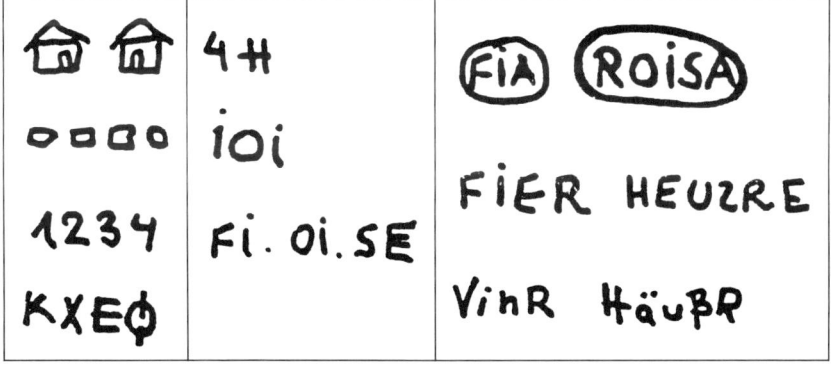

Abb. 14: Verschriftung von „vier Häuser" (Brügelmann 1987, 82)

Burkhardt (1974) rät, Kinder selbständig Zeichen für bestimmte Situationen erfinden zu lassen, zum Beispiel für das, was man im Schulhaus nicht tun sollte (Abb. 15).

Abb. 15: „Rennen verboten" (Burkhardt 1974, 32)

Er empfiehlt, kurze Erzählungen in Piktogrammen festzuhalten und diese wiederum zu „lesen", wie am Beispiel des Sonntagsausflugs (Abb. 16) dargelegt. Da wird eine Familie gezeigt, „die am Sonntag zunächst zur Kirche, dann in den Wald fährt, wandert, einen See sieht und badet. Bei Nacht fährt sie nach Hause und geht ins Bett" (*Burkhardt* 1974, 37). Dieses Beispiel stammt aus einem vierten Schuljahr und kann in solcher Ausführlichkeit von Lese- und Schreibanfängern noch nicht erwartet werden. Es kann aber anregen, mit Kindern im ersten Schuljahr ähnlich zu arbeiten; denn durch solche Aufzeichnungen festigt sich bei Kindern die Einsicht, daß alles, was gesprochen wird, aufgezeichnet und dann wieder vorgelesen werden kann[25].

Abb. 16: Sonntagsausflug einer Familie, dargestellt in Symbolen (Burkhardt 1974, 37).

Um auf Wörter, Silben und Buchstaben aufmerksam zu machen, ist es nötig, diese in den Mittelpunkt des Geschehens zu rücken. Es lassen sich ganz individuell Wörter „sammeln", die einem etwas bedeuten: gute, böse, unbekannte, lustige Wörter, solche, die sich aus der Schule ergeben, solche, die auf der Straße eine Rolle spielen. Dem Einfallsreichtum der Lehrerinnen und Lehrer sind keine Grenzen gesetzt, wenn es darum geht, Kinder anzuregen, „ihre" Wörter zu sammeln. Diese können mit Buntstiften auf Zettel geschrieben und aufgehoben werden. Später, wenn im Verlauf des Leselernprozesses der alphabetische Zugriff eine immer größere Rolle spielt, kann das Wörtersammeln unter neuer Perspektive erfolgen. Da lassen sich Wörter nach An- und Auslauten ordnen, Reimwörter zu Postern kleben oder in Reihen nach Anzahl der Silben legen. Auch Buchstaben-Blätter lassen sich erstellen, mit möglichst vielerlei Drucktypen, großen, kleinen, fetten, mageren Zeichen, in Druck-, Maschinen- und Schreibschrift. So wird dem Kind der Umgang mit Buchstaben, Silben und Wörtern bewußt. Später setzt dann die Bewußtheit für Sätze ein, die sich aus Wörtern bilden lassen.

---

25 Als Hilfen zur Entwicklung des Symbolverständnisses lassen sich auch viele Aufgaben der Ravensburger Spiel- und Bilderbogen 1 und 2 von Gertraud E. Heuß und Hermann Wernhard (Ravensburg: Otto Maier; 8. Aufl. 1992) verwenden.

Auch die für graphomotorische Bewegungsabläufe notwendige Geschicklichkeit der Finger und der Schreibhand läßt sich durch Fingerspiele und Lockerungsübungen spielerisch anbahnen.

Dabei ist nicht nur an das „Fingerturnen" gedacht, sondern auch an Bewegungsspiele, die ein Hinhören und Reagieren auf Rhythmen sowie ein Koordinieren der Körperbewegungen zu vorgegebenem Takt mit einbeziehen. Die Lockerung der Schreibhand läßt sich durch Fingerspiele oder durch Spiele mit dem Stift erzielen. Man kann Finger in Farbe tauchen und über das Papier „spazieren" lassen. Mit Farbfingern lassen sich Bilder drucken. Mit den Fingern können Ornamente und Muster aufgetragen oder Kleisterpapier hergestellt werden. Die Finger können auf der Bank klavierspielen oder ein bestimmtes Thema mit Geräuschen begleiten. So läßt sich beispielsweise mit Fingerspitzen, Knöcheln und Fingern ein unterschiedlich starker „Regen" klopfen. Finger können auch mit dem Stift spielen, bevor dieser zum Schreiben benutzt wird: Man krabbelt mit Daumen, Zeige- und Mittelfinger am Stift entlang; man ertastet den Schwerpunkt des Stiftes; der Stift kann in der Mitte gefaßt und geschaukelt werden. Durch solche Übungen werden den Kindern Unterschiede im festen und lockeren Halten eines Stiftes bewußt. Auch zur Kräftigung der Schreibmuskulatur eignen sich vielerlei spielerische Übungen: Kneten von Kugeln, Walzen und anderen Formen; Bohren von Löchern in Plastilin mit verschiedenen Fingern; Reißen von Papierstreifen; Falten und Knüllen von Papier, und vieles mehr.

Wie sich erste graphische Fixierungen mit den Schreibgeräten aus dem Unterricht ergeben können, beschreibt *Bärmann* (1979 b). Er stellt beispielsweise das Thema „Kinder unserer Klasse laufen in der Pause auf dem Schulhof umher" und läßt Kinder frei mit dem Stift auf Papier entsprechende Figuren zeichnen. Man kann dann auch noch den Schulhof mit einem Zaun umgrenzen, so daß Kinder außer den Bewegungsschwüngen auch geordnete Striche ziehen.

Da auch beim Schreiben der Entwicklungsstand eines Kindes von den Anregungen der Umwelt abhängt, können bei Schuleintritt keine einheitlichen Leistungen erwartet werden. *Schilling* (1990) erinnert daran, welche komplexe psychomotorische Leistung das Schreiben darstellt: Es „vollzieht sich auf kleinem Raum, d. h. es werden kleinräumige Bewegungen erlernt, die eine gute Koordination, hohe Zielgenauigkeit, bewußte Steuerung und die visuomotorische Kontrolle von Fingern und Hand voraussetzen" (*Schilling* 1990, 17). Es darf keinesfalls erwartet werden, daß jeder Schulanfänger diese Leistungen erfüllt. Jeder Lehrer und jede

Lehrerin muß sich deshalb darauf einstellen, daß gerade im ersten Schreibunterricht kein einheitliches Vorgehen möglich sein kann. Es wäre ungeschickt, einem Kind die Freude durch zu hohe Anforderungen zu verderben. Jedem Kind muß soviel an Übungsmöglichkeiten und -gelegenheiten geschenkt werden, wie es braucht. Bezogen auf die jeweilige Ausgangslage des Kindes, kann der Unterricht nur individuell einsetzen. Das heißt, während ein Teil der Klasse noch mit Wachsmalstiften arbeiten wird, können andere Kinder schon mit feineren Stiften umgehen. Kindergartenkinder und solche, die im Elternhaus entsprechend gefördert worden sind, haben hier zweifellos einen Vorsprung.

Ein weiteres Problem erfordert beim Schreibenlernen Beachtung: die *Links- oder Rechtshändigkeit.* Als abgesichert kann heute gelten, daß sich Linkshänder in ihrer körper- und feinmotorischen Leistungsfähigkeit nicht von Rechtshändern unterscheiden (*Schilling* 1983). Schon im Alter von etwa 15 Monaten zeigt ein Kind bei feinen, differenzierten und komplizierten Bewegungsaufgaben der Hände, welches seine bevorzugte Hand ist (*Schilling* 1983). Diese sollte auch seine Schreibhand werden. *Schilling* (1983) verweist darauf, daß linkshändig schreibende Kinder in der Regel rechtshändige Vorbilder haben und sich durch deren Nachahmung eine falsche Körper- und Handhaltung angewöhnen können. Jeder Lehrer und jede Lehrerin sollte daher bei linkshändig schreibenden Kindern beachten, daß diese am Zweiertisch links außen sitzen, um für die Schreibhand Bewegungsfreiheit zu haben; daß das Licht von rechts einfällt, damit die Schreibhand keinen Schatten wirft; daß die Schreibhand spiegelbildlich zu der des Rechtshänders gehalten wird und das Schreibpapier nicht parallel zur Tischkante, sondern leicht schräg von links oben nach rechts unten gelegt wird, spiegelbildlich zur Lage des Papiers beim Rechtshänder (Abb. 17).

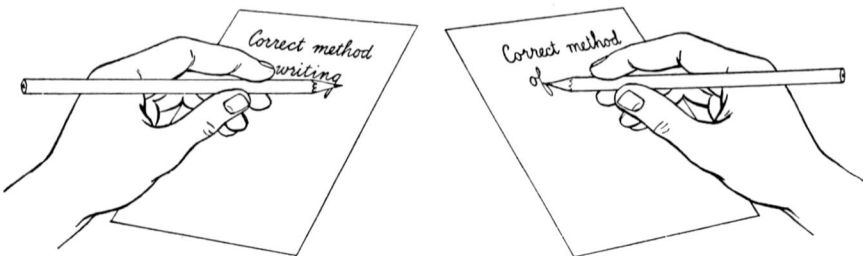

Abb. 17: Lage des Schreibpapiers bei links- bzw. rechtshändigem Schreiben (Kramer 1970, 222 f.).

3.2.2 Möglichkeiten der Fehlleitung

Allgemeine Gefahrenquellen

Wie bei jedem anderen Lernprozeß auch, kann beim Lesen- und Schreibenlernen vieles falsch gemacht werden. Das beginnt schon lange vor Schuleintritt im Elternhaus, in dem Kinder elementare Motivationen für das Lesen und Schreiben erhalten sollten. So notwendig und unverzichtbar solche Anregungen sind, sie dürfen nicht ungeduldig betrieben werden. Überehrgeizige Eltern, die von ihrem Kind Leistungen einfordern, die dieses noch nicht zu bringen vermag, bewirken Abneigung gegen die Lernprozesse, Unlust, ja möglicherweise sogar Angst vor der Schule und ihren Anforderungen.

Auch in der Schule kann sich manches Kind durch zu pauschal geforderte Leistungen über- oder auch unterfordert fühlen. Es verlangt großes Einfühlungsvermögen von Lehrerinnen und Lehrern, den Grad der Leistungsbereitschaft bei jedem Schulanfänger zu ermitteln, mit jedem Kind das speziell Notwendige und Richtige zu üben und Dauer und Umfang einer Übung richtig zu dosieren. Zu lange oder zu einförmige Lernphasen führen zur psychischen Sättigung, und diese wiederum zeichnet verantwortlich für Unlust, Unkonzentriertheit, ja sie führt unter anderem zum Zerfall des schon Gelernten. Aggressives, absichtlich störendes Verhalten kann ebenso die Reaktion des Kindes auf zu langweilige Übungen sein wie überdrüssiges Abschalten. Hier können Lehrerinnen und Lehrer vorbeugen und durch Einbezug möglichst vieler Sinne multisensorisch üben. Dadurch erhöht sich auch die Chance, jedem Kind auf seine Art gerecht zu werden, denn jedes Kind verfügt über mehrere Sinneskanäle, über die es Informationen aufnimmt und verarbeitet. Hilft dem einen hantierendes Umgehen mit ausgeschnittenen Buchstaben, die befühlt und geordnet werden können, bevorzugen andere Kinder visuelle und auditive Aufgaben; wieder andere lernen am besten mit dem Stift in der Hand oder rein kognitiv. Wenn sich Übungen abwechseln und multisensorisch ergänzen, ist die Gefahr der Langeweile am ehesten gebannt.

Gerade beim Lesen- und Schreibenlernen können auch falsche Einstellungen vermittelt werden. Es wäre zum Beispiel unredlich, den Kindern vorzumachen, daß sich Lesen und Schreiben ganz mühelos innerhalb kurzer Zeit erlernen lassen. Beide Lernprozesse ziehen sich über eine lange Zeit hin und erfordern Mühe und Anstrengungsbereitschaft. Andererseits darf auch nicht durch häufiges Verweisen auf Schwierigkeiten und Dauer des Lernens den Kindern der Mut genommen und Selbstzweifeln

Raum gegeben werden. Hier kommt es entscheidend darauf an, wie Kinder lernen, mit ihren Fehlern umzugehen, worauf auch *Dehn* (1988) hinweist. Sie brauchen neben Ermutigung und Stütze auch immer wieder die Hervorhebung des bereits erfolgreich Gelernten. Außerdem bedürfen sie bestimmter Kontroll- und Korrekturverfahren, um selbst berichtigen zu können, was sie als falsch erkennen. Fehlerverbesserungen sollten deshalb grundsätzlich nicht pauschal sondern individuell durchgeführt werden, um jedem Kind spezifisch zu helfen, wo es Hilfe braucht.

Rathenow (1989) macht schließlich darauf aufmerksam, wie notwendig es ist, ein Kind, das Lernschwierigkeiten zeigt, in eine entsprechende Fördermaßnahme mit einzubeziehen. Eine Förderung gegen den Willen eines lese- oder schreibschwachen Kindes ist seiner Meinung nach wirkungslos. Dies gilt besonders für die Fälle, in denen Fördermaßnahmen sozial diskriminierend erlebt werden können, so zum Beispiel, wenn ein Kind länger in der Schule bleiben muß. Um eine Förderung nicht zur Strafe werden zu lassen, kommt es darauf an, wie sich Lehrerinnen und Lehrer selbst zu dieser Situation stellen. Die Art und Weise, wie sie mit Kindern, die zusätzlicher Förderung bedürfen, umgehen, wie sie sie vor der Klasse ansprechen, wie sie die Förderung durchführen, bestimmt die Atmosphäre und den Umgangston, der auf die ganze Klasse zurückwirkt. Auch die Klassengemeinschaft muß lernen, einem leistungsschwachen Kind richtig zu begegnen und braucht dazu im Lehrer oder der Lehrerin das entsprechende Vorbild. Nicht zuletzt ist es aber nötig, daß das Kind selbst seine Schwäche erkennt und den Entschluß faßt, an deren Überwindung mitzuarbeiten. Erst, wenn diese Voraussetzungen stimmen, darf auf Erfolg bei der Förderung gehofft werden.

Spezifische Gefahrenquellen

Sowohl beim Lesen- als auch beim Schreibenlernen stellen sich unweigerlich immer wieder typische Fehler ein. Falsche Buchstabenkombinationen führen zu falschen Wörtern, falsche Stift- und Körperhaltung zu Verkrampfungen und vorzeitiger Ermüdung, falsche Lehrerhilfen zu allseitiger Entmutigung und Enttäuschung. Vieles läßt sich durch konsequentes Eingreifen verhältnismäßig leicht verhindern, anderes bedarf aber der weitsichtigen Planung des Lehrers oder der Lehrerin.

Verhältnismäßig einfach ist es, Linkshändern gerecht zu werden. Wenn ihre eindeutige Linksdominanz feststeht, sollten keine Versuche unternommen werden, die Kinder auf die rechte Hand umzuschulen. Es kommt allerdings darauf an, ihnen die richtige Stifthaltung und die Lage des Schreibheftes zu zeigen[26]. Im Falle eines „breakings" sehen *Rett, Kohlmann* und *Strauch* (1973) eine mögliche Ursache für eine Lese-Rechtschreib-Schwäche.

Eine falsch eingelernte Stift- und Körperhaltung beim Schreiben läßt sich nur sehr schwer wieder korrigieren und wirkt sich in späteren Jahren als Verkrampfung und Verspannung im gesamten Körper aus[27]. Da die Kinderhand, im Unterschied zur verknöcherten Hand eines Erwachsenen, noch knorpelig und weich ist, läßt sie sich bei unsachgemäßer Handhabung des Schreibgeräts verformen. Übermäßiges Aufdrücken auf die Schreibunterlage kann zu irreparablen Schäden, wie verbogenen Fingern, und anderem führen. Es ist daher notwendig, von Anfang an eine lockere Handhaltung für jedes Schreibgerät einzuführen und diese konsequent zu überwachen. Auch die richtige Sitzhaltung, auf dem an der Größe des Kindes orientierten Schulgestühl, bedarf der steten Überprüfung und Korrektur. Manche Lehrerinnen und Lehrer beachten offensichtlich nicht, welche verheerenden Folgen falsches Sitzen für die Entwicklung der kindlichen Wirbelsäule haben kann.

Das Versäumnis eines phonematischen Trainings kann bei Kindern, die aus der vorschulischen Zeit wenig oder gar nicht auf den Erwerb der Schriftsprache vorbereitet sind, zu großen Lernschwierigkeiten führen, wie *Schneider* (1989) und *Wimmer* et al. (1991) mit Nachdruck betonen. *Wimmer* und seine Mitarbeiter sprechen „in Übereinstimmung mit der angloamerikanischen Legasthenieforschung" sogar von einem „Defekt" im Bereich der phonologischen Analysekompetenz (*Wimmer* et al. 1991, 295) bei solchen Kindern, die übermäßige Schwierigkeiten beim Abhören der gesprochenen Sprache haben. Da sich nach ihrer Beobachtung diese phonologische Schwäche keinesfalls von selbst behebt, sondern sich im Gegenteil noch weit über die Grundschulzeit hinziehen kann, warnen sie bei solchen Kindern vor einem Umdeuten der Lese- und Schreibfehler als notwendiger Zwischenform auf dem Weg zum Ziel, wie dies gegenwärtig hauptsächlich von *Dehn* (1988) und *Brügelmann*[28] vertreten wird. Für diese Kinder ist gezielte Hilfe geboten, um sie auf die Lautstruktur unserer Schrift aufmerksam zu machen. In spielerischer Form lassen sich zum Beispiel Reimwörter finden und sprechen, Silben zusammenziehen, Pho-

---

26 vgl. Abb. 17, S. 52 und Kapitel 5.3.2
27 vgl. auch Kapitel 4.2.6 und 5.3.2
28 vgl. Dummer, Lisa/Hans Brügelmann: Vom „3lft" zum „Elefat": Was heißt hier Leseschwäche? In: Balhorn/Brügelmann (Hrsg.) 1987

neme am Wortanfang, in der Wortmitte oder am Wortende abhören, Wörter mit gleichen Phonemgruppen sammeln und anderes mehr. Solche Übungen sind unverzichtbare Voraussetzungen für den Schriftspracherwerb. Daß hier allerdings das Wortmaterial mit großer Sorgfalt gewählt werden muß, wurde schon erwähnt, damit sich der abzuhörende Laut auch tatsächlich heraushören läßt und das Kind nicht Irritationen ausgesetzt wird[29].

Auch auf die Bedeutung von multisensorischen Übungen wurde schon mehrfach hingewiesen. Gerade in einer Zeit, in der vielen Kindern unmittelbare Erfahrungen mit möglichst vielen Sinnen versagt sind, kommt der Schule die besondere Aufgabe zu, das Lernen mit allen Sinnen zu fördern. Trotzdem muß beim Lesen- und Schreibenlernen vor blindem Aktionismus gewarnt werden; denn nicht alles, was Spaß macht, ist für ein Kind auch hilfreich[30]. Diese Erkenntnis läßt sich aus der Legasthenikerbetreuung gewinnen, in der seit vielen Jahren besonders intensiv multisensorisch gearbeitet wird. Visuelle, auditive und taktile Übungen wechseln sich ab und werden in oftmals lustbetonten und einfallsreichen Situationen durchgeführt. Die lese-rechtschreib-schwachen Kinder haben sicher zumeist ihren Spaß bei der Arbeit, betasten Buchstaben, lösen Rätsel, essen die aus einem Säckchen „herausgefühlten" Buchstaben aus Russischem Brot, spielen Wörterbingo und anders mehr. Und doch ist der Erfolg häufig genug nicht der gewünschte. Manchen Kindern helfen solche spielerischen Übungen, anderen dagegen nicht. Mißerfolge lassen sich unter anderem auch dadurch erklären, daß nach dem *Günther*schen Stufenmodell[31] nicht jedes Kind zu einer bestimmten Zeit gleich weit im Lese- und Schreiblernprozeß fortgeschritten ist. Gezielte, individuelle Hilfe, einerseits zur Bewältigung der augenblicklichen Lernstrategie und andererseits zur Integration der vorgängigen Strategie in die zu erlernende neue, ist daher geboten. Ein weiteres kommt hinzu: *Günther* (1989) bedauert, wie wenig die präliteral-symbolische Stufe in ihrer Bedeutung für den Schriftspracherwerb wahrgenommen wird. Damit ein Kind zum Symbolverständnis kommt, das für den Erwerb unserer Schriftsprache unverzichtbar ist, bedarf es vieler Vorformen, die im kindlichen Spiel und einer anregenden Umwelt erfahren werden können. Konkret darf man sich vorstellen, daß das Bildbetrachten, das Erkennen und Ausführen von Mimik und

---

29 vgl. Kapitel 3.1.3 und 3.2.1
30 vgl. auch Heuß, Gertraud E. 1991
31 vgl. Tab. 6, S. 37

Gestik, das Legen und Bauen von Mustern nach Vorlagen, das Reagieren auf Schrift und eigene Kritzeleien notwendige Vorbedingungen für den späteren Schriftspracherwerb sind. Kinder, denen solche Erfahrungen im vorschulischen Bereich versagt waren, sollten das auf jeden Fall innerhalb der Schule nachholen. Es wird daher unverzichtbar sein, daß sich Lehrer und Lehrerinnen genau über die Ausgangslage eines Kindes hinsichtlich des Schriftspracherwerbs informieren, um dem Kind Umwege zum Lesen- und Schreibenlernen zu ersparen[32].

Schließlich sei noch darauf hingewiesen, daß Lese- und Schreibanfänger sich auch orthographisches Wissen aneignen müssen. Gerade weil unsere Schrift keine phonetische ist, sind orthographische Grundkenntnisse unverzichtbar. Um Kinder nicht zu frustrieren, wird es entscheidend darauf ankommen, wie man ihnen diese Rechtschreibregelungen einsichtig macht. *Dehn* (1988) schlägt vor, Kindern zu sagen, „daß es unterschiedliche Lösungen gibt, aber nur *eine* normgerechte" (*Dehn* 1988, 139). Wer das weiß, wird verstehen, weshalb es oftmals nötig ist, nach der richtigen Schreibweise zu fragen. Auskunft wird anfangs die Lehrerin oder der Lehrer geben, später sollten Kinder zum Gebrauch eines Wörterbuches hingeführt werden. Da sich die orthographischen Regelungen unserer Schrift durchaus nicht einfach erlernen lassen, sind hier Übung und Wiederholung von großer Bedeutung.

3.3 Zusammenfassung

Nach *Günther* (1986; in Anlehnung an *Frith*) vollzieht sich die Entwicklung des Schriftsprachverständnisses bei einem Kind in fünf Hauptstufen, die jeweils eine andere Strategie des Zugriffs erfordern: die präliteral-symbolische, die logographemische, die alphabetische, die orthographische und die integrativ-automatisierte. In der Fähigkeit zum Strategienwechsel zeigt sich der Entwicklungsfortschritt. Dieser wird durch eine lernanregende Umwelt entscheidend beeinflußt. Unverzichtbar für ein Gelingen der Lese- und Schreiblernprozesse ist die Sprachkompetenz des Kindes, vor allem der Wortschatzumfang und das Verständnis für die Lautung der Hochsprache. Gedankliche Auseinandersetzung mit der Sprache, das Wissen, was die Bauelemente Buchstabe, Silbe, Wort und Satz bedeuten, erleichtert das Verständnis für Lesen und Schreiben

---

32 vgl. auch Kapitel 5.4.4

ebenso wie die phonologische Bewußtheit, die das Abhören der gesprochenen Sprache ermöglicht. Da Lesen und Schreiben komplexe Handlungen sind, setzen sie problemlösendes und flexibles Denken voraus. Keinesfalls kann erwartet werden, daß alle Leseanfänger schon weit genug auf die beiden Lernprozesse vorbereitet und eingestellt sind. Helfende Übungen, spielerisch in den Unterricht eingeflochten, sind gerade in den ersten Schulwochen unverzichtbar. Schließlich kommt es auch darauf an, die Lernmotivation wachzuhalten und, wenn nötig, immer wieder zu erneuern, damit die Schulanfänger auf dem langen Weg bis zum Können nicht erlahmen. Es ist auch nötig, die Freude an Rhythmus und Reim ebenso wie die Bewegungsfreude der Kinder dem Lernen dienstbar zu machen. Beides ist sowohl beim Lesen als auch beim Schreiben möglich. Ermunterungen und Ermutigungen sind häufig nötig, da viele Kinder bei ihren ersten Schreibversuchen oftmals über ihre Ergebnisse enttäuscht sind. Schließlich sollten die Kinder auch den Zusammenhang durchschauen, in dem Lesen und Schreiben als Lernaufgaben wurzeln, damit „ihnen einsichtig" wird, „welche Funktionen Übungen und Aufgaben im Hinblick auf die Erweiterung ihrer Handlungsräume einnehmen" (*Schwander* 1989, 31).

3.4 Weiterführende Literatur

Bronfenbrenner, Urie: Wie wirksam ist kompensatorische Erziehung? Stuttgart (Klett) 1974
Grissemann, Hans: Pädagogische Psychologie des Lesens und Schreibens. Bern/Stuttgart/
   Toronto (Huber) 1986
Günther, Klaus B. (Hrsg.): Ontogenese, Entwicklungsprozeß und Störungen beim Schrift-
   spracherwerb. Heidelberg (Schindele) 1989
Heuß, Gertraud E.: Vorschule des Lesens. München (Oldenbourg) 1980 (3. Aufl.)
Oerter, Rolf/Leo Montada: Entwicklungspsychologie. München/Weinheim (Psychologie
   Verlags Union) 1987 (2. Aufl.)

4. Lehren und Lernen von Lesen und Schreiben im historischen Rückblick

4.1 Leselehrverfahren im Spiegel von fünf Jahrhunderten

4.1.1 Der einzelheitliche Ansatz: lesesynthetische Verfahren

Die Buchstabiermethode

Die älteste uns bekannte Methode, die vom lesesynthetischen Ansatz ausgeht, ist die Buchstabiermethode, die nach römischem und griechischem Vorbild arbeitete. Sie verdankte ihr Aufblühen der Erfindung beweglicher Lettern in der Buchdruckerkunst im 15. Jahrhundert. Einzelne Buchstaben, auf bewegliche Täfelchen gestanzt, gehörten zum festen Mobiliar eines Schulzimmers. Der Unterricht begann mit dem Auswendiglernen des Alphabets, das durch Vor- und Nachsprechen in und außerhalb der Reihe gelernt wurde. Erst wenn die Abfolge der einzelnen Buchstabennamen gesichert war, zeigte der Lehrer die zu den einzelnen Buchstaben gehörenden Schriftzeichen, die gestanzten Lettern. In diesem Schritt erfolgte die Zuordnung von Schriftzeichen und Buchstabennamen. Interessanterweise wurden zuerst die kleinen und dann erst die großen Formen eingeprägt (Abb. 18, S. 60).

Beim Lesen der Einzelbuchstaben blieb deren typische Lautung im Wort unberücksichtigt. Die Konsonanten wurden als Be, Ce, De, usf. benannt und „gelesen". Die Methode war logisch aufgebaut und führte vom vermeintlich Leichten (dem Erlernen der Einzelzeichen) zum Schweren (dem Zusammenlesen von Silben und Wörtern). Dabei blieb allerdings unberücksichtigt, daß Konsonanten im Wortverbund nie so lauten wie als Einzelbuchstaben in der Reihe des Alphabets. Dieser Sachverhalt erschwerte den Leselernprozeß ungemein, nicht nur für Erwachsene, sondern auch für Kinder. Um diesen das Lernen zu erleichtern, kamen da

Abb. 18: Druck von 1490 zur Veranschaulichung des Alphabets (Schiffler/ Winkeler 1987, 56)

und dort ABC-Büchlein auf den Markt, die in der Regel jedem Buchstaben ein kleines Verschen oder einen Spruch in Verbindung mit einem Bild widmeten (Abb. 19).

Damit sich das Alphabet besser einprägen ließ, wurde es auch in Reimen aufgesagt oder auf kleine Melodien gesungen. Seit dem 16. Jahrhundert gab es Fibeln, die jedem Buchstaben je eine Seite widmeten und dabei zum Teil auch schon Groß- und Kleinbuchstaben gleichzeitig einführten. *Nießeler* (1984) schildert, wie man in Augsburg 1748 die Leser in vier Gruppen, bezogen auf ihr Leistungsniveau, einteilte:

Da waren zunächst die ABC-Schützen[33], die, nicht selten bei der Lehrersfrau, die Buchstaben und ihre Bezeichnungen lernen mußten. Konnten sie

---

33 Seit dem 16. Jahrhundert wurde „Schütze" für Rekrut, Anfänger, Neuling verwendet.

Abb. 19: Veranschauli-
chung der Buchstaben e, f,
g, h im Josephin. Erzher-
zogl. ABC- oder Namen-
büchlein. (Antesberg 1744
[Nachdr. 1980, 6]).

diese, setzte die zweite Stufe ein. Mit Hilfe der ABC-Tafel wurden die
Buchstaben zu Silben „zusammengeschlagen", etwa: ab eb ib ob ub; ba,
be, bi, bo, bu . . . „Auf der dritten Stufe wurden ein- und dann mehrsilbige
Wörter in ihre Buchstaben aufgegliedert" und dann erst gelesen. Erst die
vierte Stufe war den „Fortlesenden oder welche allbereit ziemlich in dem
Lesen fortkommen" vorbehalten. Jetzt konnten sie jedes Wort in seine
Buchstaben zerlegen und wieder erlesen. *Nießeler* merkt wohl zurecht an,
daß „zum flüssigen, sinnvollen und verständigen Lesen [es] (. . .) noch ein
weiter Weg gewesen sein [dürfte]" (*Nießeler* 1984, 42 f.).
Bis ins 19. Jahrhundert hat sich diese Methode gehalten, „und wenn der
Wert einer Methode nur von dem Alter abhinge, dann müßte sie die beste
gewesen sein", resümiert *Schwartz* (1964, 35).
Wie schwierig es für Kinder gewesen sein muß, nach der Buchstabierme-

thode lesen zu lernen, ist dem Bericht *Helene Langes* zu entnehmen, den *Schwartz* (1964, 37 f.) wiedergibt. 1854 wurde sie, die schon seit ihrem fünften Lebensjahr selbständig lesen konnte, noch einmal in der Schule nach der Buchstabiermethode unterrichtet. Sie schreibt: „Nun wurde ich (...) vor eine große Tafel gestellt, auf der b a = ba und dergleichen interessante Zusammenstellungen mehr zu sehen waren, und vor der ich mich vollends hilflos und dumm benahm. Denn es genügte nicht, daß man die gedruckten Silben lesen konnte, man mußte erst buchstabieren und dann zusammenziehen. Als ich schüchtern bemerkte, ich hätte immer Wörter gelesen, wurde ich gefragt, was den ‚be-u-ze-ha‘ bedeute, worauf ich nach scharfem Nachdenken erwiderte: ‚buzeha‘. Die Verfänglichkeit der nächsten Frage: Was denn ‚de-u-em-em‘ heiße, verstand ich nicht; erst das Gelächter der anderen und die Erklärung einer Mitschülerin brachten die unverständlichen Laute mit einer Eigenschaft in Verbindung, deren Zusammenhang mit meiner kleinen Person mir nun allerdings richtig zu sein schien."

Viele Lehrer erhofften sich vom konsequenten Buchstabieren der Wörter vor dem Zusammenlesen einen positiven Erfolg für die Rechtschreibung. Diesem vermeintlichen Vorteil zuliebe wurde in Kauf genommen, daß Leseübungen langweilig und eintönig waren. Waren die Kinder müde oder unlustig, dann wurden sie durch harte Zucht wieder zur Ordnung gerufen (Abb. 20).

Es fällt nicht schwer, sich *Reinhard* (1962) anzuschließen, wenn er über die Buchstabiermethode urteilt: „Diese Methode konnte den Schüler nur zu geistlosem Buchstabieren und Syllabieren befähigen. Zum sinnfindenden Lesen kam er mit viel Aufwand an Zeit nicht mit, sondern trotz dieser Methode" (*Reinhard* 1962, 22).

Die Lautiermethoden

Schon ein Zeitgenosse *Luthers, Valentinus Ickelsamer,* kritisierte an der Buchstabiermethode, daß die Kenntnis der Buchstabennamen für das Aussprechen der Wörter hinderlich sei. In seiner vermutlich 1527 erstmals erschienenen Schrift „Die rechte weis auffs kürtzist lesen zu lernen" ließ er die Laute durch Zerlegen der Wörter gewinnen, „die Mitlaute ohne alles vokalische Beiwerk so, wie sie im gesprochenen Wort selbst tönen"[34]. *Jordan* führte diese Lautlehre *Ickelsamers* in seiner „Leyenschul"

---

34 zit. nach Brückl, Hans 1964, 50

Abb. 20: Jan Steen (1626–1679) (Schiffler/ Winkeler 1987, 74)

Abb. 21: Einteilung des Alphabets nach Petrus Jordan (Fechner 1882, o. S.)

1533 fort. Er unterteilte das Alphabet in „stimmende", „stumme" und „halblaute" Laute, die auch in dieser Reihenfolge gelernt werden sollten (Abb. 21). Diese Phoneme sollten dann ohne vorheriges Buchstabieren nach Anleitung zuerst zu Silben und dann zu Wörtern zusammengelesen werden.

*Abb. 22: Zusammen-
lauten der gelernten
Grapheme (Schiffler/
Winkeler 1987, 102)*

Ickelsamer und *Jordan* waren ihrer Zeit weit voraus. Erst 1803 konnte der bayerische Schulrat *Stephani* der Lautiermethode den Weg in die Schulen bahnen, indem er bis in Einzelheiten gehende Anweisungen zu ihrem Gebrauch gab. Wie schon bei *Ickelsamer* und *Jordan* wurde nun zwischen Phonem, Graphem und alphabetischer Bezeichnung des Graphems unterschieden. Nicht mehr die Buchstabennamen sondern deren Lautung sollte von den Kindern deutlich gesprochen und im Zusammenlesen verbunden werden. Dadurch, so wurde versichert, würde das Lesenlernen bedeutend erleichtert und zeitlich abgekürzt[35] (Abb. 22).

Auf wieviel Unverständnis dieses methodische Vorgehen besonders bei älteren Menschen stieß, beschreibt *Karl Götz* folgendermaßen: „Nun saß ich über der Fibel daheim an unserem Tisch, und die Großmutter strickte und nickte, wenn ich schön und deutlich las, a, e, i, o, u. Gut, wie das bei dem Büble schon lief. Als aber der h . . . kam, ließ sie ihr Strickzeug in den Schoß fallen, sah mich groß an und fragte: „Wie heißt der?" „h . . .", sagte ich, hinhauchend und kaum hörbar. Darauf sagte sie: „Ja Bub, bist du denn noch echt? Das ist doch der ha! Das merkst dir."

Da meine Großmutter für mich eine echte Autorität war – von einer antiautoritären Erziehung wußte man seinerzeit noch nichts – las ich am nächsten Morgen in der Schule nicht „h . . .", sondern laut und kräftig ha. Und da rutschte Herrn Meck die Hand aus.

---

35 vgl. Brückl, Hans 1964, 50

Abb. 23: Analyse der Graphem-Phonem-Verbindung „i" nach der Anlautmethode (Münchener Fibel, K. Lokalschulkommission (Hrsg.), o. J., o. S.)

Die Großmutter tat dann etwas für die damalige Zeit ziemlich Unerhörtes: sie ging in die Schule – aber durchaus nicht wegen der Ohrfeige –, klopfte eines Morgens an unsere Klassentür, und dann fragte sie auf dem Gang unseren Oberlehrer K. K. Meck, ob das wahr sei, daß man jetzt nicht mehr ha sage, sondern h... Ja, das sei so, aus den und den Gründen. Er muß sie aber nicht überzeugt haben von der Richtigkeit dieses methodischen Wandels. Als sie heimkam und vor dem Spiegel ihr Capothütchen sorgfältig herunternahm, sagte sie: „Jetzt kann die Endzeit nicht mehr weit weg sein, wenn nicht einmal mehr der ha ein ha ist!"[36]

Da sich die Lautiermethode insgesamt als Erleichterung für das Lesenlernen erwies, wurde sie rasch aufgegriffen und da und dort verbessert. Je nachdem, ob die Laute aus dem Anlaut, als eigene Sinnträger oder durch Nachahmung von Geräuschen gewonnen wurden, nannten sich die verbesserten Lautiermethoden Anlaut-, Sinnlaut- bzw. Nachahmungsverfahren. Wie sich eine Unterrichtsstunde zur Gewinnung des Anlauts I abspielte (Abb. 23), schildert *Erika Hoffmann* (in *Schwartz* 1964, 62):

---

36 Götz, Karl: Die i-Tüpfelchen und das ABC, aus: Heitere schwäbische Kindheit, Herderbücherei 704. Freiburg (Herder) 1981 (2. Aufl.). Zit. nach Rombach, Theo 1985, 307f.

„Meine erste Erinnerung ist die Fibel. Endlich wurde das ersehnte Buch aufgeschlagen, an dem man lesen lernen sollte; ich wartete schon sehr auf diesen Schritt (...) Die Fibel zeigte auf der ersten Seite einen Igel und ein Vogelnest und neben den Bildern die Buchstaben ‚i‘ und ‚n‘. Mein Vater (Er war Lehrer der Tochter; Anm. d. Verf.) fragte, was für ein Tier das sei, und keck und eifrig rief ich in die Gegend: ‚Ein Stachelschwein!‘ Alle Kinder lachten laut und mein Vater auch. Und ich weiß, daß ich mich gar nicht ausgelacht fühlte, weil mein Vater mich so vergnügt ansah (...) Nun – Igel sieht man gar nicht oft, es war mir ein ganz unbekannter Tiername (...) Wie ich zu dem Wort Stachelschwein gekommen sein mag? – ich weiß es nicht. Nun erfuhr ich jedenfalls, daß dies hier ein Igel sei, und wir hörten die herrliche Geschichte vom Wettlauf zwischen Hasen und Igel. Dann sagten wir alle nach, wie dieses Tier hieß. Laut und im Chor und das ‚Vorderste‘ besonders laut und langgezogen. Nachdem wir uns tüchtig angestrengt hatten, hieß es dann plötzlich, das neben dem Bild Stehende wäre das so schön von uns produzierte ‚Vorderste‘ vom Igel, das ‚I‘. Ach ja, ein ‚I‘ sollte es in der Schule geben, davon hatte die Großmutter erzählt. Wie es mit dem Igel zusammenhing, war mir damals recht unklar (...)“

Die Methodiker des Sinnlautverfahrens versuchten, jedes Phonem durch eine dem Kind vertraute Situation einzuführen, in der sie den zu gewinnenden Laut besonders deutlich wiedergegeben glaubten: Der Hahn krähte „i“, die Kuh muhte „u“, der Wind mußte für das „S“ herhalten, die Dampflok für „sch“ usf. Konnten die Laute auf menschliche Äußerungen bezogen werden, wie beispielsweise „m“, wenn etwas gut schmeckt, „o“ oder „a“ für Staunen oder Erschrecken, dann nannte man das Verfahren Interjektionsmethode (Abb. 24).

Als Hinführung zur Gewinnung eines neuen Lautes wurden Geschichten ersonnen, damit der Unterricht lebensnah und froh verlaufe. So erzählt *Alexander Spoerl* wie seine Lehrerin die Kinder eine Tafel voller „Eier“ malen ließ, „von denen man die Spitze abgeschlagen habe“, um sie essen zu können. Als dies gut gelang, „sagte sie plötzlich, es sei kein Ei, sondern ein O, und wir müßten alle zusammen O sagen...“ Der kleine Schulanfänger ließ sich aber nichts vormachen, beharrte auf den Eiern, die er gemalt habe, und brachte sich und die Lehrerin damit zur Verzweiflung[37]. Noch erfindungsreicher zeigten sich die Vertreter des Lautbildverfahrens.

---

37 Spoerl, Alexander: Lisa sei leise. Aus: Memoiren eines mittelmäßigen Schülers. München (Piper & Co) 1950. Zit. nach Rombach, Theo 1985, 78 f.

*Abb. 24: Analyse der Graphem-Pho-
nem-Verbindung „i" nach der Interjektionsmethode in Hirts Neuer Schreib-
Lese-Fibel (Ritter/Spanier 1926, 1)*

Sie begnügten sich nicht mit der bloßen Lautgeschichte, sondern ließen
auch noch das Schriftbild des betreffenden Lautes daraus entstehen. Noch
1949 empfiehlt der österreichische Pädagoge *Pöschl*[38] zur Einführung des
Buchstabens und Lautes „e" eine Geschichte von „Elli" zu erzählen, die
beim Fensterputzen hilft, den ausgehängten Fensterflügel fallen läßt, so
daß dieser zerbricht. Elli weinte „eh, eh, eh . . ." Vom Fensterflügel wird
berichtet, „er fiel so unglücklich auf den Boden, daß nicht nur das Glas,
sondern auch der hölzerne Fensterrahmen teilweise zerbrochen war; der
ganze rechte Rahmenteil war herausgebrochen und auch von der schma-
len Querleiste in der Mitte fehlte ein kleines Stück . . ." Die bis ins Detail
gehenden Anweisungen lassen die Kinder mit Elli „eh, eh . . ." weinen
und dabei den Fensterrahmen groß und ganz zeichnen. Durch Wegradie-
ren des rechten Rahmens und durch Verkürzen des mittleren entsteht das
große E. Die exakten Anweisungen schließen mit der Bemerkung: „Wenn
die großen Leute ein E hinschreiben wollen, dann denken sie immer an
die weinende Elli und an ihr zerbrochenes Fenster, sie zeichnen den
zerbrochenen Fensterrahmen und nennen das den Buchstaben e"[39].

---

38 Pöschl, Josef F.: Der Unterricht in der Volksschule. Die erste Schulstufe. Allgemeiner
   Teil. Graz (Verlag Leykam) 1949
39 zit. nach Tille, Josef und Anna o. J., 12 f.

Abgesehen von der unerträglichen Künstlichkeit solcher Geschichten, die zur Einführung von Phonemen und deren Graphemen herhalten mußten, zeigte sich ein anderer Nachteil der Lautiermethoden: Die Schüler hatten Mühe, die einzelnen Laute zusammenzulesen. Das mag nur zum Teil an dem „farbigen Erlebnishintergrund" bei ihrer Einführung gelegen haben, von dem *Reinhard* (1962) befürchtet, daß er „viel länger nach(wirkt), als erwünscht ist; er stört das sinnerfassende Lesen der Wörter wesentlich. Soll das Kind zum Beispiel das Wort ‚Hase' lesen, so wecken die Buchstaben zunächst folgende Vorstellungskomplexe: H haucht der Hund, wenn er schnell läuft, a ruft die Mutter, wenn sie an den Maiglöckchen riecht, s summt die Biene an der Blume, e ruft der Fuhrmann dem durchgehenden Esel zu. Diese Vielfalt von Vorstellungen läßt den eigentlichen Sinn des Wortes Hase nicht aufkommen. Dieser Nachteil wirkt sich verstärkt aus, wenn auch die Form des Buchstabens gegenständlich ‚verlebendigt' wird . . ." (*Reinhard* 1962, 24). *Reinhard* vermutet, daß sich gerade weniger leistungsstarke Schüler besonders lange an diese einführenden Lautgeschichten erinnern und damit besondere Schwierigkeiten im Zusammenlesen der Buchstaben zu Wörtern haben. Diese Ansicht wird von *Bosch* (1961) bestätigt, der sich auf eigene Erfahrungen mit Leseanfängern beruft. Gerade bei leistungsschwächeren Kindern konnte er beobachten, wie geschickt sie zwar im Erkennen der einzelnen Buchstaben waren, es aber nicht fertig brachten, sich von den erlebnismäßig tief verankerten Einführungsgeschichten zu lösen. Damit kamen sie nie recht über das bloße Erkennen der Buchstaben hinaus und drangen nicht zur Sinnentnahme aus Texten vor. Mit anderen Worten: Sie lernten nicht lesen (*Bosch* 1961, 17 f.).

Die große Schwierigkeit bei lesesynthetischen Verfahren war also das Zusammenlesen einzelner Grapheme zu Silben und Wörtern. Auf unterschiedlichste Weise wurde von verschiedenen Methodikern versucht, den Kindern dabei zu helfen.

Einige setzten auf das immer raschere Zusammenlesen, als ob sich aus schnellerem Sprechen einzelner Laute im additiven Verfahren ein Wort ergäbe. Andere versuchten es mit Pantomime: Schüler wurden vor die Klasse gerufen und verkörperten je einen Buchstaben eines Wortes. Sie wurden nun so vor die Klasse gestellt, daß die Zuschauer von links nach rechts das Wort „lesen" konnten. Um die Verschmelzung der Laute beim Lesen zu verdeutlichen, umarmten sich die vor der Klasse stehenden Kinder in der Blickrichtung von links nach rechts, während die Zuschauer die Buchstaben „lasen".

Etwas anders verfuhr *Lange*. Er ordnete den einzelnen Konsonanten keine Phoneme zu, sondern ließ sie mit einem für sie typischen Namen benennen: „h" galt als Haucher, „m" als Brummer, „l" als Laller usf. Die auf diese Weise bezeichneten Konsonanten sollten nun sofort mit jeweils einem Vokal in Verbindung gebracht werden. *Schwartz* (1964) schildert, wie man sich den Verlauf einer Leseübung anhand der 1909 erschienenen Fibel „Leselust" vorstellen kann: Da wird beispielsweise ein Junge gezeigt, der im Winter über ein verschneites Feld geht und sich in die Hände haucht. Darunter steht: „h-h, hauch sie warm!" (*Schwartz* 1964, 71). Der Lehrer, so war gedacht, sollte nun die Klasse auffordern, ebenfalls in die Hände zu hauchen. War auf diese Weise das „h" gewonnen, ging das Hauchen weiter. Nach Anweisung des Lehrers wurden die verschiedenen Vokale gehaucht: „Haucht das a! - ha. Haucht das e! - he! (. . .) Wie man mit dem h haucht, so kann man mit dem m brummen, mit dem l lallen, mit dem b blasen und mit dem sch scheuchen" (*Schwartz* 1964, 69). Dieses Vorgehen nannte *Lange* „vokalisieren". Er wollte damit das Zusammenlesen der Wörter erleichtern. Das hörte sich beispielsweise für das Wort „Hase" folgendermaßen an: „Haucht das a, summt das e!" (*Bosch* 1961, 31). So fremd dieses Vorgehen anmuten mag: Es hat den Leseanfängern geholfen, zwei unverbundene Grapheme als neues Ganzes zu sehen. Statt der beiden Impulse, die zur Aussprache von „h" und „a" nötig sind, erfolgte bei *Lange* ein einziger Ansatz, nämlich „ha". Damit war dieses Vorgehen, lesetechnisch gesehen, erfolgreich. Die Schüler begriffen, daß sie beim Zusammenlesen die einzelnen Laute verschmelzen mußten. Es darf allerdings vermutet werden, daß sich das Verständnis für den gelesenen Text nur schwer eingestellt haben wird, denn die gesamte Aufmerksamkeit galt nicht der Dekodierung, sondern dem Zusammenlauten der Grapheme.

Auf wiederum andere Weise versuchte schon 1866 der französische Taubstummenlehrer *Grosselin* das Problem des Zusammenlesens zu lösen. Er hielt die Lehrer an, mit Hilfe begleitender Gebärden, der Phonomimik, den Vorgang des Lesens zu verdeutlichen. Er schreibt dazu: „Der Lehrer macht die Gebärde eines Lautes, die Kinder sprechen den Laut selbst, z. B. d. Darauf macht der Lehrer die Gebärde des a, und die Kinder sprechen a. Nun sagt der Lehrer: Ich werde die Gebärde des d machen, ihr sollt es aber nicht aussprechen, sondern nur den Mund darauf vorbereiten, als ob ihr es aussprechen wolltet; mache ich dann die Gebärde a, so sollt ihr beides zusammen aussprechen! Gebärde d+ Vorbereitung des Mundes zu d+ Gebärde a = da." (zit. nach *Bosch* 1961, 25 f.).

J. und *M. Koch*[40], spätere Vertreter der Phonomimik, ließen die Kinder selbst die Gebärden mitmachen.

Die Phonomimik verdeutlicht den Lesevorgang in einem anderen Zeichensystem als dem unserer Buchstabenschrift. Damit stellt sie nicht nur eine Gedächtnisstütze für das Erkennen der Buchstaben dar, sie hilft auch bei der Lautverschmelzung. Die einzelnen Zeichengebärden lassen sich gar nicht anders als durch Bewegungen der Hand oder des Armes miteinander verbinden. Dieser Bewegungsablauf repräsentiert etwas Neues, was die starre Buchstabenschrift nicht ausdrückt: das Verschmelzen der Einzellaute zu einem Wort oder Sprachganzen. Es verwundert daher nicht, daß nach dieser Methode unterrichtete Kinder weniger Schwierigkeiten im Zusammenlesen von Einzelzeichen zu Wörtern haben. Daß dabei anfangs die Sinnfindung des Gelesenen im Hintergrund steht und die Aufmerksamkeit des Kindes auf die Gebärden gelenkt ist, darf aber nicht verschwiegen werden. Dies ist auch der Grund, weshalb beispielsweise *Eisenlohr* klagt: „Dieses Verschmelzen bleibt in der rein mechanischen Leistung stecken. Die Kleinen stehen so sehr im Banne dieser lautzusammenschließenden Technik und werden dadurch so sehr vom wichtigsten Zweck des Leseunterrichts, vom Erfassen des Wortinhaltes, abgelenkt, daß der Wortinhalt wie nebensächlich in den Hintergrund geschoben wird"[41].

Zusammenfassung:

Schwierigkeiten gab es bei allen Methoden, die ausschließlich nach der Lesesynthese arbeiteten. Die Buchstabiermethode verwirrte, weil beim Lesen eines Wortes die Grapheme anders lauteten als sie in alphabetischer Reihenfolge gelernt waren. Bei den Lautiermethoden entfiel zwar zunächst das Lernen der Buchstabennamen. Damit wurde ein Leseanfänger adäquater angeleitet, einen Text zu dekodieren als bei der Buchstabiermethode. Hinderlich für das Lesen konnten allerdings zu lebhafte Einführungsgeschichten für einzelne Phoneme werden. Die Schwierigkeit des Zusammenlesens der Laute, die Lautverschmelzung zu einem Wort, galt auch für die Lautiermethoden, denn auch sie verschwiegen, daß einem Graphem mehr als nur *ein* Phonem entsprechen kann und umge-

---

40 vgl. J. und M. Koch: Lesen als Gebärdenspiel. Dortmund o. J. (1921?)
41 Eisenlohr, M. F., Das erste Schuljahr (Paderborn, o. J., 79), zit. nach Bosch, Bernhard 1961, 28

kehrt. Allen lesesynthetischen Methoden kann insgesamt der Vorwurf einer Überbetonung der Lesetechnik auf Kosten des Sinnverständnisses nicht erspart bleiben.

4.1.2 Der ganzheitliche Ansatz

Kritiker lautsynthetischer Verfahren suchten nach neuen Wegen, Kindern das Lesenlernen zu erleichtern. Da es vor allem die Lautverschmelzung beim Zusammenlesen der Phoneme zu einem Wort war, die Schwierigkeiten bereitete, waren Methoden nötig, die dieses Problem vermeiden konnten. Es bot sich an, nicht mit dem Element, dem Graphem oder Phonem, zu beginnen, sondern dieses zuerst aus einem Sprachganzen, einem Wort oder kurzen Satz, zu gewinnen.

Gedicke schloß sich daher schon im 18. Jahrhundert einer von *Ickelsamer* empfohlenen Verfahrensweise an: Die Phoneme sollten nicht durch Nachahmung von Naturgeräuschen künstlich eingeführt werden. Er schlug vielmehr vor, die Schüler zunächst ein ganzes Wort lesen zu lassen, dieses dann langsam, gedehnt zu sprechen, dabei auf die einzelnen Phoneme zu achten, diese auf solche Weise zu gewinnen und den Graphemen zuzuordnen. 1791 schrieb *Gedicke* in seinem „Kinderbuch": „Ist es denn so schwer, einzusehen, daß der Weg der Natur nicht vom Buchstaben zu Namen und Begriffen geht, sondern umgekehrt von Begriffen zu Sachen und Namen und Wörtern und von diesen zu Buchstaben? Der natürliche Gang der geistigen Entwicklung geht stets vom Ganzen zu den Teilen; bis jetzt hat man die Kinder durch Buchstaben die Wörter kennenlernen lassen. Ich will aber durch die Wörter und zugleich mit diesen Wörtern die Buchstaben kennenlernen lassen."[42] Das Lesen der Wörter war zunächst also zur Analyse der Einzelzeichen nötig. Diese wurden visuell (als Grapheme) und auditiv (als Phoneme) festgehalten und sofort wieder zum Wort ergänzt. *Analytisch-synthetisches Verfahren* ist daher die angemessene Bezeichnung für diese Lehrweise.

Spätere Vertreter dieser Methode stellten Kataloge von sogenannten „Normalwörtern" auf, mit deren Hilfe auf analytischem Weg alle für den Lesevorgang nötigen Grapheme und Phoneme gewonnen werden sollten. Exakt wurde Schritt für Schritt der Behandlung einzelner „Normalwörter" vorgeschrieben. Dabei wurde versichert, daß die Wörter in einer bestimmten Reihenfolge nach Lese- und Schreibschwierigkeiten geordnet

---

42 zit. nach Denzel, Ferdinand 1964, 153

seien. Es galt als Ziel, mit möglichst wenig Wörtern alle Phoneme und Grapheme zu repräsentieren, damit sich der Leselernprozeß innerhalb kurzer Frist bewältigen lasse. *Bosch* (1961) berichtet von *Fechner*, daß dieser nur 20 Wörter brauchte, *Böhme* soll gar mit 16 ausgekommen sein (*Bosch* 1961, 49). *Schwartz* kommentiert: „An dem Grundzug der elementistischen Methode und auch an ihrem Aufbau aber änderte sich durch dieses Vorspiel der ‚Normalwörter' nichts" (*Schwartz* 1964, 80). Der Unterricht war nicht kindgemäßer geworden, die zur Einführung der Normalwörter nötigen Geschichten kaum lebensnaher als bei den Vertretern der Lautsynthese. Trotzdem liegt hier schon ein interessanter Ansatz vor, der erst im 20. Jahrhundert in den Erstleseverfahren wieder aufgegriffen wurde: Die Analyse eines Wortes in seine Grapheme vor den Augen der Kinder und das unmittelbare Wieder-Zusammenfügen der gewonnenen Elemente zum Wort. Die Einsicht in die Struktur unserer Buchstabenschrift war hier sicher evidenter als bei den Verfahren der bloßen Synthese.

Lay und *Enderlin* gingen noch einen Schritt weiter, indem sie nicht nur mit Wörtern, sondern mit kleinen Sätzchen das Lesen beginnen wollten. 1911 stellten sie im „Führer durch das erste Schuljahr" ihren Weg vor: „Nicht der Laut, sondern der Satz ist das psychisch Nahe und der Laut das psychisch Fernliegende."[43] Sie brachten eine Fibel heraus, deren Titel „Im goldenen Kinderland" schon auf die bewußt kindertümliche Gestaltung verwies. Reime, Rätsel und Kinderlieder wurden dann auch als Lesetexte vorgelegt. Diese Sprüche, Reime oder kurzen Sätzchen mußten zuerst in ihre Wörter gegliedert werden, bevor aus den einzelnen Wörtern die Buchstaben und Laute herausgelöst werden konnten. *Enderlin* (1929) gab dazu genaue Anweisungen. So wurde beispielsweise in den Kindern der Wunsch geweckt, an einen Freund oder Verwandten zu schreiben. Es sollte etwa geschrieben werden: „Ich lade dich ein." Damit die Schüler genau wußten, was sie zu schreiben hatten, ließ man „die Kinder dieses Sätzchen mehrmals langsam und deutlich sprechen und darauf achten, daß ihnen zunächst die Verteilung und die Reihenfolge der Laute zum Bewußtsein kommt. Sie sollen selbst herausfinden, was man zuerst spricht und was dann und was dann. Dann stellen wir fest, wo wir das Sätzchen hinschreiben wollen (. . .) Wir lassen deshalb von den Kindern vorschlagen, wo wir *ich* und wo wir *lade* und *dich* und *ein* hinschreiben wollen, und bezeichnen dann die Orte durch Bogen oder Striche. ___ ___ ___ ___.

---

43 zit. nach Bosch, Bernhard 1961, 49

Dann stellen wir fest, ob die Kinder genau wissen, wo *ich* hinkommt und wo *lade* und *dich* und *ein*. Hiernach fangen wir an, die einzelnen Wörtchen genau zu prüfen, indem wir die Kinder auffordern, auf die Mundstellung und auf die Laute zu achten. Wir passen auf, was man bei *ich* zuerst spricht und was dann (. . .) (Jetzt) schreiben wir (. . .) das Wörtchen *ich* hin, weil wir es für wichtig halten, den Kindern mit dem akustischen Wortbild auch das optische zu bieten. Und siehe da! Sofort wird jetzt die Trennung von i und ch vollzogen. Auf dieselbe Weise verfahren wir mit *lade* und *dich* und *ein*, so daß nach Verlauf einer Viertelstunde das ganze Sätzchen an der Schultafel steht."[44] Am folgenden Tag mußte das Sätzchen wiederum Wort für Wort – auch außerhalb der Reihe – gelesen und jedes Wort deutlich gesprochen werden, bevor es ins Heft abgeschrieben werden konnte. Dabei wurde jedes Wort im Klassenverband analysiert und gleich wieder zusammengesetzt.

Es erstaunt, wie viele Grapheme und Phoneme auf diese Weise auf einmal gelernt werden mußten. Dem Leseanfänger wurde eine enorme Gedächtnisleistung abverlangt, die wohl nicht von allen Kindern immer problemlos geleistet werden konnte. Nicht weniger problematisch erscheint aber auch der vermeintlich kindgemäße Ansatz, der zwar in einem für Kinder naheliegenden Satz, nicht aber in der Ausführung des Erwarteten lag. „Ich lade dich ein" stand nun unadressiert im Heft der Schüler. Jeder andere Satz hätte ebenso als formales Übungsfeld für Analyse und Synthese dienen können, da es auch bei *Lay* und *Enderlin* in erster Linie um den Erwerb einer Lesetechnik ging. Der kommunikative Ansatz, der in diesem Text steckt, blieb völlig unberücksichtigt. Trotzdem darf das Vorgehen der Vertreter der *analytisch-synthetischen Methoden* keinesfalls nur negativ gesehen werden. Der Ausgang von gesprochener Sprache, die vor den Augen der Kinder aufgeschrieben wurde, verdeutlichte diesen die Funktion der Buchstabenschrift. Die Kinder konnten mitverfolgen, daß sich das, was gesprochen wird, mit Hilfe graphischer Zeichen verschriften und dann wieder lesen läßt. Das En- und Dekodieren von Texten mit Hilfe der Buchstaben wurde hier wohl besonders deutlich. Es darf auch angenommen werden, daß dieser Leseunterricht zugleich der Sprecherziehung der Kinder diente, weil alle Sätze auf ihre Wörter und diese auf ihre Phoneme hin abgehört und exakt gesprochen werden mußten. Ein weiteres kommt hinzu: Die Texte, die zur Analyse dienten, ergaben sich aus

---

44 Enderlin, Max: Der neue Schreibunterricht. Karlsruhe 1929, 252; zit. nach Bosch, Bernhard 1961, 50

dem Unterrichtsgeschehen. Geschickte Lehrerinnen und Lehrer konnten dabei auf eine Fibel verzichten und den Leselernprozeß mühelos in den gesamten Unterricht integrieren. Es mußte nur dafür Sorge getragen werden, daß im Verlauf des Leselernprozesses alle nötigen Graphem-Phonem-Korrespondenzen erlernt wurden.

Die Ganzheitsmethode nach Malisch

Einen weiteren Meilenstein in der Geschichte der ganzheitlichen Lese-lehrverfahren hat der Taubstummenlehrer *Malisch* gesetzt, der seine Me-thode 1909 in Breslau vorstellte. Danach sollten, im Anschluß an Sachbe-sprechungen im Unterricht, Umrißzeichnungen von den behandelten Ge-genständen an der Wandtafel entstehen. In diese hinein, so wollte es *Malisch*, sollte der Lehrer dann die Bezeichnung der Dinge schreiben (Abb. 25).

Malisch ging dabei von der Annahme aus, daß sich Bild und Wort im Gedächtnis der Kinder assoziieren würden, wenn die Bilder nur lange genug sichtbar blieben. Im Laufe der Zeit wurden dann die Umrisse der Zeichnungen weggewischt, so daß nur die Wörter stehenblieben. Nun sollte das Kind in der Lage sein, das Wort ohne Zeichnung wieder zu

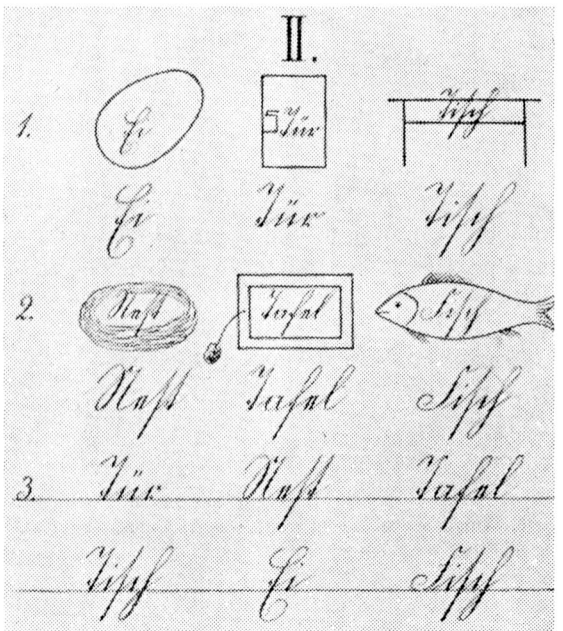

Abb. 25: Umrißzeichnun-gen nach K. Malisch (Schwartz 1964, 92)

erkennen. Auf diese Weise wurden immer mehr Wortbilder gespeichert und im Sinne des Wiedererkennens „gelesen". Zur Analyse einzelner Zeichen und Laute drang *Malisch* nicht vor. Da Lesen und Schreiben bei ihm kombiniert wurden, war seine Fibel nach der Schreibschwierigkeit einzelner Wörter aufgebaut. Präpositionen, Konjunktionen und andere nicht oder nur schwer darstellbare Wörter ließ *Malisch* solange in Reihensätzen üben, bis sie den Kindern geläufig waren.

Die am häufigsten gegen dieses Verfahren vorgebrachte Kritik richtet sich gegen das Versäumnis einer Analyse der Wörter in Buchstaben und Laute. Unsere Schrift kann nicht wie eine Bilder- oder Begriffsschrift behandelt und gelehrt werden. Wenn Kinder lesen lernen sollen, müssen sie die Funktion der Buchstabenschrift verstehen, sonst sind sie nie in der Lage, selbständig zu lesen und zu schreiben. Positiv konnte *Malisch* allerdings für sich verbuchen, daß seine Schüler nie in den verfemten Leierton beim Lesen verfielen, weil sie jedes Wort in der üblichen Phonation aussprachen. Sein Unterricht konnte auch auf lebensfremde Einführungsgeschichten oder das Lesen sinnloser Silben verzichten, denn die Lesewörter ergaben sich zwanglos aus dem Unterricht. Schließlich haben seine Erfolge auch gezeigt, wie viele Wörter Kinder gedächtnismäßig speichern können. Diese Erkenntnis machten sich nachfolgende Vertreter der Ganzheitsmethode zunutze.

Die Ganzheitsmethoden nach 1945

Wenn wir heute vereinfachend – und damit verfälschend – von Ganzheitsmethoden sprechen, sind dabei weniger die bisher erwähnten Verfahren gemeint. Der Begriff Ganzheitsmethode wurde in den Nachkriegsjahren in der Bundesrepublik zum Synonym für ganzheitlich-analytisch-synthetische Verfahren, wie sie von *Brückl, Wittmann* und den Brüdern *Kern* schon in den 20er Jahren unseres Jahrhunderts gefordert wurden. Ausgehend von den Ergebnissen der Ganzheits- und Gestaltpsychologie[45] sahen sie im Lesevorgang kein summatives Aneinanderreihen einzelner Laute zu Silben und Wörtern, sondern vielmehr einen einmaligen, ganzheitlichen Auffassungsakt der Wortgestalt. Dem wollten sie in ihren Methoden

---

45 Felix Krueger führte den Ganzheitsbegriff in der Leipziger Schule ein. Wertheimer präzisiert 1925: „Es gibt Zusammenhänge, bei denen nicht, was im Ganzen geschieht, sich daraus herleitet, wie die einzelnen Stücke sind und sich zusammensetzen, sondern umgekehrt, wo (...) das, was an einem Teil dieses Ganzen geschieht, bestimmt ist von inneren Strukturgesetzen dieses Ganzen" (zit. nach Arnold, Eysenck, Meili, Lexikon der Psychologie 1971, Sp. 676).

Abb. 26: Zwei Seiten der Brückl-Fibel „Mein Buch" im Vergleich. Links handschriftl. Original aus dem Jahre 1921; rechts „Mein Buch", München (Oldenbourg) 2. Aufl. 1926, 8

zum Lesenlernen, die sie unabhängig voneinander entwickelten, gerecht werden.

Brückl, der Leiter einer Münchner Versuchsschule war, wurde von seinem damaligen Stadtschulrat *Kerschensteiner* zu ersten Versuchen mit der Ganzheitsmethode angeregt, die dieser 1912 in den USA kennengelernt hatte. Darüber schreibt *Brückl*: „Wir verwendeten 1913/14 zunächst die Übersetzung des amerikanischen Erstlesebuchs ‚The Progressive Road to Reading'. Die erste Geschichte, von der wir ausgingen, umfaßte 4½ Druckseiten, zählte aber infolge der häufigen Wiederholungen im ganzen nur 55 Wörter. Diese wurden, in verschiedenen Sätzen oft wiederkehrend, von den Kindern eingeprägt. Natürlich wurden oft Wörter, besonders Formwörter[46], verwechselt oder ganz vergessen. In diesem Falle sagten sich die Kinder die Geschichte oder den betreffenden Abschnitt im Flüsterton langsam vor, und wenn sie dabei auf das in Frage kommende Wort stießen, sprachen sie dasselbe mit voller Sicherheit aus. War der

---

46 Unter Formwörtern versteht Brückl Konjunktionen, Präpositionen, usf., also alle Wörter, die sich nicht als Substantive, Verben oder Adjektive einordnen lassen.

Zusammenhang aus dem Gedächtnis entschwunden, so stand das Kind allerdings hilflos da" (*Brückl* 1964, 69). Bald löste sich *Brückl* vom amerikanischen Vorbild. Schon der zweiten Lesegeschichte ließ er „eine eingehende sachliche Fundierung vorausgehen" (*Brückl* 1964, 69) und verzichtete schließlich auf den Ausgang von Sätzen als Lesetext. „Ich gewann (...) die Überzeugung", schreibt er, „daß Kinder mit 6 Jahren im allgemeinen nicht imstande sind, eine längere Geschichte zu überblicken, auch dann nicht, wenn sie in Sätzen dargeboten wird, die bei uns auf Kartonstreifen gedruckt, mit der Schere zu Wörtern zerschnitten und in besonders konstruierte Lesekästen gesetzt wurden. Das Zergliedern der Sätze in Wörter blieb trotz allem eine mehr oder minder mechanische Tätigkeit, die die Kinder zwar aus Freude am Tun, nicht aber aus unmittelbarem Interesse oder Verständnis vornahmen" (*Brückl* 1964, 69). *Brückl* entwickelte daher, in Anlehnung an die Erlebnisse seiner Klasse, eigene Lesetexte, die er erstmals 1922 in der von ihm verfaßten Fibel „Mein Buch" (in nachfolgenden Auflagen umbenannt in „Mein erstes Buch"), vorstellte (Abb. 26). Dazu bemerkt *Brückl*, „daß das Buch gar nicht von mir verfaßt ist, sondern von meinen Schulkindern. Sie gaben, von der Sache noch

77

ganz erfüllt, immer genau an, was sie schreiben wollten und wie sie es zu schreiben wünschten. Die Formulierung der Fibeltexte erfolgte also durch die Kinder."[47]

Auch methodisch hatte sich *Brückl* vom amerikanischen Vorbild gelöst. Sein Leselehrverfahren gliederte sich in drei Stufen:

„1. Stufe: Naives Lesen durch *Totalauffassung* der Wortganzen.

2. Stufe: Beginnende optische und akustische Teilanalyse (Erkennen von Buchstaben und Heraushören von Lauten aus den Wörtern) und ihre Fortsetzung bis zur vollständigen *Analyse*, womit sich schon die Synthese bekannter Wörter anbahnt.

3. Stufe: Die *Synthese* bekannter und neuer Wörter. Das synthetische Lesen als Endform des Leselernprozesses" (*Brückl* 1964, 71).

Jeder dieser drei Stufen lagen eigene Zielvorstellungen zugrunde. Das „naive Lesen durch Totalauffassung", von *Brückls* Nachfolgern auch naiv-ganzheitliches Lesen oder voranalytisches Lesen genannt, erschöpfte sich im Einprägen und Wiedererkennen ganzer Wörter (bzw. ganzer Sätze und Texte bei anderen Methodikern). Auf dieser Stufe kann das Lesen mit dem Deuten einer Bilderschrift verglichen werden. Beabsichtigt war außer dem ganzheitlichen Einprägen einzelner Wortbilder ein natürlicher Sprechton beim Vorlesen der Texte. Die ganzheitlich eingeprägten Wörter dienten in nachfolgenden Übungen zur Analyse einzelner Grapheme und Phoneme.

Die Durchgliederung der Wortgestalt setzte in der Regel mit visuellen Übungen ein. Bestimmte An-, In- und Auslaute wurden im Schriftbild deutlich hervorgehoben und konnten dadurch als „gleich" erkannt werden (Abb. 27):

Die auditive Analyse, das Heraushören eines Lautes aus dem Wort, folgte nach. Anschließend wurden Graphem und dazugehöriges Phonem in vielerlei Übungen eingeprägt.

Andere Methodiker, vor allem *Wittmann* und später *Denzel* (1964), stellten der Analyse eines Einzellautes und -zeichens eine sogenannte Teilanalyse voran, in der zunächst Silben und häufig wiederkehrende Wortteile aus einem Wort gelöst wurden:

Ros **en**	Gar **ten**
Tann **en**	rei **ten**

---

47 Entnommen einem Interview der Süddeutschen Sonntagspost mit Hans Brückl vom 19. August 1928 (2. Jg. Nr. 34, S. 12)

ein | · Karl mit der Kugel | Hand
mein | ◦ Hans an der Wand | Sand
nein | ||| ||| ||| | Rand
neun | neun Kegel | Wand
–eu– | nun zu | W——

| zu | Ufer | Mutter | Hut | nun | |
| -u | U—— | —u—— | —u– | –u– | U-u |

| Zug | Weg | Gras | Gans | Geige | |
| —g | —g | G—— | G—— | G–g– | G-g |

| Mark | Kegel | Kugel | Kinder | |
| ——k | K—— | K—— | K—— | K-k |

Kinder kaufen Kirschen

Abb. 27: Analysebeispiele aus Brückl, Hans: Mein Buch (1926, 23)

In diesem zweiten Schritt der ganzheitlich-analytisch-synthetischen Verfahren sollten die Kinder zunächst alle Graphem-Phonem-Korrespondenzen unserer Sprache kennenlernen. Sie sollten aber auch durch den Vergleich des visuellen und auditiven Eindrucks bei der Analyse darauf aufmerksam werden, daß dem gesprochenen Nacheinander ein optisches Nebeneinander entspricht.

Mit Hilfe der analysierten Zeichen wurden schließlich wiederum sinnvolle Wörter aufgebaut, zuerst die aus dem naiv-ganzheitlichen Lesen bekannten, dann bis dahin noch nicht gelesene Wörter (Abb. 28).

Ein Buchstabe verzaubert das ganze Wort.

Maus	Kind	Gras	Hund
H	W	b	a
Hase	Buch	Hans	Mund
N	T	d	o
Ball	Hund	Haus	Buch
St	M	t	a
Mutter	Leiter	Maus	Tür
B	R	l	o
Tisch	Else	Hut	Schule
F	J	f	a

Rat ein-mal, du kleiner Hans, wie die Namen lauten ganz!

₀Wa...	Mau.	Na..	Scha..	Bau.
Rei...	Mie..	Nu.	Schu..	Zau.
..So...	Fi.	Lei...	Schi..	Pu..
Ti.	Vo...	Sto.	Apf..	Ei..
.Tu.	Re...	Ha..	Au..	Jg..
Do..	Ku...	He...	Es..	Of..
..Da.	Ga....	Hu..	El..	Öf..

Auf dieser Stufe war beabsichtigt, daß Kinder erkennen sollten, wie sich mit Hilfe der Buchstaben alle Wörter unserer Sprache aufschreiben lassen. Außerdem war durch dieses dreistufige Vorgehen erhofft, die Kinder zu einer angemessenen Aussprache beim lauten Lesen zu bringen, ihnen den Leierton erst gar nicht anzugewöhnen. Durch weiteres Üben bis zur Lesegewandtheit kamen die Schüler dann auch allmählich zum stillen Lesen.

Brückls Fibel erlebte viele Auflagen. Je nach Situation wurden die Inhalte verändert und den Zeitläuften angepaßt. Ihre methodische Grundstruktur aber blieb die gleiche bis in die 60er Jahre. Auch nachfolgende Fibeln folgten im Prinzip diesem Aufbau, wenngleich sie zeitgemäßer aufgemacht und da und dort methodisch leicht verändert wurden. *Denzel* brachte seine Zeitwort-Satz-Methode heraus, *Reinhard* nahm den Ausgang von Kinderversen und Reimen. In den 50er und 60er Jahren wurde der Schulbuchmarkt regelrecht mit Ganzheitsfibeln überschwemmt, denn die Ganzheitsmethode erfreute sich bei Lehrerinnen und Lehrern eines großen Zuspruchs. Das Lesenlernen sollte Freude machen, was sich schon in den Titeln einiger beispielhaft ausgewählter Fibelnamen ausdrückte: Im Wundergarten, Lustige Leseschule, Hopsi-Fibel, Fibelkinder, Kinderland, Bei uns daheim u.a.m.

Ein abschließender Überblick soll die historische Herleitung der Leselehrverfahren verdeutlichen:

Synthetischer Ansatz	Ganzheitlicher Ansatz
Ausgang: Graphem/Phonem	Ausgang: Sprachganzes
1. Buchstabiermethode	1. Analytisch-synthet. Methoden: Normalwortmethode Normalsatzmethode
2. Lautiermethoden: Anlaut- Sinnlaut- Interjektions- Lautbildmethode	2. Ganzheitsmethode n. Malisch
	3. Ganzheitlich-analytisch-synthetische Methoden: Ganzwort- Ganzsatz- Ganztextmethode

4.1.3 Der Methodenstreit in empirischer Sicht[48]

Um den seit Anfang der 50er Jahre zum Teil heftig geführten Methodenstreit zwischen Vertretern des ganzheitlichen bzw. lautsynthetischen Ansatzes zu beenden, überprüfte *Schmalohr* in der Zeit von 1956–58 an insgesamt 400 Krefelder Schülern die Auswirkungen der beiden kontroversen Lehrmethoden. Er ging verschiedenen Fragestellungen nach, zum Beispiel, ob ganzheitlich unterrichtete Schüler in ihrer Arbeitshaltung leiden, ob sie beim Übergang in die höhere Schule besser abschneiden als lautsynthetisch unterrichtete Kinder und ob ihre Deutschleistungen bes-

---

48 vgl. dazu auch: Heuß, Gertraud E.: Leselehrverfahren in empirischer Sicht. In: Blätter für Lehrerfortbildung 1971, S. 372–377; Wiederabdruck in: Meiers, Kurt (Hrsg.), Erstlesen. Bad Heilbrunn 1981 (2. Aufl.), S. 88–97

ser, bzw. ihre Lateinkenntnisse schlechter sind. Mit solchen und anderen Hypothesen hatte *Schmalohr* (1961) die Behauptungen der sich jeweils diffamierenden Gegner aufgegriffen und zum Gegenstand empirischer Forschung gemacht. Seine Ergebnisse waren überraschend und beruhigend zugleich: Keine der Behauptungen ließ sich halten. Es zeigte sich lediglich, daß lautsynthetisch unterrichtete Kinder geringfügig bessere Rechtschreibleistungen erzielten, während umgekehrt bei ganzheitlich belehrten Schülern eine Tendenz in Richtung auf eine bessere Arbeitshaltung zu verzeichnen war. Die Schwäche der *Schmalohr*schen Untersuchung lag aber in unkontrollierten Parametern. So wurde nichts über intellektuelle Fähigkeiten der untersuchten Schüler mitgeteilt, nichts über deren soziale Herkunft, nichts über das jeweilige Engagement der Lehrerinnen und Lehrer. Fest stand lediglich, daß sich bei einer Querschnittsuntersuchung im fünften Jahr des Schulbesuchs keine statistisch signifikanten Unterschiede zwischen den beiden untersuchten Vergleichsgruppen nachweisen ließen.

Um auch Aussagen über die Auswirkungen der beiden Lehrmethodengruppen unmittelbar nach Abschluß des Leselehrverfahrens machen zu können, führte *Müller* (1964) zwei Querschnittsstudien durch, eine am Ende des zweiten und eine am Ende des vierten Schuljahrs. In seiner 1964 veröffentlichten Studie, in die er 954 Kinder aus Frankfurter und Wiesbadener Grundschulen einbezog, verglich er auch noch innerhalb der ganzheitlichen Verfahren die Ganzwort- mit der Ganzsatzmethode. Er kontrollierte das Geschlecht der Schüler, deren Intelligenzquotienten, den Beruf der Eltern und die Sprache des Elternhauses. Als Kriterien des Lernerfolgs setzte er für die Lesetechnik die Fehleranzahl innerhalb einer bestimmten Zeit, für das Sinnverständnis des Gelesenen die Anzahl der beantworteten Fragen im Anschluß an einen still gelesenen Text. Insgesamt schnitten in der *Müller*schen Untersuchung die lautsynthetisch unterwiesenen Kinder am besten ab. Speziell am Ende des zweiten Schuljahres machten sie weniger Fehler beim lauten Lesen und zeigten größeres Sinnverständnis beim stillen Lesen als ihre Vergleichsgruppen. Doch auch diese Daten werden durch die Mängel der Studie relativiert: *Müller* konnte keine homogenen Vergleichsgruppen bilden. Auch in seiner Studie fehlten Aussagen über die Lehrsequenzen der überprüften Methoden sowie über das Engagement der Lehrkräfte.

Um diesem Mangel abzuhelfen, überprüfte *Ferdinand* vom Frühjahr 1966 an 690 Düsseldorfer Schulanfänger, die er vier Jahre lang systematisch beobachtete. Zusammengefaßt läßt sich aus seiner Untersuchung festhalten: Nach 12 Monaten des Schulbesuchs zeigte sich in fast allen untersuchten Bereichen eine Überlegenheit synthetisch unterwiesener Schüler. Sie lasen flüssiger, schneller und zeigten das größere Sinnverständnis als ihre ganzheitlich unterrichteten Vergleichsgruppen. Sie waren auch im Rechtschreiben überlegen. Dabei war es erstaunlich, daß diese Daten auch für jene Gruppen galten, deren Lehrkräfte bei einer ursprünglichen Einstellungsbefragung größere Sympathie für ganzheitliche als für synthetische Methoden zeigten. Erst bei späteren Messungen ließ sich für einzelne Kontrollfaktoren eine leichte Überlegenheit ganzheitlich unterrichteter Kinder nachweisen. Besonders deutlich trat dieser Vorsprung in der Aufsatzgestaltung hervor.

Die Ergebnisse der Überprüfungen waren recht beruhigend. Keine der Methoden konnte als *die* beste ermittelt werden, jede hatte ihre Vorzüge und Nachteile. Unmittelbar nach Abschluß der Leselehrverfahren waren synthetisch unterrichtete Kinder zwar überlegen, Ganzheitler holten aber rasch auf. Der Methodenstreit, der die Eltern- und Lehrerschaft nachhaltig beschäftigte, konnte weitgehend beigelegt werden. Es war nun auch möglich, die Schwächen der einzelnen Verfahren zu erkennen und entsprechende Gegenmaßnahmen einzuleiten. Dies setzte allerdings Flexibilität von Lehrern und Lehrerinnen voraus und deren Bereitschaft, sich genügend Wissen auch über andere als die von ihnen bisher bevorzugten Leselehrverfahren anzueignen.

4.2 Beiträge zur Geschichte der Schreiblehrverfahren

Es darf wohl behauptet werden, daß sich im großen und ganzen die Geschichte der Schreiblehrverfahren mit der der Leselehrverfahren eng berührt. Ausschlaggebend war jeweils die Methode, nach der unterrichtet wurde. Da Lesen und Schreiben zumindest ab dem Mittelalter jeweils von derselben Person gelehrt wurden, darf auch unterstellt werden, daß sich diese für beide Lernbereiche derselben Methode bediente. Trotzdem ergaben sich für den Schreibunterricht immer schon zusätzliche Probleme, die nicht zuletzt damit zusammenhängen, daß man zum Schreiben auf Materialien angewiesen ist, daß Schreiben sowohl ein kognitiver als auch ein physiomotorischer Prozeß ist, der eine sichtbare Spur hinterläßt und damit auch morphologisch-ästhetische Fragen berührt.

Es soll daher im folgenden versucht werden, die Geschichte der Schreiblehrverfahren auch zu einer Problemgeschichte derselben zu erweitern.

4.2.1 Parallelität oder Sukzession von Lesen und Schreiben?

Logischerweise muß das Schreiben in der Vorzeit dem Lesen vorausgegangen sein. Zuerst mußte eine Mitteilung oder ein Sachverhalt aufgezeichnet werden, bevor er wieder „gelesen" werden konnte. Es könnte daher vermutet werden, daß sich das Schreiben- und Lesenkönnen auch späterhin parallel entwickelt hat. Dies würde wohl zutreffen, wenn immer nur mit ein und demselben Schriftsystem und Schreibmaterial gearbeitet worden wäre. Wir wissen aber aus der Entstehungsgeschichte der Schrift, daß sich diese in verschiedenen Völkergruppen recht unterschiedlich entwickelt hat[49]. Ethnische und nationalkulturelle Einflüsse, auch Moden und nicht zuletzt der jeweils individuelle Duktus des Schreibers bei handschriftlichen Aufzeichnungen sorgten dafür, daß sich unterschiedliche Schriften herausbilden konnten. *Károly Földes-Papp* (1984) berichtet, daß das Schreiben der Unziale, mit der bis in die Zeit der Völkerwanderung geschrieben wurde, im 5. Jahrhundert allmählich abnahm „und schließlich zum Privileg einer dünnen Schicht: der Berufsschreiber und eines Teils des Klerus (wurde)" (*Földes-Papp* 1984, 183), wie Abb. 29 verdeutlicht:

Abb. 29: Franz. Elfenbeinschnitzerei um 960/80: Der Hl. Gregor, dem der Heilige Geist Worte eingibt. Unten: Klosterschreiber. (Jackson 1981, 63)

---

49 vgl. Kapitel 2.2

Schon während der Römerzeit veränderten eilige Schreiber die Buchstaben, damit sie sich geläufiger schreiben ließen. „Durch den alltäglichen Gebrauch und das günstige Schreibmaterial führte der Weg seit dem 7. Jh. von der Kapitalkursive und der Halbunziale (ebenfalls als Kursivschrift) zur Herausbildung der Minuskelkursive als Schreibschrift mit Kleinbuchstaben" (*Földes-Papp* 1984, 183) (Abb. 30).

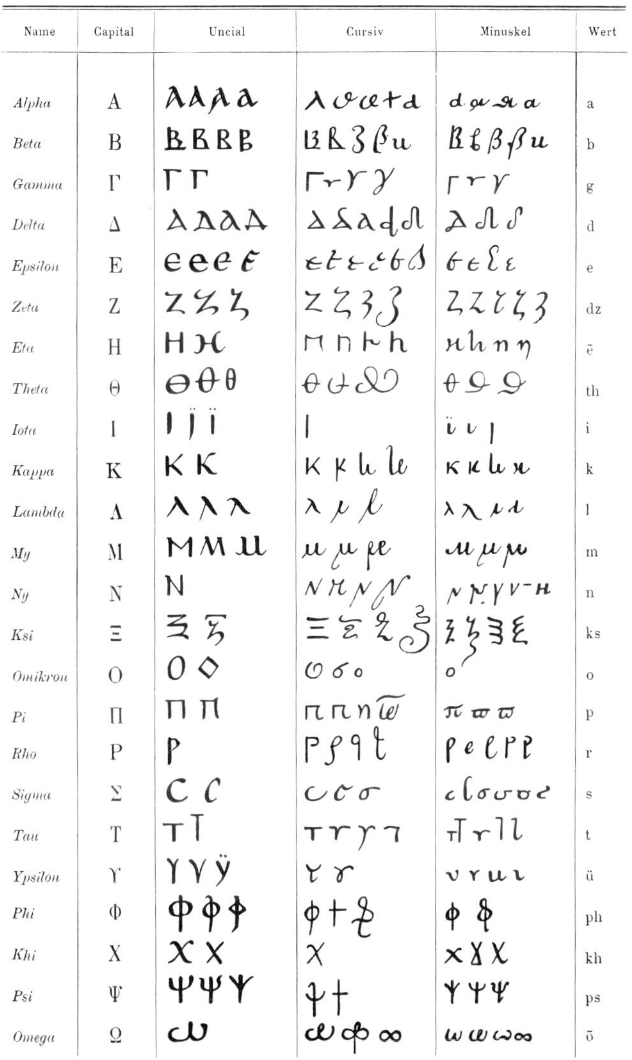

GRIECHISCHE SCHRIFT DES MITTELALTERS.

Name	Capital	Uncial	Cursiv	Minuskel	Wert
Alpha	A	ΛΛΛα	λ α α + ʌ	ʌ α α α	a
Beta	B	Ᏼ Ᏼ Ᏼ β	ᏴᏴᏴᏴu	Ᏼᏽβᏽu	b
Gamma	Γ	Γ Γ	Γ ᵧ ᵧ ᵧ	Γ ᵧ ᵧ	g
Delta	Δ	Λ Λ Λ Λ	Δ Δ Δ Δ Λ	Δ Λ δ	d
Epsilon	E	e e e Ⴎ	ε τ ε ε б Δ	Ⴎ ε ℓ ε	e
Zeta	Z	Z Z Z	Z Z З З	Z Z Z Z З	dz
Eta	H	H Ж	ᴎ n ᴋ h	ᴎ h n η	ē
Theta	θ	Ꮎ Ꮎ θ	θ ᎎ ᎎ	θ Ꮞ Ꮞ	th
Iota	I	‖ ǰ ï	‖	ῐ ῠ ‖	i
Kappa	K	K K	k ᴋ ᴌ ᴌ	ᴋ ᴋ ᴌ ᴋ	k
Lambda	Λ	Λ Λ Λ	λ ᴌ ℓ	λ λ ᴌ ᴌ	l
My	M	Ϻ Ϻ Ⴎ	u μ ᴍ	ᴍ μ μ	m
Ny	N	N	N ᴎ N N	N N ᵧ V⁻ᴴ	n
Ksi	Ξ	Ꙅ Ꙅ	Ξ Ξ Ⴎ Ꙅ	Ꙅ Ꙅ Ꙅ Ⴎ	ks
Omikron	O	O ◇	Ⴎ σ o	o	o
Pi	Π	Π Π	Π Π Π Ⴎ	Π ϖ ϖ	p
Rho	P	P	P ᴎ Ꙅ Ⴎ	ρ ℓ Ⴎ Ⴎ	r
Sigma	Σ	C C	Ⴎ Ⴎ σ	Ⴎ ℓ σ σ Ⴎ	s
Tau	T	T Ꙅ	Τ Τ ᵧ ᵧ	Ꙅ Τ ᴌ ᴌ	t
Ypsilon	Υ	Υ V ÿ	Ⴎ Ⴎ	v Ⴎ Ⴎ ᴌ	ü
Phi	Φ	φ φ Ⴎ	φ + Ⴎ	φ Ⴎ	ph
Khi	X	X X	X	X X X	kh
Psi	Ψ	Ψ Ψ Υ	Ⴎ +	Υ Ψ Ψ	ps
Omega	Ω	ᴍ	ᴍ ᴎ ∞	ω ᴍ ᴍ ∞	ō

Abb. 30: Entwicklung der Schriftzeichen (Faulmann 1985, 171)

85

Hier wird ein gravierender Unterschied zwischen Lesen und Schreiben deutlich: Der Leser kann sich immer auf schon geformte Buchstaben konzentrieren, seine Leistung des Dekodierens ist kognitiver Art. Der Schreiber dagegen muß nicht nur den Text in Buchstaben umsetzen, er muß diese auch erst noch selbst erstellen. Zum kognitiven Prozeß gesellt sich also ein graphomotorischer. Dies erschwert den Schreibprozeß gegenüber dem Lesen und es verwundert daher nicht, daß viele Leute zwar lesen, aber nicht schreiben konnten, wie *Karl Gutzkow* beispielsweise noch 1851 von seiner Mutter berichtet[50].

Gelegentlich wurden allerdings auch andere Gründe angeführt, weshalb gerade Mädchen nicht schreiben lernen sollten. So rät der 1560 in Deventer geborene Schriftsteller *Aegidius Albertinus* beispielsweise mit folgenden Argumenten vom Schreibunterricht für Mädchen ab: „Was das Schreiben belangt, (...) ist dasselbe den Weibern zu lernen gar nicht ratsam, seitemal sie dadurch die Gelegenheit erlangen Liebesbrieffel zu schreiben und zu beantworten (...) Denn obschon etliche Weibspersonen die Kunst des Schreibens nützlich und wohl brauchen, so wird sie doch von den meisten mißbraucht, daß es besser wäre, es würde insgeheim aufgehebt."[51]

Durchsetzen konnte sich *Albertinus* nicht. In den Klipp- und Winkelschulen des 14. bis 19. Jahrhunderts war Schreiben schon fester Bestand des Unterrichts, ja neben Lesen und Rechnen dessen Hauptinhalt. Wie er verlief, kann man *Nießelers* Schilderung aus einer Augsburger Schule von 1748 entnehmen: „Auch der Erstschreiblehrgang wurde synthetisch betrieben. Zunächst zeigte man den Kindern den rechten Umgang mit dem Schreibgerät, nämlich der Feder, und gewöhnte die Schüler an die richtige Schreibhaltung. Nun ließ sie der Lehrer ‚Buchstaben jeder Art der Schriften' erkennen und schrieb schließlich einen Buchstaben, aufgelöst in den wichtigsten Einzelteilen, groß an der Tafel vor. Die Schüler schrieben diese Teile und schließlich den ganzen Buchstaben mehrere Zeilen lang ab" (*Nießeler* 1984, 43). Schließlich wurden Silben und Wörter zusammengesetzt. „Dann begann das Abschreiben größerer Einheiten. Dazu dienten biblische Sprüche, Lieder, Briefe ‚von unschädlichem Inhalt', Kontenauszüge, Quittungen und dergleichen" (*Nießeler* 1984, 43). Schreiben konnte man also erst, wenn „Buchstaben jeder Art der Schriften" schon bekannt waren. *Friedrich Hebbel* berichtet noch 1855, wie er mit

---

50 Gutzkow, Karl: Frühe Dämmerungen. In: H. Hirsch (Hrsg.) 1981, 294
51 zit. nach Reiser, Rudolf 1984, 169

Abb. 31: Gegenüberstellung der Frakturdruck- und -schreibschrift (Klauwell, Adolph: Erstes Schulbuch. (24. Aufl.) Leipzig (Brandstetter) 1885; In: Havekost/Klattenhoff 1982, 37)

vier Jahren in eine Klippschule in Wesselburen gebracht wurde und bei Susanna das Lesen lernte. Aber: „zum Schreiben ward ich meiner Jugend wegen, wie es hieß, noch nicht zugelassen. Es war das letzte, was Susanna mitzuteilen hatte, darum hielt sie vorsichtig damit zurück"[52].

Man muß bedenken, daß die Kursivschrift bis weit ins 20. Jahrhundert in Deutschland die sogenannte gotische oder deutsche (in der Fachsprache Fraktur-)Schreibschrift war, die sich wesentlich von den gedruckten Lettern unterschied (Abb. 31). Schulkinder mußten daher zweierlei Alphabete erlernen, eines für das Lesen und ein anderes zum Schreiben. Dies stellte eine Belastung für Schulanfänger dar, so daß *Hebbels* Lehrerin Susanna vielleicht auch aus Sorge vor Überforderung ihrer Schützlinge die beiden Lernbereiche Lesen und Schreiben getrennt hatte. Dieses Argument entfiel mit dem Aufkommen der in Schreibschrift gedruckten Fi-

---

52 Hebbel, Friedrich: In der Klippschule. Aus: Fr. Hebbel, Aus meiner Jugend. In: Erzählungen und Novellen (1885). Zit. nach Gregor-Dellin, Martin (Hrsg.) 1979, 111

beln, die eine Parallelisierung von Lesen und Schreiben ermöglichten (Abb. 32).

Erst als sich ganzheitlich ausgerichtete Leselehrverfahren durchsetzten, wurden Lesen und Schreiben in der Regel auch kombiniert. Von *Malisch, Lay* und *Enderlin* wissen wir, daß sie ihre Schüler jedes Lesewort sofort auch schreiben ließen[53]. Auch spätere Ganzheitsmethodiker, wie *Brückl* (1964), *Kern/Kern* (1964) und *Reinhard* (1962), verbanden den Lese- mit dem Schreibunterricht. Doch selbstverständlich war dies nicht. Überwiegend begann der Unterricht mit der Leselehre, das Schreiben folgte nach. Noch 1977 bedauert *Menzel*, daß „das Schreiben (...) aus dem Prozeß des Erlernens der Schriftsprache viel zu lange ausgespart (wird)" (*Menzel* 1977, 130). Er begründet sein Bedauern mit dem Hinweis auf die „unschätzbare Bedeutung", die das Schreiben gerade für die Lesesynthese zu leisten vermag: „Beim Schreiben kämen nämlich Synthetisierungsvorgänge in ihrem zeitlichen Vollzug deutlicher zum Ausdruck, schreibend erst lassen sie sich adäquat durchführen, und, durch die motorische Realisierung unterstützt, auf optimale Weise miteinander verbinden: das Zusammenschleifen von ersten Lautkombinationen wird zunächst entsprechend geübt, die Kombinationen werden sodann geschrieben und endlich wiedergelesen" (*Menzel* 1977, 130).

Lediglich aus der Waldorfpädagogik ist bekannt, daß sie das Schreiben vor das Lesenlernen setzt. Die Eigenart des Lese-Schreib-Unterrichts der Rudolf-Steiner-Schule „tritt besonders dadurch in Erscheinung, daß das Schreibenlernen ein ganz besonderes Gewicht hat und vor dem Lesenlernen steht", schreiben *Dühnfort* und *Kranich* (1971), und sie fahren fort: „Wenn man bedenkt, daß zunächst aus der Sprache die Schrift entwickelt werden muß, und man erst zum Lesen gelangt, wenn etwas von der Sprache in die Schrift umgesetzt worden ist, könnte man auch von einer streng genetischen Methode sprechen" (*Dühnfort/Kranich* 1971, 10). Nun muß man wissen, daß in den Waldorfschulen das Schreiben mit Majuskeln, also nur großen Druckbuchstaben beginnt. Zu *Hebbels* Zeiten wurde kursiv in gotischer Schrift geschrieben, gleich von Anbeginn an. *Menzel* (1981) hat sich wie *Brückl* (1964) für das Schreiben einer aus Groß- und Kleinbuchstaben gemischten Druckschrift als ersten Schreibschrift für Schulanfänger eingesetzt, und *Kern/Kern* (1964), *Reinhard* (1962) sowie die Mitglieder des Iserlohner Schreibkreises wollten von Anbeginn an mit lateinischer Schrift das Schreiben lehren. Hier wird

---

53 vgl. Abschnitt 4.1.2

Abb. 32: Beispielseite aus der Münchener Fibel (K. Lokalschulkomm. (Hrsg.) o. J., o. S.)

deutlich, daß in der Geschichte der Schreiblehre offensichtlich noch andere Fragen als nur die Reihenfolge von Lesen und Schreiben eine Rolle spielten.

4.2.2 Form- oder Bewegungsbetonung?

Spaß gemacht hat das Schreibenlernen sicher nicht immer und überall. Es war mit sehr viel Übungen verbunden, die von den Kindern zum Teil als langweilig und trocken erlebt wurden.

Stellvertretend für viele andere sollen die Erinnerungen von *Karl Götz* über seinen Schreibunterricht stehen: „Es gefiel mir keine Stunde, weil man Herrn Meck da gar nichts recht machen konnte. Es fing schon beim i an, mit dem die Schreiblehrer, glaube ich, in der ganzen Welt anfangen.

Dabei wäre mir der o und der x tausendmal lieber gewesen, den i konnte ein jeder von uns sowieso schon schreiben. In allen Kulturvölkern bringen die Mütter ihren Kindern diesen steifen, einbeinigen Kerl ja zu schreiben bei, bevor diese eine Schulstube zu sehen bekommen (. . .) Da wir ihn also konnten, schrieben wir wie wild drauflos, als es hieß: ‚So, und nun fangen wir mit dem Schreiben an, und zwar mit dem i.' Jeder wollte dem Nebensitzer vorausjagen. Aber es war bald aus mit unserer kratzenden, grillenden Jagd auf der Schiefertafel.

Halt halt! hieß es. Alles auslöschen! Die Tafel ganz trocken reiben! So. Und nun kommt zuerst der Aufstrich und sonst gar nichts. Das war sein Ernst. Eine ganze Tafel voll auf, auf, auf, daß einem vor lauter aufwärts und hinauf ganz schwindelig wurde. Er ging mit einem großen Schwamm von Bank zu Bank und machte immer wieder witsch über die Tafeln hin, wenn der Strich zu dick oder zu dünn, zu kurz oder zu lang, zu flach oder zu steil oder auch wenn er nicht bolzengerade, sondern vielleicht ein wenig nach oben oder unten gewölbt war. Du liebe Zeit! Allein die Länge. Da kam es ihm auf einen Mückendreck an. Wenn man nicht ganz genau und haarscharf an der oberen dünnen roten Linie bremste, war es schon nichts. Dann fuhr er einem mit dem nassen Schwamm an der Nase vorbei und löschte die ganze Seite aus, und wenn man schon in der letzten Reihe war, das war ihm ganz egal. So brachte mancher ein paar Tafeln Aufstriche zusammen (. . .) Das alles drehte sich nur um einen einzigen Strich, um einen von dreien. Der Abstrich hatte genauso seine Mucken, aber nur abwärts. Da es aber abwärts immer schneller geht als aufwärts und da sich die Zahl der Unfälle mit der Zunahme des Tempos steigert, (. . .) passierte beim Abstrich viel mehr. Gemein war dann, daß man nochmals hinauffahren mußte (. . .) Ein Außenstehender macht sich keinen Begriff davon, was wir bis hierher geleistet haben (. . .) Wir waren ja (. . .) noch nicht einmal bei der Hauptsache am ganzen i, bei dem Tupfen oben drüber. Ich sage mit Fleiß nie Tüpfele, wie man sonst bei uns sagt, weil ich so nur zu etwas gesagt hätte, das ich gern mochte oder halbwegs leiden konnte. Ich konnte diesen Tupfen aber nicht verputzen (. . .) Da ich eine Wut auf den Tupfen hatte (. . .) habe ich die ganze Tafel voll i geschrieben, aber alle ohne Tupfen. Am Schluß habe ich sie dann alle in einem Zug draufgesetzt. Das ging viel rascher, und es war mir so viel lieber. Aber das durfte ich nur tun, wenn es niemand sah (. . .)"[54]

Die Frage, ob das Schreiben einer Handschrift eher form- oder bewe-

54 Götz, Karl: Die i-Tüpfelchen und das Abc, in: Th. Rombach (Hrsg.) 1985, 303 ff.

gungsbetont gelehrt werden solle, wurde von zwei namhaften Vertretern der Reformpädagogik, *Sütterlin* und *Kuhlmann*, 1917 heftig diskutiert. *Kuhlmann* sah im Schreiben überwiegend einen Akt der Bewegung, in dem der Mensch in verkürzter Form die Schreibentwicklung der Menschheit nachvollziehe. Er glaubte nicht an die schriftbildende Kraft der Nachahmung, sondern setzte auf die Kräfte des freien, naturgemäßen Schaffens eines Kindes. Im Sinne der Arbeitsschule wollte er das Schreiben aus dem eigenen Können eines Kindes einführen. Davon erhoffte er sich persönlich beherrschte Zielformen, die eine ganz individuell gestaltete Schriftkultur widerspiegeln sollten. *Sütterlin* dagegen kritisierte den Tiefstand des Formgefühls, die Geringachtung der Handschrift und betonte daher die Notwendigkeit, die Handschrift aus einer einzuprägenden Ausgangsschrift zu entwickeln. Er wollte die Schrift keinesfalls von Kindern schöpferich neu gewinnen lassen, denn er war überzeugt, daß der Nachahmung einer gut gestalteten Ausgangsschrift eine schriftbildende Kraft innewohne (Abb. 33). Auf diese Weise sollten Schreibanfänger dann zur eigenen, persönlichen Handschrift finden. Diese unterschiedlichen Standpunkte, ob eher von der Bewegung oder der Form der Ausgang des handschriftlichen Schreibens genommen werden solle, lassen sich noch bis in die 70er Jahre unseres Jahrhunderts verfolgen. Mit ihnen hängt auch die Frage, welche Schriftart als erste gelernt werden soll, zusammen.

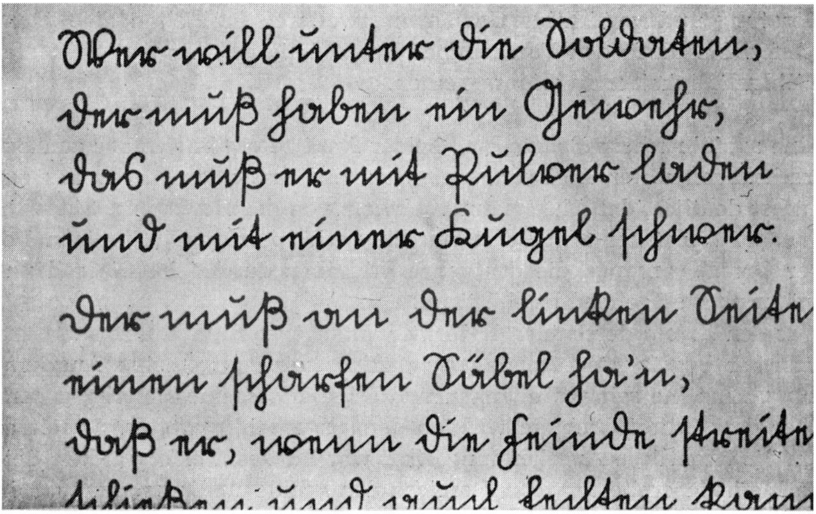

Abb. 33: Beispiel eines Textes in der von Sütterlin geforderten Schrift (Glöckel 1972, 19)

4.2.3 Druck- oder Kursivschrift?

Seit sich Kursivbuchstaben im Unterschied zu Druckbuchstaben heraus-
gebildet hatten, war es für Theoretiker zur Streitfrage geworden, ob
Schreibanfänger zuerst die Druckbuchstaben oder die der Schreibschrift
erlernen sollten. Vermeiden wollten alle eine Überforderung der Kinder,
es sollten auch möglichst nicht zweierlei Alphabete gleichzeitig gelernt
werden. Wer aber dennoch Lesen und Schreiben parallel lehrte, bediente
sich für beide Lernbereiche entweder der Schreib- oder der Druckschrift[55].

Nun war es nicht allzu schwer, während der Zeit bis 1941 die in der
Lesesynthese gewonnenen Buchstaben in der damals üblichen gotischen
oder deutschen Schrift nachzuschreiben. Vor allem die Kleinbuchstaben
setzten sich überwiegend aus Auf- und Abstrichen, sogenannten „Winkel-
zügen" zusammen. Sie verliehen der Schrift Festigkeit und beugten einem
zu schnellen und damit entgleisenden Schreiben vor (Abb. 33). Dies änderte sich allerdings mit der verbindlichen Einführung der lateinischen
Verkehrsschrift („Deutsche Normalschrift") im Jahre 1941. Das Schreiben der Rundungen, Bogen und Schleifen und die überlangen Deckstri-
che vieler Zeichen verursachten mehr Schwierigkeiten als die Winkelzüge
der deutschen Schrift (Abb. 34).

Trotzdem gab es, vor allem nach 1945, Didaktiker, die aus methodischen
Gründen gleichzeitig mit dem Lesen auch das Schreiben in lateinischer
Schrift lehrten. So bauten beispielsweise die Brüder *Kern* nach 1945 ihren
ganzheitlichen Ansatz im Lesen und Schreiben weiter aus. Schon 1928/29
hatten sie in Freiburg ihr Ganzheitsverfahren erprobt, das ab 1931 an 60
Freiburger Regelschulklassen eingeführt wurde. Sie begannen das Schreiben mit ganzen Sätzchen, vor 1941 in der damals üblichen gotischen
Schrift, nach dem Zweiten Weltkrieg mit der inzwischen verbindlichen
Lateinschrift. Ihr Ganzheitsanspruch ging so weit, daß sie „die beherr-
schende Stellung des Einzellautes" beseitigen wollten. Dieser sollte als
„dienendes Zeichen stark in den Hintergrund" treten und einem ganzheitlichen Schriftzug Platz machen (*Kern*/*Kern* 1964, 81). Sie verwarfen den
Ausgang von Einzelzeichen nicht nur für das Lesen- sondern auch für das
Schreibenlernen, denn: „die einzelnen Bewegungen, die zur Darstellung

---

55 Vertreter des Schreibschriftschreibens waren beispielsweise Karl Malisch, W. A. Lay und
   Max Enderlin, Artur und Erwin Kern, Ludwig Reinhard und die Mitglieder des Iserloh-
   ner Schreibkreises. Mit der Druckschrift fingen das Schreibenlehren unter anderen Hans
   Brückl, Ferdinand Denzel und Wolfgang Menzel an.

des Schriftbildes nötig sind, zeigen nicht summative Aneinanderreihung; auch sie bilden ein Gefüge, ein abgestuftes, ineinandergreifendes Gesamtgeschehen, die *Bewegungsformel*" (*Kern/Kern* 1964, 76). Verpönt war das Üben einzelner Buchstaben oder gar von Teilen derselben, „um am Ende das Wort aus den einzelnen Teilstücken zusammenzustoppeln". Die Brüder *Kern* befürchteten davon „Nahtstellen" in der Schrift, „die die Bildung der Bewegungsformel stören" (*Kern/Kern* 1964, 77). Sie schrieben daher vor den Augen der Kinder ein Wort oder Sätzchen an die Tafel und ließen es von den Schülern zunächst in der Luft und dann mit Stift in einem Bewegungszug abschreiben. Je nachdem, wie geschickt die Schüler im Schreiben schon waren, wurden sie von *Kern/Kern* einer der drei Gruppen zugeordnet: den *Richtigschreibern, Gestaltschreibern* oder *Kritzlern*. Kinder der ersten Gruppe konnten „das Wort oder Sätzchen sofort ziemlich richtig abmalen"; bei den Gestaltschreibern war „das Abgemalte in der Gestalt dem Vorbild ähnlich". Die dritte Gruppe erstellte „ganz eigenartige Gebilde. Es ist ein Gekritzel, das mit dem Vorbild nur gemeinsam hat, daß es etwas Sichtbares ist" (*Kern/Kern* 1964, 77). Durch intensive Übung und einen Vorkurs im malenden Zeichnen sollten die Schriften immer besser werden. Die Einführung der Druckschrift wurde interessanterweise so lange wie möglich hinausgeschoben und frühestens ab der 27. Schulwoche gelehrt, und zwar sowohl für Lesen und Schreiben. Einen völlig anderen Ausgang nahm dagegen *Brückl*. Da während der

Zeit des Nationalsozialismus ganzheitliche Methoden verboten waren, kam sein „aufbauendes Schreiben" erst nach 1945 voll zur Geltung[56]. *Brückl*, der für seine Ganzheitsmethode im Lesen bekannt ist[57], wählte im Schreiben erstaunlicherweise einen einzelheitlichen Ansatz. Aus den Elementen *Ball* (bzw. *Reifen*), *Spazierstock, Schlange* und *Turnstange* sollten die Druckbuchstaben der von ihm „Antiqua" genannten Schrift aufgebaut werden. Da nach seiner Ansicht „eine Schrift nur dann ästhetisch befriedigend wirkt, wenn sie sich durch Rhythmus und Geschlossenheit der Formen auszeichnet, werden die Kinder veranlaßt, bei den ersten Zeichenübungen die Schriftelemente in Reihungen anzuordnen (...) Um die Kinder auf den Unterschied zwischen den großen und kleinen Buchstaben vorzubereiten, werden die Reihungen in der Weise erweitert, daß innerhalb der Reihen große und kleine Formen abwechselnd verwendet werden" (*Brückl* 1964, 106) (Abb. 35).

Aus diesen Vorübungen entwickelten sich die Buchstaben, indem das Kind „die ihm geläufigen Elemente Stück für Stück aneinander(reiht), so daß hier von einem *aufbauenden Schreiben* im wahren Sinne des Wortes gesprochen werden kann" (*Brückl* 1964, 107). Großen Wert legte er dabei auf „gleiche Höhe, gleiche Richtung und gleiche Abstände" (*Brückl* 1964, 107). Aus den gelernten Elementen setzte ein Schreibanfänger dann die Buchstaben zusammen, ohne deren Bezeichnung zu kennen. „Buchstabiert" wurde in der den Kindern geläufigen Terminologie: „Großer umgekehrter Spazierstock, zwei kleine zerbrochene Reifen", das ergab β ; „kleiner zerbrochener Reifen, kleiner umgekehrter Spazierstock", das erbrachte α .

So wurde weiter „buchstabiert", bis die Schüler beispielsweise das aus dem Leseunterricht bekannte Wort „Ball" geschrieben hatten.

Trotz dieser Betonung der Form sollten die Schreibanfänger so wenig wie möglich eingeengt werden. Dazu schreibt *Brückl*: „In der ersten Zeit gewähren wir den Kindern die Freiheit, die einzelnen Buchstaben in selbstgewählter Schreibbewegung darzustellen (...) Dabei können wir beobachten, daß ein beträchtlicher Teil der Kinder die Rundungen bei den Buchstaben *o à, d, g,*

---

56 Schon 1933 hat Brückl in der Erstauflage seines in München (Oldenbourg) erschienenen Buches „Der Gesamtunterricht im ersten Schuljahr" seine Schreibmethode vorgestellt. Nach einer Zwangspause von acht Jahren, während der er seine Fibel „Mein Buch" überarbeitete, konnte dann ab 1941 wieder danach unterrichtet werden.
57 vgl. Kapitel 4.1.2

Reihungsübungen:

OOOO 11111111 SOSO

ΙΙ ιι ΙΙ ιι ΙΙ ιι ΙΙ ιι ΙΙ ιι   lololol SoSoS

OₒOₒO nonon SₒSₒS

OIOIOIO momol snsn

oooo lololo SuSuS

ΙΙΟΙΙΟΙΙΟΙΙ ttttt SsSsS

ΙθΙθΙθΙθΙ TоTоTоTоT SôSôS

eeeee тoтoтoтoт SaSaS

CICICI unun SrSrSr

HOHO AAAA ZₒZₒZ

HoHoH VₒVₒVₒV ZzZzZ

HnHnH VʌVʌVʌV LₒLₒLₒL

HuHuH AVAVA FoFoFo

HeHeH AVAVAVA WAWA

mit Vorliebe in einem nach rechts ausgeführten Schreibzug ausführt"
(*Brückl* 1964, 109). Zwar sollte der Lehrer zu einem späteren Zeitpunkt,
„wenn sich (...) die Kinder durch längeres Schreiben allmählich ein
sicheres Gefühl (...) erworben haben" (*Brückl* 1964, 109), korrigierend
eingreifen und die Schüler zu dem für das Schreiben der lateinischen
Buchstaben, wie *o̅ a̅, d̅, g̅,*
notwendigen Linksdrehung anhalten. *Brückl* räumte aber ein, daß die alte
Gewohnheit nachwirke und sich die Umstellung nicht von heute auf
morgen erreichen lasse. Er schlug daher vielerlei Schreibübungen mit
Wörtern vor, in denen die Linksdrehung besonders häufig ausgeführt
werden mußte, damit sich die richtige Bewegungsführung einstelle.

Dieses Zulassen eines zunächst falschen Bewegungsablaufs, der später korrigiert werden mußte, hat ebenso zur Kritik an *Brückls* Schreiblehrmethode geführt wie auch seine Vorstellungen von der Überleitung der Druck- in die Schreibschrift. Schlug er doch vor, „am besten im letzten Jahresdrittel des ersten Schuljahres" (*Brückl* 1964, 110) die Kinder selbständig die Verbindung der Einzelzeichen ausprobieren zu lassen, um zu einer verbundenen Schrift zu kommen. „Es wäre nun höchst unpsychologisch, den mit der Normaldruckschrift vertrauten Kindern die Normalschreibschrift als etwas völlig Neues hinzustellen; denn die Ähnlichkeit zwischen den beiden Schriften ist so in die Augen fallend, daß nur eine Lösung natürlich erscheint, die darin besteht, die bisher gezeichneten Formen der Druckschrift schreibflüssig zu gestalten (...) Wir geben ihnen also Gelegenheit, die Schreibformen durch Verbindung der bisher lose nebeneinandergestellten Buchstaben zu gewinnen. Dabei erfahren die Wortbilder und Lautzeichen nur unwesentliche Veränderungen, sie erhalten durch einfache Verbindungsstriche, zum Teil auch durch Anstriche, Rundungen, Punktschleifen und Schleifenzüge die schreibflüssige Form" (*Brückl* 1964, 110 f.; Abb. 36).

Es war für viele schon fast zu einer Art „Glaubensbekenntnis" geworden, ob mit der Druck- oder Schreibschrift begonnen werden sollte. Einig waren sich die Verfechter der jeweiligen Schriftart nur darin, daß sie die sogenannte *Block- oder Steinschrift,* die nur aus Großbuchstaben des Druckalphabets besteht, ablehnten. Hier kann *Denzel* (1964) stellvertretend für andere zitiert werden: „Wir halten die Verwendung dieser Drucktypen bzw. ihre schriftliche Wiedergabe im ersten Schreibunterricht (...) für unzweckmäßig (...) Obwohl diese immer gleich hohen Druckbuchstaben für die Kinder leichter nachmalbar sind als jede andere Schriftart und eine frühzeitige Aufklärung über Groß- und Kleinschreibung überflüssig machen, haften ihnen folgende schwerwiegende Nachteile an: Die aus ihnen gestalteten Wortbilder sind, da Ober- und Unterlängen fehlen, schlecht gegliedert, unübersichtlich und schwer lesbar. Sie weisen keinerlei oder nur schwer erkennbare Ähnlichkeiten mit den später noch zu erlernenden lateinischen Schreibbuchstaben auf. Die Großschreibung aller Wörter und Buchstaben kann sich später, beim Übergang zur üblichen Schreibschrift, assoziativ in rechtschriftlicher Hinsicht sehr nachteilig auswirken. Der unmittelbare Anschluß des Schreiblehrgangs an das Nachmalen der STEINSCHRIFT, ohne eingeschalteten Übergang zur gemischten Antiqua, bedeutet einen gewaltsamen, unnatürlichen Sprung (...)" (*Denzel* 1964, 199). *Denzel* hat sich daher in seiner Schreiblehre für

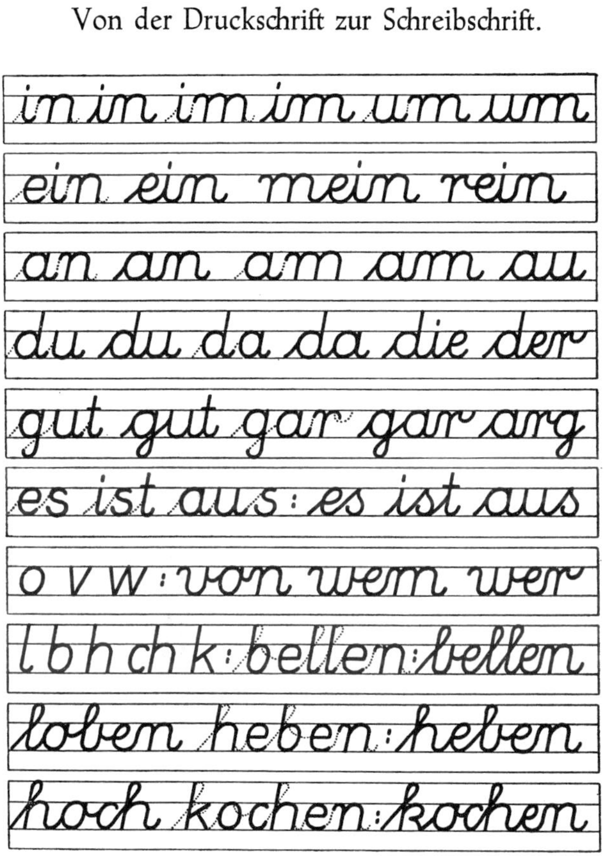

Von der Druckschrift zur Schreibschrift.

Abb. 36: Vorschlag Brückls zur Überführung der Druck- in die Schreibschrift (Brückl 1964, 112)

die „*gemischte Antiqua*" entschieden, allerdings unter anderen Bedingungen als *Brückl*. Nach kurzen Schreibvorübungen, die „die Arm-, Hand- und Fingergelenke für die Schreibarbeit gefügig" (*Denzel* 1964, 202) machen sollten, empfahl er das sogenannte „Schreibseln" mit Schreibgerät, worunter er ein Kritzeln oder Schreibzeichnen verstand, was dann nach etwa vier bis sechs Wochen zur schriftlichen Nachgestaltung der Leseschrift, also der Druckbuchstaben, führte. „Die ersten Wörter sollen über fünf bis sechs Buchstaben nicht hinausgehen. Sie sollen sich nach Möglichkeit in ihrer Struktur stark und charakteristisch unterscheiden, damit sie von den Kindern leichter in ihrer Gesamtform erfaßt und auseinandergekannt werden. Wenn wir kleine Sätze schreiben, dann meist gleich eine Reihe mit gleichen Anfängen (...)" (*Denzel* 1964, 207). Auch

97

er führte die Schreibanfänger erst im letzten Drittel des ersten Schuljahrs zur Lateinschrift. Zunächst wurden dazu deren Einzelformen genau erfaßt, Fehlformen ausgemerzt und schließlich beim Schreiben Flüssigkeit angestrebt und eingeübt.

Das Schreiben der „gemischten Antiqua"[58] als erste Schrift hat sich überwiegend in Bayern durchgesetzt und dort auch über eine lange Zeit gehalten. Das hing mit dem Wirken von *Brückl* und *Denzel* zusammen. In anderen Bundesländern wurde dagegen die Schreibschrift als erste Schriftart schon ab den frühen 50er Jahren favorisiert. In der damaligen DDR wurde „jeder Buchstabe (. . .) in seinen vier grafischen Formen (gedruckter und geschriebener Groß- und Kleinbuchstabe) – allerdings auch erst in seiner Druck-, *danach* in seiner Schreibschriftform – erarbeitet" (*Kaestner/Tost* 1977, 12). Die Block- oder Steinschrift war in der alten Bundesrepublik von jeher den Alternativschulen, vorab den Waldorf- und Montessorischulen, vorbehalten. Ihr wird allerdings gegenwärtig wieder verstärkte Aufmerksamkeit gewidmet, wie aus Veröffentlichungen von *Valtin* et al. zu entnehmen ist[59].

Neu angeregt wurde die Frage nach der Ausgangsschrift in den 70er Jahren durch die Diskussion um die *Vereinfachte Ausgangsschrift*. Diese wurde von der *Arbeitsgemeinschaft Schreiberziehung*, kurz AGS genannt, aus der *struktursynchronen Schrift* von *Grünewald* weiterentwickelt. Sie versteht sich als Alternative zur *Lateinischen Ausgangsschrift* (Abb. 37) und zeichnet sich durch einfache, leicht les- und schreibbare Schriftzeichen aus. Sie verzichtet auf überflüssige Schleifen, Schnörkel, Flammen- und Wellenlinien und gleicht sich stärker als die Lateinische Ausgangsschrift den Druckbuchstaben an (Abb. 37).

Die Vereinfachte Ausgangsschrift enthält weniger Drehrichtungswechsel von rechts nach links und umgekehrt, was dazu führt, daß die Schrift auch beim schnellen Schreiben weniger zerfällt. Die im Schreibfluß notwendigen Haltepunkte stimmen großenteils mit der Struktur der Buchstaben überein, weshalb diese Schrift von *Grünewald* als „struktursynchron" bezeichnet wurde. Sie ist die erste empirisch ermittelte Schrift, die zugleich einen guten Kompromiß zwischen Druck- und Schreibschriftzeichen bildet.

---

58 Die Bezeichnung „gemischte Antiqua" hat sich zwar durchgesetzt, ist aber falsch. Gemeint ist damit eine vereinfachte Form der Grotesk.

59 vgl. die Serie „Erstunterricht mit Großbuchstaben" in der Zeitschrift „Grundschule" 22/3/1990, S. 44–46; 22/6/1990, S. 46 f.; 22/7 + 8/1990, S. 80 f.

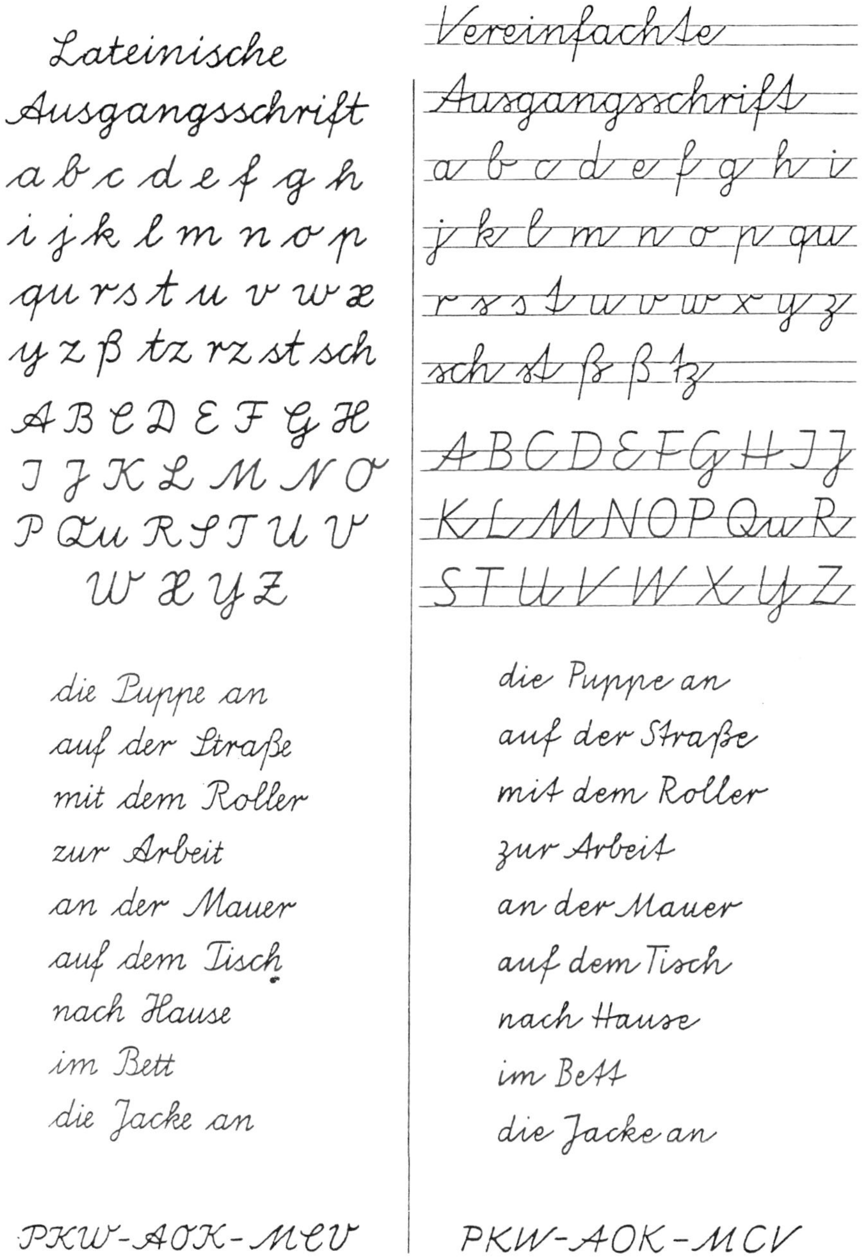

Lateinische Ausgangsschrift

a b c d e f g h
i j k l m n o p
qu rs t u v w x
y z ß tz rz st sch
A B C D E F G H
I J K L M N O
P Qu R S T U V
W X Y Z

die Puppe an
auf der Straße
mit dem Roller
zur Arbeit
an der Mauer
auf dem Tisch
nach Hause
im Bett
die Jacke an

PKW-AOK-MCV

Vereinfachte Ausgangsschrift

a b c d e f g h i
j k l m n o p qu
r s t u v w x y z
sch st ß ß tz
A B C D E F G H IJ
K L M N O P Qu R
S T U V W X Y Z

die Puppe an
auf der Straße
mit dem Roller
zur Arbeit
an der Mauer
auf dem Tisch
nach Hause
im Bett
die Jacke an

PKW-AOK-MCV

Abb. 37: Gegenüberstellung der Lateinischen Ausgangsschrift und der Vereinfachten Ausgangsschrift (Mitteilungsblatt der Arbeitsgemeinschaft Schreiberziehung).

Seit Beginn der 80er Jahre hat sich – vorab wieder in Bayern – die Druckschrift als erste Schreibschrift für Schulanfänger durchgesetzt. Ihre prägnante Form, die geringen Schwierigkeiten beim Nachgestalten der Zeichen, die Verfügbarkeit in der gesamten Umwelt der Kinder als Leseschrift in Printmedien, auf Wegweisern, Straßen- und Verkehrsschildern, auf Plakaten und anderem mehr, haben mit dazu beigetragen, daß die Druckbuchstaben wieder zur Erstschrift wurden. Da Lesen und Schreiben damit im gleichen Zeichensystem erlernt werden können, lassen sich diese beiden Lernprozesse parallelisieren. Mit Hilfe der Druckbuchstaben kann ein Kind schon verhältnismäßig bald eigene Textchen erstellen und sich dadurch anderen mitteilen, was die Lernfreude in vielen Fällen erhöht. Seit einigen Jahren liegen auch empirische Studien zur Überprüfung der Druckschrift als erster Schreibschrift vor. Sie alle bestätigen die positive Wirkung, die von dieser Schrift für das Schreibenlernen ausgeht[60].

4.2.4 Ausgang vom Element oder vom Sprachganzen?

Schon während der bisherigen Ausführungen klang die Methodenfrage immer wieder an. Sie ist einerseits mit dem Leselernprozeß eng verquickt, hängt aber auch mit den Fragen der Schriftart und der Einstellung zu einem mehr form- bzw. bewegungsbetonten Schreiben zusammen. Wer sich dem ganzheitlichen Ansatz verpflichtet weiß, wird dafür sorgen, daß sich Lesen und Schreiben in der jeweils gleichen Schriftart integriert aneignen lassen. Er legt dabei möglicherweise weniger Wert auf die Form der Zeichen, ist ihm doch der Inhalt des Geschriebenen entscheidend. Wer dagegen vom Einzelzeichen ausgeht, mißt der Form der Buchstaben und damit auch der Zuordnung von Graphem und Phonem größere Bedeutung zu als dem Text. Hier liegt ein jeweils anderes Verständnis des elementaren Lesens und Schreibens zugrunde. Die folgende Übersicht soll den Zusammenhang verdeutlichen:

---

60 vgl. u. a. Rabenstein, Rainer und Günther Schorch: Erstschreibunterricht: Beginn mit der Druckschrift? In: Bayerische Schule 1/79, S. 17–20; Bosch, Elke, Rainer Rabenstein und Günther Schorch: Hat sich die Druckschrift als Erstschrift bewährt? (Teil 1) In: Bayerische Schule 18/84, S. 17–20; Teil 2 in: Bayerische Schule 19/84, S. 11–14

	Schreibschrift	Druckschrift
formbetont	Üben einzelner Buchstaben: *i M*	Üben einzelner Elemente: O ⌐ S H (Vertreter: *Brückl*)
bewegungsbetont	ganzheitliches Schreiben: *Uli, eile* (Vertreter: *Malisch, Lay/Enderlin, Kern/Kern, Reinhard, Iserlohner Schreibkreis, Arbeitsgemeinschaft Schreiberziehung*)	ganzheitliches Nachmalen: Ich heiße ... (Vertreter: *Denzel*)

Zusammenschau unterschiedlicher Ausgangspositionen für das Schreibenlernen

Aus der Kombination des form- bzw. bewegungsbetonten Ansatzes mit den Möglichkeiten des Schreibbeginns in Druck- oder Schreibschrift ergeben sich zweierlei methodische Grundrichtungen, die einzelheitlichen (synthetischen) und die ganzheitlichen.

Wie schon erwähnt, haben *Kern/Kern* (1964) und *Reinhard* (1962) als überzeugte Ganzheitsmethodiker den Schreibanfängern Lateinschrift abverlangt, ehe die Kinder die Einzelbuchstaben lesen konnten. Diese schrieben nach, was ihnen vorgeschrieben wurde und wußten nur jeweils das ganze Wort oder den Satz zu „lesen". Auch bei *Denzel* (1964) kannten die Schüler noch lange nicht alle Buchstaben, die sie schreibend nachmalten. Sie zeichneten eher das vorgegebene Wort ab als daß sie es bewußt schrieben. Dieser Zustand war unbefriedigend, auch wenn die Kinder bei diesem Verfahren das Schreiben als sinnvolle Handlung, als Akt der Mitteilung oder der Notiz erfahren konnten. Da sich in den 50er und 60er Jahren die Ganzheitsverfahren in der Bundesrepublik sehr verbreitet hatten und zum Teil leidenschaftlich verfochten wurden, war auch eine Rückkehr zum einzelheitlichen Ansatz nicht denkbar. *Brückl* wurde wegen seines nicht ganzheitlichen Schreiblehrverfahrens vielfach angegriffen. Ihm wurde unter anderem vorgeworfen, er verleite die Kinder zum „Schreibstottern", denn sie fänden zu keinem Bewegungsfluß in ihrer Handschrift[61]. Ganzheitlich sollten die Schreiblehrverfahren also sein, sie

---

61 vgl. besonders Reinhard, Ludwig 1962

sollten auch zu einer Schreibschrift und nicht zur Druckschrift führen, und doch sollten die Kinder wissen, was sie schreiben, sie sollten vom bloßen Nachmalen der Schreibschrift wegkommen. Es war nötig, sich um eine neue Methode zu bemühen.

Dieser Aufgabe stellten sich die Mitglieder des *Iserlohner Schreibkreises,* eine „Gruppe engagierter Schreibfachleute, die sich im Herbst 1951 in Iserlohn trafen, um gemeinsam Fragen der Schreiberziehung in Angriff zu nehmen"[62]. In regelmäßigen Treffen wurde unter anderem eine neue Methode für den bewegungsbetonten ganzheitlichen Schreibbeginn kreiert: das *Schreibschwingen.* Diese Methode sah vor, das Schreibenlernen vom Lesenlernen zu trennen. Gelesen werden sollte in der Druckschrift, geschrieben aber in der Lateinschrift. Dazu wurden von *Lämmel* genaue Vorübungen angegeben, die als *Schwungübungen* auf das Schreiben der ebenfalls vom *Iserlohner Schreibkreis* korrigierten Lateinschrift, der sog. *Lateinischen Ausgangsschrift,* hinführten. Ovale, Girlanden, Arkaden, Schleifen und Winkelzüge (Abb. 38) sollten als Grundformen der Lateinischen Ausgangsschrift in rhythmischen Schwüngen, untermalt mit Musik oder Sprechversen, variationsreich geübt werden.

Abb. 38: Grund-schwünge als Vorübungen zur lateinischen Aus-gangsschrift

---

62 Neuhaus-Siemon 1981, S. 34. Zu den Mitgliedern des Iserlohner Schreibkreises zählten unter anderen Willi Barfaut, Fritz Bärmann, Harry Brachold, Dieter Gramm, Arnold Lämmel, Kurt Warwel.

Rother beschreibt 1957 diesen Vorgang folgendermaßen: „Die Kinder waren in den ersten Schulwochen noch sehr erfüllt von dem vorausgegangenen Ostererlebnis.[63] Wir hatten einen Fibeltext vom Osterhasen aufgeschrieben. Aus Plastilin formten die Kinder Nester, Eier und Osterhasen. Eines Tages verteilte ich, nachdem wir unsere Geschichte vom Osterhasen gelesen und aus Satzstreifen zusammengelegt hatten, an alle große Bogen aus Papier oder Karton. Die Kinder durften einen Buntstift in die Hand nehmen. Dann erlaubte ich ihnen, das ganze Blatt voller Ostereier zu malen. Nach etwa fünf Minuten nahm ich ein Kreidestück in die Hand, um selber einige Eier an die Tafel zu zeichnen. ,Ich male jetzt auch einmal mit', sagte ich. Nachdem unter den Freudenrufen der Kinder einige Eier an der Tafel entstanden waren, begann ich, zu jedem Ei einen kurzen Satz zu sprechen, und zwar immer den gleichen: ,Hei, das geht fein!' Bald fielen einige Kinder ein, und dann sprachen alle mit, während sie sich bemühten, genauso schnell und locker das Ei zu zeichnen wie ich. Einigen gelang es, vielen jedoch nicht. Darum ließ ich die Kinder das Blatt herumdrehen und auf der Rückseite das Osternest malen. Ich machte von Anfang an mit und bewegte die Kreide in ununterbrochener Kreisbewegung an der Tafel, so daß ein ringartiges Gebilde aus vielen Strichen entstand. Dabei summte ich leise das Lied vom Osterhasen, das wir gelernt hatten. Da stimmten alle mit ein. Und diesmal schaffte es ein jedes, den Stift im Rhythmus des Liedes im Kreise herumzuführen.
Die Beziehung zu diesem ersten Anlaß ging bald verloren, die Betätigung gewann ihren eigenen Reiz und war in sich selbst begründet. Die Kinder sagten dazu: ,Wir malen Musik!' Sie wünschten es sich immer wieder. Die Kreisbewegung wurde im Laufe der Zeit abgewandelt, zunächst indem sie in Richtung der Schreibbewegung seitlich verschoben wurde und dadurch ein fortlaufendes Band von Schleifen entstand. Wenn man die Kreisbewegung im Uhrzeigersinn ausführt und seitlich verschiebt, entsteht eine Reihe von nach unten hängenden Schleifen. Darauf gestalteten wir andere Reihen, zu denen wiederum andere Lieder paßten, die die Kinder selber vorschlagen durften. Die Aufgabenstellung wurde nun immer differenzierter. Ich nahm das Tamburin zu Hilfe. Wir hatten es schon zum Schreiben benutzt. Die Kinder hatten dabei gelernt, betonte Stellen im Rhythmus herauszuhören. So bewältigten die meisten von ihnen die Aufgabe, einen Dreierrhythmus so in Schreibbewegung umzusetzen, daß dem betonten lauten Schlag eine große Schleife, den beiden unbetonten, leisen

---

63 Zur damaligen Zeit begann das Schuljahr nach Ostern.

Schlägen zwei kleine Schleifen zugeordnet wurden. Wiederum unter Benutzung des Tamburins wurden die Reihen schließlich gegliedert. Es hieß: ‚Wir ruhen uns zwischendurch aus'" (*Rother* 1957, 258).

Erst nach wochenlangen Vorübungen dieser Art wurden nach den Vorstellungen der Mitglieder des Iserlohner Schreibkreises aus den Grundschwüngen einzelne Wörter abgeleitet, zum Beispiel

eile, Mutti, mit.

Den Ablauf einer solchen Schreibstunde kann man sich etwa folgendermaßen vorstellen: Durch Lied, Vers oder Klatschen wurde zunächst ein Rhythmus erarbeitet. Der Lehrer „schwang" das Wort in einem Zug an der Tafel groß vor, die Schüler schwangen stehend mehrfach ohne Stift mit dem Finger in die Luft nach. Dazu wurde das Verschen oder Lied begleitend gesprochen bzw. gesungen. Dann wiederholten die Kinder den Vorgang sitzend, indem sie mit dem Finger auf die Tischfläche „schwangen". War der Bewegungsablauf eingeprägt, folgte die Ausführung des „Schwungwortes" mit Stift auf die Schreibunterlage. Zusammenhängend in Reihen wurden auch Einzelzeichen geübt, nachdem die Grapheme aus der Leseanalyse bekannt waren. Wichtig war bei diesem Verfahren, daß zunächst jeder Bewegungsschwung so stark verinnerlicht war, daß er auswendig, also ohne Blick zur Tafel, aufgeschrieben werden konnte. Dies verhinderte ein „Schreibstottern" und ermöglichte das Schreiben eines Wortes in einem Zug.

Die Schreibschwingmethode hatte sich bald auf breiter Front durchgesetzt und beherrschte in der Bundesrepublik bis in die 70er Jahre den ersten Schreibunterricht. Auch in Bayern fand sie Eingang und verdrängte die dort bis dahin gebräuchliche Druckschrift. Lediglich zur Unterstützung des Leselernprozesses war es noch möglich, die analysierten Buchstaben auch in Druckschrift zu schreiben.

Für das Erstschreiben hatte sich damit bundesweit ein ganzheitliches Verfahren etabliert, das notwendigerweise dazu führte, daß Lesen- und Schreibenlernen als zwei voneinander getrennte Lernprozesse angesehen wurden; gelesen wurde in der Druckschrift, geschrieben – erst nach einem wochenlangen Vorkurs im „Schwingen" – in der Lateinischen Ausgangsschrift. Vergessen schienen die Vorzüge, die die Vertreter der Parallelisierung von Lesen und Schreiben an ein und derselben Schrift betonten:

– daß sich dadurch Lesen und Schreiben gegenseitig unterstützten;
– daß der Schulanfänger schon früh auf die Mitteilungsfunktion der Schrift hingelenkt werden könne;

- daß ein Kind ein Wort schon richtig schreibe, bevor es dessen Buchstaben kenne, was sich günstig auf die Rechtschreibung auswirke; und
- daß keine sinnleeren Bewegungsschwünge wochenlang vor dem eigentlichen Schreiben die Kinder langweilten.

Demgegenüber führten die Vertreter der Schreibschwingmethode für ihr Vorgehen ins Feld,
- daß Lesen ein simultanes Erfassen eines Wortbildes darstelle, Schreiben aber immer sukzessive erfolgen müsse und sich von daher eine Parallelisierung der beiden Lehrgänge verbiete;
- daß sich bei ihrem Vorgehen keine falschen Bewegungsabläufe einprägen könnten; und
- daß sich keine „Nahtstellen" bei der Schreibschrift ausmachen ließen, weil die Wörter ohne Absetzen in einem Zug geschrieben würden.

Um die Diskussion zu versachlichen, war es nötig, sich auf empirische Daten zu besinnen. *Menzel* (1979) listet auf, was schon durch Grundlagenforschung geklärt war:
- daß sich eine normale Lesefertigkeit auch ohne gleichzeitigen Schreibunterricht erreichen läßt;
- daß nach einer Untersuchung von *Meis* (1963) die Druckschrift für das Lesenlernen besser geeignet ist als die Schreibschrift;
- daß *Grünewald* 1970 nachgewiesen hat, welch unzulängliche Schriftart die Lateinische Ausgangsschrift für das Schreibenlernen darstellt;
- daß *Weinert, Simons* und *Essing* schon 1966 nachweisen konnten, „daß das Schreiben mit Druckbuchstaben in der ersten Lernphase dem Schreiben mit der Lateinischen Ausgangsschrift nicht unterlegen ist" (*Menzel* 1979, 242).

Damit waren einige Behauptungen der jeweiligen Methodiker relativiert. Gerade die Untersuchung von *Weinert, Simons* und *Essing* sollte auch noch in einem weiteren Streitpunkt Klarheit verschaffen: In der Frage nach den Schreibmaterialien.

4.2.5 Schreibmaterialien

Die Möglichkeiten, Schrift zu gestalten, werden zu einem maßgeblichen Teil vom Schreibmaterial bestimmt. Wer mit Hammer und Meißel Schrift in Stein haut, wird andere Buchstaben gestalten als der, der mit einem Bleistift schnell etwas zu Papier bringt. So nimmt es nicht wunder, daß die ersten uns überlieferten Lautschriften aus unverbundenen Schriftzeichen bestehen, die sich erst mit der Erfindung weicherer Schreibmaterialien zur verbundenen Handschrift weiterentwickeln konnten.[64] Wie sehr das Schreibmaterial aber nicht nur die Gestaltung der Buchstaben, sondern auch den Text beeinflußt, hat *Franz Werfel* folgendermaßen beschrieben: „Es ist jetzt so schwer, die richtigen Federn zu bekommen. Selbst die besten Füllfedern sind steif und hart und widerspenstig und zu spitz und wollen nicht recht in Schwung kommen. Das lesende Publikum weiß glücklicherweise nur wenig von der Werkstatt des Schriftstellers. Ein wahrer Schriftsteller, das sollte ein Mann sein, der mit der empfindlichsten, nervigsten Hand schreibt und nicht auf tote Tasten klopft. Ein solcher Mann gerade aber bedarf gewisser begeisternder Schreibutensilien. Einer guten Feder vor allem, weich und geschmeidig, der zartesten, zweifelndsten Haar- und der entschiedensten Schattenstriche fähig; sie wirft das Satzbild aufs Papier wie eine Meisterzeichnung. Eine gute Feder – und dies soll kein Scherz sein – ist schon der halbe Gedanke."[65]

Bis 1945 wurde in unseren Schulen von Schreibanfängern mit Griffeln auf Schiefertafeln geschrieben. Diese Schreibtafeln waren schon im Mittelalter bekannt und haben wohl die Wachstäfelchen der Antike abgelöst. Im Unterschied zu diesen ließ sich auf Schiefertafeln Geschriebenes mühelos wieder auswischen und verbessern. Gerade um dieser Möglichkeit willen pries *Pestalozzi* den erziehlichen Erfolg des Tafelschreibens, denn „das Kind löscht auf der Schiefertafel auch das vollkommen Gute immer wieder aus, und man glaubt nicht, wie wichtig es ist, daß dies geschieht; wenn man überhaupt nicht weiß, wie wichtig es für das Menschengeschlecht ist, daß es anmaßungslos gebildet werde und nicht zu früh dahin komme, dem Werk seiner Hände einen Eitelkeitswert beizulegen"[66].

Was *Pestalozzi* rühmte, wurde für Pädagogen des 20. Jahrhunderts zum Ärgernis. Sie bedauerten, „daß das Kind den Fortschritt der eigenen Schreibübungen und Schreibleistungen nicht beobachten kann, weil die Vergleichsmöglichkeit ausgelöscht wird" (*Lichtenstein-Rother* 1969, 308). Doch dies war nicht der einzige Grund, der nach dem Zweiten Weltkrieg die Schiefertafeln in Verruf brachte. Die Tafeln waren schwer und belasteten den Schulranzen. Sie waren außerdem zerbrechlich und ließen sich nicht immer so aus- und einpacken, daß das Geschriebene unverwischt blieb. Befürchtungen wurden laut, dadurch könnten Kinder zur Schlamperei erzogen werden. Gelegentlich waren Stellen auf der Tafel ölig, so

---

64 vgl. Kapitel 2.2.2
65 zit. nach Kainz, Friedrich 1956, 81
66 zit. nach Steinwachs/Teuffel 1954, 7

daß nur mit großem Druck darübergeschrieben werden konnte. Dies könne, so wurde argumentiert, zu einer Verkrampfung der Schreibhand führen. Da auf den Tafeln die rote Lineatur dominierte, wurde zudem befürchtet, daß sich das Kind kaum Wortbilder einprägen könne, weil deren Spur gegenüber der Lineatur verblasse. Beanstandet wurde auch, daß die Lineatur nicht nur optisch, sondern auch taktil wahrnehmbar war, und damit der Schreiber an einer Linie gebremst wurde. Er konnte sie nicht überfahren, denn er wurde geführt anstatt zu führen. Es kam hinzu, daß bei unsachgemäßer Führung des Griffels dieser quietschte oder gar brach, was den Unterricht erheblich behinderte und störte. Und schließlich wurden auch hygienische Gründe genannt, die ein Schreiben auf Schiefertafeln verbieten.

Bei so vielen Gegenargumenten spielte die größere Wirtschaftlichkeit der Tafeln keine Rolle. Die Schiefertafeln gerieten zugunsten von Papier und Stiften mehr und mehr in Verruf. Mit dem Aufkommen der Schreibschwingmethode war der Gebrauch der Schiefertafel nahezu unmöglich geworden. Großmotorisch sollten die Schwünge ausgeführt werden, stehend, kniend oder sitzend. Dazu boten sich großflächige Papiere, wie Zeitungen, Tapetenreste oder Packpapiere an, auf die mit Wachsmalstiften in kräftigen Farben „geschwungen" wurde. Mit der Verkleinerung der Schwünge wurde dann auch das Schreibmaterial gewechselt: Aus den großen Papierflächen wurden DIN-A-4-Bogen, und diese wurden schließlich von Schulheften abgelöst. Zunächst waren dafür Bunt- und Faserstifte sowie Filzschreiber, später dann weiche Bleistifte im Gebrauch. Jetzt gab es kein Verwischen oder Auslöschen mehr, der Schreibfortschritt konnte dokumentiert werden.

Dennoch waren viele Schüler mit ihren Schreibergebnissen unzufrieden. Sie begannen zu radieren, oder gar Heftseiten auszureißen. Dies mag mit ein Grund dafür gewesen sein, daß die Diskussion um die Schiefertafeln nie ganz abriß. Um über bloße Vermutungen hinauszukommen, waren entsprechende Untersuchungen nötig.

Schon 1954 veröffentlichten *Steinwachs* und *Teuffel* eine Studie, in der sie den Griff- und Schreibdruck der Griffel auf Schiefertafeln mit dem von Bleistiften (Nr. 2) und Pfannenfedern auf Papier verglichen. Sie fanden, daß der Schreiber mit einer Feder am wenigsten aufdrückt. Erstaunlich war aber, daß selbst mit harten Griffeln weniger stark aufgedrückt wurde als mit einem Bleistift. Das Schreibtempo war allerdings bei der Bleistift- schrift am größten, Feder und Griffel wirkten bremsend. Doch dies inter- pretierten *Steinwachs* und *Teuffel* positiv für den Schreibanfänger, weil ihrer Meinung nach die noch wenig koordinierten Schreibbewegungen einer Steuerung und Bremsung bedürfen, um sich einschleifen zu können. Die Sorge, daß das Schiefertafelschreiben zu Verkrampfungen der Schreibhand führe, konnte mit dieser Studie zerstreut werden, denn dies traf eher für das Bleistiftschreiben zu.

Weinert, Simons und *Essing* (1966) haben in ihrer schon erwähnten Studie[67] zum Methodeneffekt auch unterschiedliche Schreibmaterialien mit einbezogen. Sie kontrollierten unter anderem den Schreibdruck, die Schreibzeit, die Häufigkeit der Schreibunterbrechungen und die Schriftqualität sowohl beim Schreiben auf Schiefertafeln als auch in Heften. Sie fanden insgesamt keine nennenswerten Unterschiede beim Schreibdruck und der Häufigkeit der Schreibunterbrechungen. Interessanterweise aber hatten Schiefertafelschreiber dann häufiger eine verkrampfte Schreibhand, wenn sie von Anfang an Lateinschrift schrieben. Wurde dagegen mit Druckschrift auf Tafeln geschrieben, so ließ sich im Vergleich zu den Heftschreibern kein Unterschied ausmachen. Hinsichtlich der Schriftqualität schnitten die Tafelschreiber eher schlechter ab als die Heftschreiber. Insgesamt hat sich in dieser Untersuchung gezeigt, daß die Methode einen größeren Einfluß auf die Schrift hat als das Material.

1973 hat *Edelmann* noch einmal unter ähnlicher Fragestellung die Schiefertafel mit Schreibheften verglichen. Da in seiner Studie generell nur ein Wort in Schreibschrift geschrieben wurde[68], lassen sich keine Methodeneffekte ausmachen. Auch er fand, daß die Tafelgruppe zunächst etwas langsamer schrieb als die Heftgruppe. Die Häufigkeit von Schreibunterbrechungen war bei der Heftgruppe signifikant größer als bei der Tafelgruppe. Der Schreibdruck der Tafelgruppe war aber erheblich niedriger als bei der Heftgruppe. Dies erklärte *Edelmann* damit, daß Tafel und Griffel durch ihren hohen Reibungswiderstand bremsten, was den noch nicht koordinierten Schreibbewegungen der Kinder entgegenkam. „Die glatte, wenig Reibungswiderstand bietende Oberfläche des Papiers (dagegen) begünstigt ein Ausbrechen aus der intendierten Form des Buchstabens oder Wortes. Mit dem höheren Führungsdruck versucht der Schreiber diese Entgleisungsmöglichkeit unbewußt zu kompensieren" (*Edelmann* 1973, 289). Ebenso wie in früheren Studien zeigte sich aber auch bei *Edelmann,* daß sich die Effekte im Laufe der Zeit ausglichen.

---

67 vgl. Kapitel 4.2.4
68 Es handelt sich um das Wort „momom", das auf einer eigens dafür präparierten Unterlage, mit der der Schreibdruck gemessen werden konnte, geschrieben wurde.

Wenngleich sich durch alle diese Untersuchungen die Befürchtungen der Schiefertafelgegner keinesfalls bestätigen ließen, blieb die Tafel doch außer Gebrauch. Inzwischen waren, wie schon erwähnt, vielerlei andere Schreibgeräte, wie beispielsweise Filz- und Faserstifte, auf dem Markt, die bis in unsere Tage ein farbiges Schreiben ermöglichen. Wenn dies auf angerauhtem Papier, das der Schreibhand Widerstand leistet, geschieht, darf wohl ein ähnlicher Effekt wie beim Tafelschreiben erwartet werden. Als Schreibgeräte für das Schreiben mit Tinte werden bis heute Schulfüller empfohlen. Diese lösten die früheren Pfannenfedern ab, die auf einen Federhalter gesteckt und in Tintenfässer eingetaucht werden mußten. Die Pfannenfeder ihrerseits war in der Nachfolge der Spitzfeder entstanden, mit der noch um die Jahrhundertwende die deutsche Schrift mit ihren Haar- und Schattenstrichen geschrieben wurde (Abb. 39).

Abb. 39: Beispiel der deutschen Schrift mit Haar- und Schattenstrichen (Hering: Deutsche Fibel o. J., 7)

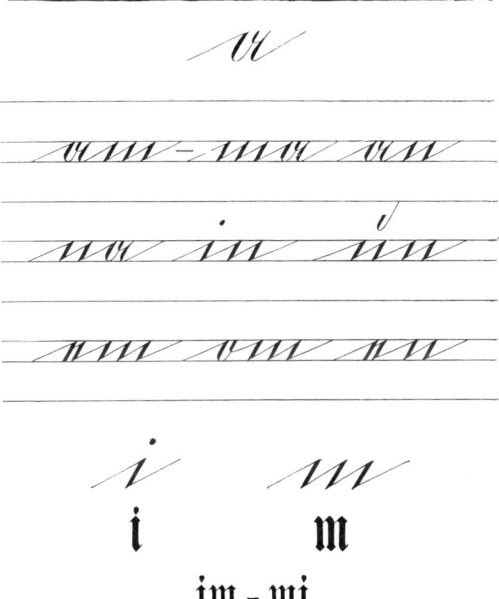

Mit der Entwicklung von Schulfüllern wurde das Schreiben mit Tinte wesentlich erleichtert. Zwar kann man auch da und dort noch „Ruinen von Füllern" in Kinderhänden sehen, wie *Glöckel* schon 1972 beklagte, bei denen sich die Feder spreizt oder verbiegt, deren unregelmäßiger Tintenfluß zu Verschmierungen führt oder die in ihrer Handhabung der Kinderhand nicht gerecht werden. Insgesamt aber sind Schulfüller heute so ausgereift, daß sie nirgendwo als Schreibgeräte in Frage gestellt werden.

Anders verhält es sich dagegen bei Kugelschreibern. Schon 1964 warnten die Mitglieder des *Iserlohner Schreibkreises* mit folgender Begründung vor seinem Gebrauch: „Die Unterstützung der Neigung zu verstärktem Druck, die Gefahr eines durch herabgesetzten Reibungswiderstand unangemessen beschleunigten Schreibens, der Zwang zu einer bestimmten Haltung des Schreibgeräts (nämlich sehr steil, da sonst der Tintenfluß stoppt; Anm. d. Verf.) und die Möglichkeit einer übertriebenen Kurzfassung stehen in einem ursächlichen Zusammenhang mit der Minderung der Formqualität der Kugelschreiberschrift" (*Gramm* 1964, 89). *Gramm* vergleicht die Kugelschreiber unter den Schreibgeräten mit Schlitt- oder Rollschuhen. So wenig, wie man solche einem Kind, das Gehen lernt, an die Füße geben wird, so wenig sollte man einen Schreibanfänger Kugelschreiber benutzen lassen.

Schreibmaterialien haben also einen maßgeblichen Einfluß auf die Gestaltung der Schrift. Handhaltung, Schreibdruck und Schreibgeschwindigkeit hängen mit den gewählten Materialien eng zusammen.

4.2.6 Die Körperhaltung des Schreibers

Schreiben wird als Arbeit empfunden, wie wir schon in der Schlußbemerkung in „Silos Beatus" im 12. Jahrhundert lesen können: „Wenn Du nicht zu schreiben weißt, wirst Du es nicht als Mühe ansehen, doch wenn Du einen Bericht ins Einzelne hören willst, so laß mich Dir sagen, daß diese Arbeit schwer ist: sie macht die Augen trübe, beugt den Rücken, quetscht Rippen und Bauch, bringt den Nieren Qual und macht den ganzen Körper schmerzen (...)"[69]. Schon frühe Abbildungen zeigen, daß Schreiben überwiegend im Sitzen ausgeführt wurde (Abb. 40).

Ärzte beklagen schon lange die gestörte Harmonie der Körperhaltung unserer Schulkinder beim Schreiben. Der Kopf wird nachlässig getragen,

---

69 zit. nach Donald Jackson 1981, 74

Schultern hängen nach vorn, Schulterblätter stehen flügelartig ab, der Rumpf wird übers Becken nach hinten geschoben, so daß sich ein Hohlkreuz ergibt und die Rückenmuskulatur verspannt. Durch diese falsche Körperhaltung wird die Atmung nachteilig beeinflußt, der Körper nicht mehr ausreichend mit Sauerstoff versorgt, das Knochengerüst verschoben, Bänder und Sehnen werden überdehnt, was sich alles mit zunehmendem Alter schmerzhaft bemerkbar machen kann[70]. Die Ursachen für eine falsche Schreibhaltung werden überwiegend in der Höhe des Tisches und der Form der Rückenlehne des Stuhls gesucht. Diese soll in Schreibhaltung den Beckenrand, in Lesestellung unterhalb der Schulterblätter den Rücken stützen. Die Stuhlhöhe soll so bemessen sein, daß beide Füße auf dem Boden aufgestellt werden können und die Oberschenkel die Tischplatte nicht berühren. Zwar räumt *Höfling* (1976) ein, daß „die der Körperlänge angepaßte Höhe von Tisch und Stuhl (zweifellos) wichtig für ein lockeres, entspanntes Sitzen (ist)", denn „die Muskulatur muß unnö-

---

70 vgl. hierzu: Berquet, Karl-Hans 1976 und Höfling, Gerd 1976

tige Arbeit leisten, wenn ein zu hoher Tisch das Hochziehen der Arme und des ganzen Schultergürtels verlangt" (*Höfling* 1976, 81). Doch es wäre falsch, nur mit der Höhe des Tisches eine schlechte Körperhaltung ausgleichen zu wollen. Die Schreibplatte sollte im Winkel von 16 Grad geneigt sein, dann würde sich aufrechtes Sitzen von selbst ergeben, wie aus Abb. 41 unschwer zu erkennen ist:

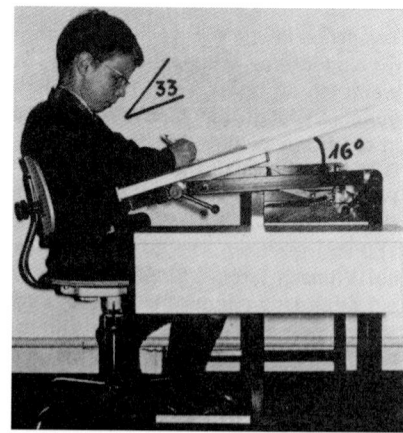

Abb. 41: Richtige und falsche Körperhaltung beim Schreiben (Höfling 1976, 82)

4.3 Zusammenfassung

Wissenschaftstheoretisch lassen sich sowohl bei den Lese- als auch den Schreiblehrverfahren zwei große Gruppen ausmachen, die sich alternativ ergänzen: die einzelheitlichen und die ganzheitlichen Verfahren. Je nachdem, ob eine Methode ihren Ausgang eher vom Element oder dem Sprachganzen nimmt, wird sie einer der beiden Gruppen zugeordnet. In der Praxis läßt sich diese Trennung allerdings nicht so streng durchführen. Selbst wenn, wie in der Anlautmethode, der Ausgang vom Element, dem Graphem und dem dazugehörigen Phonem genommen wurde, mußte das Phonem doch zuerst aus dem ganzen Wort abgehört und isoliert werden. Das heißt aber, analytische und synthetische Vorgänge durchdrangen sich wechselseitig. Auch wer beim Schreiben den Ausgang, wie beispielsweise *Denzel,* vom Nachschreiben eines Wortes in Druckschrift nahm, mußte zugestehen, daß sich ein Wort nur aus Einzelbuchstaben zusammensetzen läßt. So waren auch hier synthetische und ganzheitliche Vorgänge gekoppelt.

Seit der Reformpädagogik überwog bei uns der ganzheitliche Ansatz. Lesen und Schreiben wurden gekoppelt entweder in Druck- oder in Schreibschrift gelehrt. Ab 1951 wurden in der Bundesrepublik die ganzheitlichen Schreiblehrmethoden durch den *Iserlohner Schreibkreis* vertreten. Ab 1966 hat sich überregional die *Arbeitsgemeinschaft Schreiberziehung* (AGS; Sitz in Hannover) um Fragen der Schrift und des Schreibens gemüht.

Während sich als erste Leseschrift schon bald die Druckschrift durchgesetzt hatte, blieb die erste Schreibschrift noch lange umstritten. Bis in die 80er Jahre war in der alten Bundesrepublik (mit Ausnahme in Bayern) fast ungebrochen die Lateinschrift die erste Schreibschrift. Sie wurde erst in den 70er Jahren durch die Vereinfachte Ausgangsschrift *Grünewald*s ergänzt und verbessert. Diese Entwicklung verlief im Gegensatz zu anderen europäischen Ländern und den USA, wo die Druckschrift schon immer die Ausgangsschrift sowohl für Lesen als auch für Schreiben war. Erst seit den 80er Jahren setzte sich auch bei uns die Druckschrift als erste Schreibschrift wieder stärker durch.

Der mit großem Engagement über einige Jahrzehnte geführte Methodenstreit wurde überwiegend mit psychologischen Erkenntnissen begründet, die aber oftmals unkritisch und vorschnell auf den Lese- und Schreibprozeß übertragen wurden. Heute sind diese verhärteten Standpunkte zugunsten einer Methodenintegration glücklicherweise überwunden.

Zahlreiche didaktische und methodische Entscheidungen müssen aber immer noch pragmatisch oder lehrplankonform getroffen werden, weil die Grundlagenforschung im Bereich des Erstlese- und -schreibunterrichts noch viele Fragen offen läßt.

4.4 Weiterführende Literatur:

Brügelmann, Hans: Kinder auf dem Weg zur Schrift. Konstanz (Faude) 1983
Glöckel, Hans: Schreiben lernen – Schreiben lehren. Donauwörth (Auer) 1972 (2. Aufl.)
Gümbel, Ruth: Erstleseunterricht. Entwicklungen, Tendenzen, Erfahrungen. Frankfurt a. M. (Scriptor) 1989 (3. Aufl.)
Hasler, Herbert: Lehren und Lernen der geschriebenen Sprache. Darmstadt (Wissenschaftliche Buchgesellschaft) 1991
Neuhaus-Siemon, Elisabeth (Hrsg.): Schreibenlernen im Anfangsunterricht der Grundschule. Königstein/Ts. (Scriptor) 1984 (2. Aufl.)
Schorch, Günther (Hrsg.): Schreibenlernen und Schriftspracherwerb. Bad Heilbrunn/Obb. (Klinkhardt) 1992 (2. Aufl.)
Schwartz, Erwin: Der Leseunterricht 1. Wie Kinder lesen lernen. Braunschweig (Westermann Taschenbuch) 1971 (4. Aufl.)

5. Aktuelle Entscheidungsmöglichkeiten beim Lehren und Lernen von Lesen und Schreiben

5.1 Der Zeitpunkt für den Lese- und Schreiblernbeginn

Ab Mitte der 60er Jahre war in der Bundesrepublik die Diskussion um das Frühlesen besonders heftig entbrannt. Ausgehend von amerikanischen Untersuchungen forderten damals *Correll, Lückert* und *Kratzmeier* eine Vorverlegung des Leselernbeginns. *Lückert* entwickelte ein Programm[71], das es Müttern ermöglichen sollte, schon mit zweijährigen Kindern das „Lesen" ganzer Wörter zu üben. „Lesen" erschöpfte sich allerdings im Wiedererkennen ganzer Wortbilder. Beabsichtigt und erhofft war eine meßbare Steigerung intellektueller Fähigkeiten der Kinder.
Die Kritik an diesem sehr erfolgreich vermarkteten Gedanken, durch frühes Lesen den Intelligenzquotienten eines Kindes zu steigern, blieb nicht aus. Es wurden Untersuchungen eingefordert, die den behaupteten Vorsprung der Frühleser bestätigen sollten; es wurde argumentiert, daß das Kind viel zu früh mit Medien in Berührung komme, bevor es noch genug Gelegenheit gehabt habe, sich mit der Wirklichkeit spielerisch zu befassen; es wurde vor allem auch darauf hingewiesen, welchen psychischen Schaden ehrgeizige, ungeduldige Mütter ihren Kindern zufügen könnten, wenn das Kind nicht die Fortschritte erreiche, die die Mutter erwarte. Die Auseinandersetzungen um das Frühlesen verschoben sich häufig auf eine affektive Ebene, die auch vor der bildungspolitischen Gesamtsituation der 70er Jahre zu sehen war. Der politische Streit um ausgleichende Erziehung und Bildungschancen für alle Bevölkerungsschichten leistete dieser heftigen Diskussion Vorschub.

---

71 Lückert, Heinz-Rolf, Lesen 1 – Ein Spiel mit Bildern und Wörtern. Ravensburg, Stuttgart (Maier/Klett) 1968

Tatsache war, daß Kindergarten- und Vorschulkinder durchaus schon in der Lage waren, sich ganze Wörter einzuprägen und diese wieder zu erkennen. Tatsache war auch, daß dieses „Spiel" manchen Kindern und Müttern Freude machte, wie *Bosch* beschreibt, der eine Mutter zitiert: „Als meine Tochter Sabine zwei Jahre alt war (...) konnte sie die Wörter *Mama* und *Papa* perfekt auseinanderhalten. Vor allem das Wort *Papa* mit dem großen bauchigen P hatte es ihr angetan. Lesen war für sie ein Spiel wie alle anderen Spiele, ja, es hatte sogar einen ganz wesentlichen Vorteil gegenüber den meisten anderen Spielen: Mama spielte immer mit. – Sabine hatte natürlich gleich gemerkt, daß es mir Spaß machte, wie schön sie die beiden Wörter lesen konnte und wie schnell sie noch weitere Wörter behielt. Ich war in der Tat so begeistert, daß ich – wenn eben möglich – alles stehen und liegen ließ, wenn Sabine zu mir kam und sagte: ‚Nochmal lesen!‘ (...)" (*Bosch* 1969, 110). Schließlich war es auch eine Tatsache, daß sich der meßbare Intelligenzquotient früher Leser im Vergleich zu nicht lesenden Kindern steigern ließ. Doch dieser Vorsprung hielt nicht generell an, wie *Bronfenbrenner* (1974) nachweisen konnte. Nur wenn Eltern in die Frühförderung miteinbezogen wurden und wenn die geförderten Kinder auch in nachfolgenden Schuljahren weiterhin besonders betreut wurden, ließ sich ihr intellektueller Vorsprung halten.

Inzwischen ist es um die Frage nach dem Zeitpunkt des Leselernbeginns wieder ruhig geworden. Die mit Vollendung des sechsten Lebensjahres festgesetzte Schulpflicht entscheidet bei uns nach wie vor über den Leselernbeginn. Dies schließt allerdings nicht aus, daß einige Kinder auch schon früher lesen können. Wenn ein Kind vor seiner Einschulung von sich aus Lesen lernen will, wäre es falsch, ihm diesen Wunsch zu versagen. Es sollte auf alle seine Fragen Antworten erhalten und immer so viel erfahren, wie es wissen will. Nur aufzwingen darf man ihm nichts. Wenn es sich vor Schuleintritt nicht für das Lesen interessiert, weil ihm andere Dinge wichtiger sind, müssen die Eltern das respektieren.

Die Zahl der schon als Leser eingeschulten Schulanfänger ist gar nicht gering, wie *Neuhaus-Siemon*[72] ermitteln konnte. In solchen Fällen kommt

---

72 Elisabeth Neuhaus-Siemon hat in den Schuljahren 1984 und 1985 insgesamt 129 Schulanfänger in den ersten Schulwochen hinsichtlich ihrer Lesekenntnisse systematisch überprüft. Die Besten dieser Gruppe (10%) konnten sich in Lesegeschwindigkeit und Sinnverständnis des Gelesenen mit Erwachsenen messen. Auch die restlichen Kinder verfügten über unerwartet hohe Vorkenntnisse und zeichneten sich durch eine beachtliche Sprachfertigkeit aus. Sie sprachen wenig im Dialekt und gebrauchten verhältnismäßig viele Abstrakta. Frau Neuhaus-Siemon faßt ihre Studie in den Worten zusammen: „Kinder kommen als Leser in die Schule" (vgl. gleichnamige Veröffentlichung 1989)

es dann allerdings sehr darauf an, wie sich die Lehrerin oder der Lehrer des Kindes auf dessen Fähigkeiten einstellen. *Kohtz* (1989) kommt aufgrund ihrer Beobachtungen bei Berliner Frühlesern zu dem Schluß, daß diese Kinder in der Schule zumeist falsch behandelt werden: „Entweder sieht es die Leselehrerin am liebsten, wenn das frühlesende Kind von seinem Lernvorsprung möglichst wenig zu erkennen gibt; oder es wird mit halbherzigen Maßnahmen auf die Lesefähigkeit eingegangen, indem das betreffende Kind in Fibel oder Lesebuch ein paar Seiten weiter hinten lesen bzw. in der Leseecke in zufällig vorhandene, meist längst bekannte Bücher gucken darf. Eine dritte Variante der speziellen Behandlung besteht darin, daß das gut lesende Kind Klassenkameraden mit Leseproblemen als Helfer beigegeben wird" (*Kohtz* 1989, 70). So berechtigt diese Maßnahmen im Einzelfall sein mögen, sie unterfordern die lesenden Kinder auf Dauer, denn sie selbst erhalten dabei keine Leseförderung. „Man überfordert die Kinder aber zu gleicher Zeit, indem man ihnen Empathie und Geduld mit dem langsam lernenden Mitschüler abfordert, in dessen Rolle sich Frühleser kaum hineinversetzen können" (*Kohtz* 1989, 70). *Kohtz* fordert daher als Konsequenz eine gezielte kontinuierliche Förderung auch der Kinder, die schon als Leser in die Schule kommen.

Wenngleich das vorschulische Lesen keinesfalls durch Eltern initiiert werden sollte, so kann man ein Kind doch durchaus auf diesen schulischen Lernprozeß vorbereiten[73]. Von Vorteil erscheint dabei, daß unter Umständen Sprachstörungen oder -verzögerungen schon vor Schuleintritt erkannt und behoben werden können, worauf *Rüdiger* schon 1970 hingewiesen hat.

Interessanterweise wurde die Diskussion um das Frühlesen nirgendwo so engagiert geführt wie bei uns. Das Ausland steht diesen Versuchen meist viel offener gegenüber, wie wir beispielsweise aus England wissen, wo Kinder schon mit fünf Jahren oder früher Lesen lernen. Wenn es nicht die Mütter sind, die mit ihren Kindern zuhause Buchstaben lesen und schreiben, dann lernen es englische Kinder in der Infantschool, in die sie ab ihrem fünften Lebensjahr aufgenommen werden.

Die Gepflogenheit vieler Eltern, ihren Kindern lange vor Schuleintritt schon zu zeigen, wie Buchstaben geschrieben werden, wird auch bei uns viel selbstverständlicher hingenommen als die Frühleseschulung. Es ist heute für viele Vorschulkinder selbstverständlich, daß sie einzelne Druck-

---

73 vgl. Kapitel 3.2

buchstaben kennen und auch schreiben können. Sie fügen sie zu Namen und gestalten daraus erste Kritzelbriefe.

So werden bei uns viele Kinder eingeschult, die in der Regel für den Erwerb der Schriftsprache aufgeschlossen und vorbereitet sind, wenngleich auf unterschiedlichen Ebenen. Lehrer und Lehrerinnen haben dann zu entscheiden, welches Vorwissen der Kinder sie aufgreifen, und wie schnell sie die beiden Lernprozesse weiterführen können. Mitunter wird es nötig sein, die Kinder zuerst im Gebrauch der mündlichen Sprache zu üben und zu fördern, besonders dann, wenn ausländische Kinder des Deutschen noch nicht mächtig sind. Ein offener Unterricht, der es den Kindern weitgehend ermöglicht, aus einem wohl durchdachten Angebot das für sie Notwendige herauszuholen und zu üben, wird ebenso die Konsequenz sein wie Differenzierung im Unterricht[74], wenn wir den Anspruch ernst nehmen, *jedes* Kind seiner Entwicklungsstufe gemäß zu fördern.

5.2 Ziele für den ersten Schreib- und Leseunterricht

Die Ziele für den Erstunterricht im Schreiben und Lesen hängen unmittelbar mit dem Verständnis von Lesen und Schreiben zusammen. Wer unter Schreiben beispielsweise überwiegend das graphomotorische Handeln versteht, wird sich für diesen Lernprozeß andere Ziele setzen als derjenige, der Schreiben sowohl als kalligraphisches als auch als orthographisches Wissen und Können begreift, das gleichzeitig den Leseunterricht unterstützt. Es ist auch ein Unterschied, ob Schreiben als Abschreiben, Nach-Diktat-Schreiben oder als freies Aufschreiben eigener Gedanken interpretiert wird. Und schließlich unterliegt die Zielstellung für den Schreiblernprozeß auch der Frage, zu welchem Zweck geschrieben werden soll, ob für sich selbst oder für andere. Wer seine augenblickliche Befindlichkeit etwa in einem Tagebucheintrag festhält, wer sich etwas aufschreibt, um es sich einzuprägen, es anderen mitzuteilen oder gar für nachfolgende Zeiten zu dokumentieren, wird anders schreiben, als wenn er sich nur eben etwas flüchtig notiert. Hier wird der Zusammenhang der Zielentscheidungen mit dem Verständnis von Schreiben deutlich. *Menzel* betont die Notwendigkeit, alle diese Funktionen zusammenzusehen und „das Nachdenken über isolierte Einzelprobleme aus seiner Befangenheit

---

74 vgl. Kapitel 5.4.4

zu befreien"[75]. Und er fährt fort: „Erweitert werden muß vor allem der Blickwinkel didaktischer Reflexion. Das Erkenntnisinteresse darf sich nicht weiterhin auf bloße Methoden und das Erlernen der Buchstaben richten; es muß sich dem Elementaren des Schreibens zuwenden. Das Elementare ist aber nicht in den isolierten Teilfertigkeiten zu sehen, sondern in der Reduktion einer komplexen Handlung, in welcher alle Teilelemente des Ganzen noch erkennbar und für den Schüler erfahrbar sind" (*Menzel* 1981, 135).

Nun läßt sich nicht bestreiten, daß Schreiben zunächst ein graphisches Gestalten mit Werkzeugen ist. Dies erfordert ein richtiges Umgehen-Können mit Stift und Unterlage. Da es ein Lernprozeß ist, der sich über eine lange Zeit hinzieht, fördert er Konzentration und Ausdauer. Er verlangt auch ästhetisch-morphologisches Empfinden, denn Buchstaben, Zeilen und Text sollen gut strukturiert über eine Seite verteilt sein. Schreiben unterstützt den Leselernprozeß, da sich beide Handlungen an demselben Zeichensystem vollziehen. *Wenn wir Schreiben daher als graphomotorische, individuelle, ästhetische, semantische, willentlich gesteuerte, kognitive Handlung begreifen, die kommunikative, informative, speichernde, klärend-ordnende und strukturierende Aspekte verfolgt, so wirkt sich dieser Anspruch auf die Zielsetzung aus*[76].

Im Lehrplan für die bayerischen Grundschulen, der hier stellvertretend für andere Bundesländer stehen soll, lesen wir: „Die Schüler sollen bis zur Mitte der zweiten Jahrgangsstufe einfache Texte unter Verwendung verbindlicher Richtformen der Druck- und Schreibschrift gut lesbar und zusammenhängend schreiben können. Der Schreibunterricht steht in enger Verbindung mit dem Erstlese- und dem grundlegenden Rechtschreibunterricht. Von Anfang an soll das Kind erfahren, daß sich Schreiben nicht im bloßen Nachvollziehen vorgegebener Zeichen erschöpft, sondern der Verständigung dienen und gestalterischen Ansprüchen genügen muß (...) Dabei ist es besonders wichtig, die Schreibfreude der Kinder zu wecken und zu erhalten"[77]. Hier wird also Schreiben aus dem bloßen Nachvollziehen der Buchstaben herausgenommen und in einen größeren didaktischen Zusammenhang gestellt.

Die Ausformulierung konkreterer Teilziele findet sich nicht nur in Lehrplänen für die Arbeit in der Grundschule, sondern auch in einigen Kom-

---

75 Menzel, Wolfgang 1981, 135
76 vgl. dazu auch Glöckel, Hans 1972; Heuß, Gertraud E. 1978
77 Lehrplan für die bayerischen Grundschulen. KMBl I So.-Nr. 20/1981, S. 560

mentaren zu Schreiblehrgängen[78]. Sie sind dann besonders nützlich, wenn sie in der Zielformulierung auch auf die unterschiedliche graphomotorische Geschicklichkeit einzelner Kinder eingehen, auf physiologische Gegebenheiten der kindlichen Schreibhand und auf mögliche Haltungsschäden, die durch Schreibunterricht verstärkt werden können, hinweisen. Was für das Schreiben gilt, trifft nicht minder auch für den ersten Leseunterricht zu. *Ziele, zu denen hin ein Leseanfänger geführt werden soll, lassen sich nur aus dem jeweiligen didaktischen Leseverständnis ableiten.* Wo sich Lesenkönnen im bloßen Rekodieren der Grapheme in entsprechende Phoneme erschöpft, liegt ein anderer Lesebegriff zugrunde als wenn „sinnerfassendes (stilles) und klanggestaltendes (lautes) Lesen von Texten"[79] angestrebt wird. *Rabenstein* erwartet „nach Abschluß des elementaren Leselehrgangs" die Fähigkeit der Kinder, „einfache Erzählungen, Gedichte, Sachtexte und lebenspraktische Informationen selbständig still zu lesen und ihren Inhalt in den wesentlichen Zügen wiederzugeben"[80], und „Texte sinngestaltend vorzulesen, wenn diese einfach, nicht zu lang sind und ihrer Erlebnisfähigkeit entsprechen"[81]. Ein Kind soll demnach also in der Lage sein, sich unabhängig von anderen, Informationen zu erschließen, beispielsweise eine Bastelanleitung oder eine Gebrauchsanweisung verstehend aufzunehmen, um danach handeln zu können. Es soll aber auch Freude am Lesen gewinnen und gern zu Büchern greifen, um daraus etwas zu erfahren oder auch einfach, um sich zu unterhalten. Diese Freude am Lesen gilt es besonders dann zu fördern, wenn sich der Leselehrgang lange hinzieht und ein Leseanfänger an unerwarteten Schwierigkeiten zu scheitern droht. Schließlich wird vom ersten Leseunterricht auch erwartet, daß er sich positiv auf andere Lernbereiche auswirkt: auf das Schreiben (*Menzel* 1986), die Sprachkompetenz (*Pregel*, 1981), auf die richtige Orthographie, den mündlichen Ausdruck des Kindes, auf seinen Wissenszuwachs in Sachbereichen (*Rüdiger et al.* 1990), auf sein Symbolverständnis auch in anderen als sprachlichen Bereichen, auf seine auditive und visuelle Sensibilität, auf die Anbahnung der Lesemündigkeit (*Hinrichs/Will-Beuermann* 1983), unter der zumindest verstanden wird, daß sich der Leseanfänger mit einem Text individuell auseinandersetzt (*Gümbel* 1984) und daß er selbständig und initiativ nach

---

78 vgl. beispielsweise Gärtner, Hans, Gertraud E. Heuß, Marianne Liedel: Ich lerne schreiben 1 (neu). Lehrerbegleitheft. München (Oldenbourg) 1983 (2. Aufl.)
79 Rabenstein, Rainer 1979, 66
80 Rabenstein, Rainer 1979, 68
81 Rabenstein, Rainer 1979, 79

Lektüre greift. Neben diesen unterrichtlichen Zielen wird vom Lesenlernen auch eine Beeinflussung der Persönlichkeitsentwicklung der Kinder erhofft, etwa im Sinne einer Steigerung des Selbstwertgefühls, der Erlangung von Unabhängigkeit und Selbständigkeit oder der Intensivierung des Erlebens durch die Lektüre (*Rüdiger* et al. 1990).

Bis diese Ziele erreicht sind, muß sich in täglicher schulischer Kleinarbeit vieles automatisieren: das differenzierende Identifizieren und Diskriminieren graphischer Zeichen und deren Umsetzung in Phoneme; das Erfassen immer größerer graphischer Einheiten, sogenannter Superzeichen oder „Signalgruppen" (*Warwel* 1965); die immer größer werdende Blickspanne, die auch über Zeilenenden hinweglesen kann; das Lesenkönnen unterschiedlicher Drucktypen; das antizipierende Überschauen von Zeilen und Erwarten von Sinn; das kritische Überdenken des Gelesenen. Die Lehrpläne sind häufig ein Spiegel der sich wandelnden Auffassungen vom Leseverständnis der jeweiligen Zeit. Dies soll wiederum am Beispiel von Bayern belegt werden. Im „Lehrplan für die Grundschule in Bayern" von 1971 wird gefordert, „am Ende des ersten Schuljahres sollen die Kinder Texte, die ihrem Sprachverständnis entsprechen, in Druck- und Schreibschrift lesen können. Dabei soll der Inhalt selbständig erfaßt werden (...)."[82] Hier dokumentiert sich die Leistungsorientierung, die die gesamte Bildungspolitik der 70er Jahre bestimmte. Vergleichsweise bescheiden nehmen sich dagegen die Ziele der 80er Jahre aus, in denen die Orientierung am Kind wieder unüberhörbar in den Vordergrund rückt: „Am Ende der ersten Jahrgangsstufe sollen die Schüler einen inhaltlich und sprachlich altersangemessenen Text in Druckschrift sinnerfassend lesen können. Das Lesen von Texten in Schreibschrift soll entsprechend dem Fortschritt im Erstschreiben angebahnt sein. Flüssiges Lesen kann zum Schuljahresende nicht von allen Kindern gefordert werden. Maßnahmen zur Steigerung des Leseverständnisses, der Leseflüssigkeit und des Lesetempos müssen deshalb auch im weiterführenden Lesen, vor allem in der zweiten Jahrgangsstufe, fortlaufend unter Berücksichtigung des unterschiedlichen Leistungsstandes durchgeführt werden"[83].

Schon an diesen zwei Beispielen wird deutlich, wie sehr die Zieldiskussion eines Lernbereichs vom gesamten bildungspolitischen Denken abhängt. Dies muß deshalb bei allen Lernzielanalysen von Lehrplänen verschiedener Zeiten aber auch unterschiedlicher bildungspolitischer Konzeptionen

---

82 Kitzinger, Kopp, Selzle 1971, 110
83 Lehrplan für die bayerischen Grundschulen, KMBl I So.-Nr. 20/1981, S. 554

in vergleichbaren Ländern bedacht werden. So bedauerlich diese Abhängigkeit von fixierten Lernzielen und wechselnder Bildungspolitik sein mag, sie ist gegeben und für Lehrer und Lehrerinnen verbindlich. Diese haben es aber trotzdem in der Hand, die individuellen Lernvoraussetzungen und -möglichkeiten ihrer Schüler weitgehend zu berücksichtigen, indem sie zum Beispiel Schulbücher und andere Medien auswählen, die ihren didaktischen Vorstellungen entgegenkommen und die Differenzierungen im Lese- und Schreiblernprozeß erlauben.

5.3 Medien für den ersten Lese- und Schreibunterricht

5.3.1 Fibeln und Leselehrwerke

Für den Lesebeginn gibt es eine Fülle von Medien. Spiele, Setzkästen, Würfel, Klötzchen, aus Holz oder Kunststoff gestanzte Buchstaben, Wortbildkarten, Bilder-ABC und vieles andere sind seit langem in den Schulzimmern in Gebrauch. Das bekannteste Printmedium aber ist die Fibel, ein eigens für Leseanfänger konzipiertes Lehrbuch.

Fibeln sind uns schon seit der zweiten Hälfte des 15. Jahrhunderts bekannt. Waren es früher nur kleine, dünne Heftchen, die die ABC-Bücher abgelöst hatten und in kindgemäßer Form das Lesenlernen erleichtern sollten, so kennen wir heute ganze Leselehrwerke, die aus mehreren Teilen bestehen. In einer Darstellung aktueller Verlagsangebote des deutschsprachigen Raums wurden 1986 über 30 verschiedene Fibeln und Erstlesewerke genannt[84]. Inzwischen hat sich die Anzahl weiter erhöht. Rechnet man dazu noch ältere, aber immer noch aktuelle Leselehrwerke, so kann man ermessen, welches Angebot zur Verfügung steht, aus dem Lehrerinnen und Lehrer verantwortungsbewußt und kompetent auswählen müssen.

Die erste Entscheidung über die Zulassung einer Fibel oder eines Leselehrwerkes in einem Bundesland der Bundesrepublik wird allerdings schon durch das zuständige Staatsministerium getroffen. Aus unterschiedlichen Gründen sind nicht alle Lehrwerke überall zugelassen und damit für den lernmittelfreien Gebrauch genehmigt. Durch diese Vorentscheidung wird die Anzahl der Leselehrwerke zwar reduziert, der einzelnen Schule bleibt aber dennoch ein ziemlich großes Angebot zur Auswahl.

---

84 vgl. Meiers, Kurt (Hrsg.) 1986

Um sich nicht vorschnell von der äußeren Aufmachung oder Bebilderung bestimmen zu lassen, ist es notwendig, über *Kriterien* zu verfügen, an denen ein Leselehrwerk gemessen werden kann[85].

Zunächst unterscheiden sich Fibeln schon in *Form und Aufbau*. Die Anzahl der Hefte oder Bücher, die zu einem Werk gehören, ist ebenso unterschiedlich wie der Umfang derselben. Es stellt sich in diesem Zusammenhang die Frage, ob ein Kind eher motiviert wird zu lesen, wenn es nach und nach mehrere Hefte durcharbeitet, oder ob es ein einziges Buch für das ganze Schuljahr bevorzugt. Auch Größe und Gewicht der Bücher sind zu bedenken. Sofern die Bücher im Klassenzimmer bleiben, spielt ihr Gewicht keine große Rolle. Anders aber verhält es sich, wenn Schüler täglich ihre Fibel mit all den übrigen Materialien zwischen Elternhaus und Schule hin- und hertragen müssen. Auch das Format der Fibeln kann recht unterschiedlich sein. Bücher im Querformat erinnern zwar an Bilderbücher, sind aber beim Aufschlagen an Zweiertischen unpraktischer als solche im Hochformat. Außerdem passen sich bei Fibeln im Querformat Druckbild und Layout dem Format in der Regel an, was bei Erstlesebüchern zu einem zu breiten Satzspiegel führen kann, der der kindlichen Blickspanne nicht angemessen ist. Damit sich die zu erlernenden Buchstaben einprägen können, müssen sie sich deutlich vom Hintergrund abheben. Wenn der Text zu stark im Hintergrund verfließt, was zwar ästhetisch sehr ansprechend sein kann, weiß ein Kind nicht, wo es weiterlesen soll. Ein solchermaßen gestaltetes Layout ist für ein Leselernwerk ungeeignet.

Schon seit Mitte der 60er Jahre plädierte die AGS für die Druckschrift als *Fibelschrift*. Diese hat sich heute als Leseschrift in verschiedenen Varianten auf breiter Front durchgesetzt. Damit sich die Schriftzeichen besonders gut einprägen, beginnen nahezu alle Fibeln mit einem größeren Druck, der sich zum Ende des Lehrgangs hin verkleinert. Nicht in jedem Fibelwerk aber finden sich außer der generell verwendeten Drucktype auch andere Schriftarten, die für das Transferlernen hilfreich sind, insofern, als ein Leseanfänger ja über die in seiner Fibel angebotene Schrift hinaus auch andere Drucktypen des Alltags lesen können muß.

Hinsichtlich der Art und Bedeutung der *Bebilderung* einer Fibel gehen die Ansichten zum Teil weit auseinander. Farbige oder Schwarz-Weiß-Bilder, Fotos oder Zeichnungen, perspektivische Bilder oder Umrißzeichnungen, Collagen oder Einzeldarstellungen, alles findet sich heute als Gestaltungs-

---

85 vgl. dazu auch Conrady, Peter 1990

elemente in Fibeln. Nun drückt sich in der Bebilderung sicher zunächst der ästhetische Anspruch der Autoren und Verleger aus. Doch dem Bild in Fibeln kommen noch andere als nur ästhetische Funktionen zu: Es soll zum Lesen motivieren, zum Sprechen anregen, den Inhalt erahnen lassen, die Sinnfindung erleichtern, anstelle von Wörtern „gelesen" werden, usf. Die Frage, ob Bilder eher ablenken als zum Lesen hinführen, ist heute verstummt. *Samuels* hatte 1967 als Ergebnisse mehrerer Untersuchungen aus dem anglo-amerikanischen Raum festgehalten, daß sich gerade schwächere Leser durch allzu farbenprächtige Bilder vom Lesen ablenken ließen. Dies veranlaßte damals *Schmalohr* (1973, 138 f.), „gegen die Bebilderung von Lesefibeln (...) Bedenken anzumelden". Seine Bedenken werden aber heute kaum noch geteilt.

Neben den formalen Kriterien sind es vor allem die textbezogenen, die für eine Fibelwahl entscheidend sein können. Beginnen wir mit den *sprachlichen Kriterien.*

Kaum einer Fibel liegt eine Analyse ihres lexikalischen Anspruchs zugrunde. Der Benutzer erfährt nichts darüber, nach welchen Gesichtspunkten die Wortwahl getroffen wurde, welcher Wortschatz in den Texten geboten wird, in welchem Verhältnis die einzelnen Wortarten zueinander stehen oder wie hoch die Wiederholungsquote einzelner Wörter ist. Daß sich der Wortschatz einzelner Fibeln oftmals gewaltig unterscheidet, hat *Holzner* schon 1973/74 nachgewiesen, als er 12 damals an Münchner Grundschulen verwendete Fibeln[86] auf ihren gemeinsamen Wortschatz hin analysierte. Mindestens fünfzehnmal waren lediglich die Substantive *Ball, Baum, Eis, Haus, Auto, Dose, Hase, Mutter, Schule, Vogel* und *Kinder,* sowie die Adjektive *klein, lieb, rot, schön* in allen Fibeln vertreten. Nur noch mindestens zehnmal konnte er die Verben *kommen, malen, geben, rufen, stehen, schauen* und *sagen* ermitteln[87]. *Angstl*[88] fand in ihrer sorgfältigen Wortschatzanalyse bayerischer Fibeln nur *ein* Substantiv, das häufiger als zwanzigmal in allen Fibeln verwendet wurde, nämlich das Wort *Kind(er).* Mit einer Häufigkeit von 100 wurden schließlich nur mehr die Artikel *der (den), die, das, ein* sowie die Wörter *ist, auf, und* gezählt.

---

86 Es handelte sich um folgende Fibeln: Bunte Lesewelt (Auer), Mein erstes Buch (Bayer. Schulbuchverlag), Heiner und Hanni (Ehrenwirth), Lustige Leseschule (Kamp), Meine liebe Fibel (Kamp), Fibelkinder (Oldenbourg), Ich lerne lesen (Oldenbourg), Hopsi-Fibel (Sellier), Kinderland (Schroedel), Die goldene Brücke (Schroedel), Sabine und Peter (Westermann), Lesebuch 1 (Westermann)
87 Persönliche Mitteilung von Herrn Franz Holzner, Schulamtsdirektor, Mühldorf/Inn.
88 Unveröffentlichte Zulassungsarbeit im Rahmen der ersten Staatsprüfung für ein Lehramt an Volksschulen an der damaligen EWF der LMU München, 1974

Wenngleich diese Daten nur beispielhaft sind und keinesfalls als repräsentativ gelten können, machen sie doch den unterschiedlichen Wortgebrauch in Fibeln deutlich. Welche Bedeutung der Wortwahl einer Fibel aber zukommt, hat *Grömminger* schon 1970 festgestellt: „Die Schule muß (...) neue Wortinhalte vermitteln und den vorhandenen Wortschatz einer genauen gedanklichen Durcharbeitung unterziehen (...) Gerade das Wortmaterial der Fibeln muß besonders intensiv durchdacht werden, weil die Kinder dabei lernen, andere Wörter in analoger Weise zu klären" (*Grömminger* 1970, 77). Von daher wäre es wünschenswert, nicht nur Kriterien für die Wortwahl einer Fibel zu erfahren, sondern auch die Gewißheit zu haben, daß sich die Wortwahl der Fibeln an der Sprechsprache ihrer Benutzer orientiert.

Nicht minder bedeutend als der lexikalische Aufbau ist der syntaktische einer Fibel. *Bauer* verweist schon 1971 darauf, wie problematisch wegen der geringen Lesefähigkeit der Kinder die Anfangstexte bleiben müssen: „Zu Recht lehnen die Vertreter der Ganzheitsmethode das anfängliche, die Kinder enttäuschende Gestammel mancher synthetischer Fibeln ab (...) Aber auch die leiernden Wiederholungen mit beschränktem Wortschatz in einigen analytischen Fibeln schläfern die Aufmerksamkeit ein und können den Sprechstil der Schulanfänger nur negativ beeinflussen" (*Bauer* 1971, 265). *Grömminger* hatte noch 1970 den „Satzkettenstil" in der ersten Schuljahrshälfte verteidigt, „denn zu dieser Zeit ist die Lesefertigkeit des Kindes noch so gering entwickelt, daß es nur kleinere Sinneinheiten zu überschauen vermag" (*Grömminger* 1970, 78). Wir kennen die Satzmuster, die hier angesprochen sind: Wo ist Peter? Wo ist...? Da ist Peter. Da ist... *Oskamp* beruft sich auf *Hannig* und *Hannig,* wenn sie „einen Grund für die Primitivsätze, die einige Wochen nach Schuleintritt gebildet werden, in der Konfrontation der Schulanfänger mit der geschriebenen Sprache", nämlich der Fibelsprache, vermutet (*Oskamp* 1989, 52). Sie bedauert, daß gerade in diesem für viele Kinder ersten Buch der Sprache weit weniger Aufmerksamkeit geschenkt wird als der Methode. Damit kann erklärt werden, weshalb Anfangstexte fast durchwegs unter dem Sprachniveau der Schulanfänger liegen. Was erklärbar ist, muß aber nicht auch entschuldbar sein. Einige Fibelautoren haben sich bewußt auf dieses Problem eingestellt und versucht, durch zusätzliche Sprachanregungen die Schulanfänger auch sprachlich zu fördern. Dies kann durch Vorlesetexte, die einer Fibel beigegeben sind, erfolgen, oder durch einen so geschickten methodischen Aufbau der Fibel, der es erlaubt, auch schon in den ersten Leseübungen variationsreichere Satzmuster als die oben beklagten zu lesen. Ebenso falsch wie eine Unterforderung ist aber auch eine Überforderung der Kinder durch zu schwierige Texte. Die Schulbuchforschung erlaubt es seit langem, Texte auf ihre Schwierigkeit hin zu befragen.[89] Trotzdem fehlen in Leselehrbüchern entsprechende Angaben. In die besondere Schußlinie der Kritik sind ab den 70er Jahren die *Fibelinhalte* geraten. Nach *Grömminger* (1970) dominierten in den Fibeln der 60er Jahre folgende sechs Themenkreise: Familie und Bekannte, Spiel und Spielgefährten, Natur, Arbeitswelt und Technik, religiöse Welt und Märchen. Heute hat sich dieses Spektrum wohl etwas verändert, zumindest sind soziale Themen und Ausländerprobleme stärker in den Vordergrund gerückt. Wenngleich das unrealistische, unwahre Mutterbild und „ungenügende und nichtssagende Vaterdeutungen" (*Grömminger* 1970, 104) noch nicht ganz der Vergangenheit angehören, wie *Schweitzer*[90] feststellt, kann doch einiges an der noch 1971 zurecht vorgetragenen Kritik *Bauer*s relativiert werden: „Auffallend selten sind Kinder müde und lustlos, verträumt, schüchtern, verfroren oder feige (...), es gibt keine Linkshänder, Brillenträger oder gar Behinderte, keine Spielverderber, keine Kinder, die andere schlagen, die ungern singen oder lieber lesen als baden gehen, keine Einzelgänger, kaum Kinder mit besonderen Vorlieben, Hobbies oder Ticks. Ein an sich positives Bild vom wachen, beweglichen, fröhlichen Kind wird generalisiert und eindeutig zur Norm erhoben" (*Bauer* 1971, 269 f.). Nun ist es viel einfacher, Fibelinhalte zu kritisieren anstatt sie so auszuwählen, daß sie allen Bedürfnissen gerecht werden. *Brügelmann* schreibt dazu: „Für Fibelautoren und Lehrer ergibt sich (...) eine schwierige Situation: Bemühen sie sich darum, den Alltag der Kinder möglichst lebensnah zu schildern, wirft man ihnen vor, das Bestehende zu verstärken. Versuchen sie, positive Alternativen darzustellen, wird umgekehrt bemängelt, daß der Bezug zur Lebenswelt der Kinder fehlt. Was die Verfasser der Texte auch ausdrücken wollen, ihnen kann immer entgegengehalten werden, was unterschwellig und ungewollt noch dazu vermittelt wird" (*Brügelmann* 1983, 193).

Einen neuen Akzent bringt *Dehn* (1975) in die Diskussion um die Fibelinhalte, wenn sie danach fragt, ob die Texte dazu angetan sind, die Sprachkompetenz der Leser zu erweitern. Darunter versteht sie, daß Texte den

---

89 vgl. Bamberger, Richard und Erich Vanecek 1984
90 Ingrid Schweitzer (1991) bedauert, daß in fünf seit 1984 erschienenen Fibeln immer noch Rollenklischees vorherrschen und sich nur eine der analysierten Fibeln „wirklich auf dem Weg zur Umsetzung von Gleichberechtigung im Schulbuch befindet" (Schweitzer 1991, 20).

Regeln der kommunikativen Adäquatheit gehorchen, also „gerichtete Sprechakte (...) einem Sprecher und einem Adressaten zugeordnet werden können", oder eine Frage auch eine Antwort erhält (*Dehn* 1975, 200). Sie erwartet sich auch mehrere Zeitdimensionen in den Sprechakten und Sprechaktfolgen, damit das Kind gegenwärtige Situationen von zukünftigen sprachlich unterscheiden lernt. Außerdem bemängelt sie die immer noch vorherrschenden Rollenverteilungen, die zum Beispiel Aufforderungen und Verbote überwiegend Erwachsenen in den Mund legen. Rückfragen sollten nicht nur Erwachsenen sondern auch Kindern gestattet sein, und diese wiederum sollten nicht allein in der Rolle der Bittenden erscheinen. Auch die Initiative zu sprachlicher Verständigung sollte nicht einseitig immer nur von Erwachsenen ausgehen. Kinder reagieren sensibel und erspüren oftmals aus Fibeltexten, welche Absicht damit verbunden ist. Nach der Schule aber, so meint *Grömminger*, wird das „Fibel-Ich" recht schnell wieder abgelegt, und „die Kinder sind wieder das, was sie in Wirklichkeit sind" (*Grömminger* 1970, 98).

Es ist also recht schwierig, festzulegen, wie Fibelinhalte beschaffen sein sollten. Die Orientierung am Jahreslauf hat ihre Vorzüge, aber sie gibt das Lerntempo vor. Die Inhalte können mit Rücksicht auf das noch geringe Lesevermögen nicht zu anspruchsvoll sein; andererseits dürfen sie aber auch nicht langweilen, sondern sollen faszinieren, damit sich das mühevolle Lesen lohnt. Der Inhalt soll kindgemäß sein, aber das kann nicht heißen, daß er dem Kind die Auseinandersetzung mit dem Text abnimmt. Der Text soll keinesfalls nur problematisieren, aber er darf sich auch nicht in unechten Idealisierungen erschöpfen. Auch der Humor darf nicht zu kurz kommen, denn Kinder lesen gerne Heiteres und Spaßhaftes. Jungen und Mädchen, Stadt- und Landkinder unterschiedlichster Sozialschichten sollen sich angesprochen und ernst genommen fühlen. Und schließlich erwarten wir gerade von den Lesetexten, daß sie die Kinder auch zum Lesen außerhalb der Schule und über das Lehrbuch hinaus motivieren. Das setzt eine möglichst ausgewogene Repräsentation aller Textarten voraus, damit sich jedes Kind angesprochen fühlt und vom Lesen einfacher Gebrauchstexte bis zur Poesie und schließlich auch zu größeren Texten geführt werden kann, wie sie beispielsweise Buchreihen für das erste Lesealter anbieten.[91]

---

91 vgl. Giehrl, Hans E.: Bücher für das erste Lesealter. In: Wissenschaft und Praxis/ Bayerische Schule, Heft 6, 1990. Wiederabdruck in: VBE Informationen für Erzieher, Heft 12, 1990

Die Frage der *Methode* wird heute großenteils durch Lehrpläne vorbestimmt, so daß Lehrern und Lehrerinnen hier eine Entscheidung weitgehend abgenommen ist. Trotzdem unterscheiden sich auch nach gleichen Methoden arbeitende Fibeln und Leselehrwerke erheblich in Anlage und Aufbau. Zunächst wird nach dem Leseverständnis der Fibel zu fragen sein. Läßt sich eine Verbindung von Funktions- und Sinnebene erkennen? Das Lesen darf nicht auf das bloß funktionale Rekodieren verkürzt werden, es muß über das Verständnis unserer Buchstabenschrift zum Sinnverständnis führen. Zu diesem Zweck werden in den meisten Fibeln Lernziele benannt, die sorgfältig bedacht werden sollten. Nicht immer sind allerdings einzelne Lernschritte so beschrieben, daß sie auch überprüft werden können. Oftmals geben Fibelautoren den Lehrern *Lernstandskontrollen* oder andere Diagnostika an die Hand, mit deren Hilfe ein Bild vom erreichten Lesestand eines Kindes ermöglicht werden soll. Diese Kontrollen haben aber nur dann einen Sinn, wenn gleichzeitig Zusatzübungen zur Wiederholung angeboten werden und wenn Lehrerinnen und Lehrer bereit sind, die Klasse kurzfristig nach Leistungsstand zu differenzieren. Selbst wenn wir jedem Kind seinen eigenen Lernweg zubilligen, ist es nötig, daß eine Fibel die zu erreichenden Lernplateaus folgerichtig und lückenlos beschreibt. Lehrer und Lehrerinnen müssen daraus erkennen können, wo zusätzliche Hilfen einzuplanen sind, wo unter Umständen Schwierigkeiten auftreten können, wo durch zu schnelles Vorgehen Lernlücken entstehen, deren Folgen nicht abzuschätzen sind.

Schließlich geht es im methodischen Bereich auch um Hilfen und Anregungen zu bestimmten *Funktionsübungen*. Eine Fibel sollte durch Graphik und Text nicht nur den sprachlichen Ausdruck der Schüler anregen und deren Leselust steigern, sie sollte auch Übungen zur visuellen, taktilen und insbesondere zur auditiven Wahrnehmung anbieten. Auch das Symbolverständnis sollte sich üben lassen. Ebenso notwendig ist es, sich darüber zu informieren, ob ein Kind mit einem bestimmten Leselernwerk selbständig arbeiten kann, ob es ohne beständige Hilfe durch einen Erwachsenen Rückmeldungen für die Richtigkeit seines Tuns erfährt, ob es mit anderen Kindern kooperieren kann, ob sich das Lerntempo variabel den unterschiedlichen Voraussetzungen einzelner Schüler anpassen läßt, ob schließlich für jeden Leistungsstand genügend Lesestoff vorhanden ist. Unverzichtbar sind auch gut verständliche methodische Anleitungen für Eltern, damit diese, wo es nötig ist, ihrem Kind richtig helfen können. Außerdem muß erwartet werden, daß sich die Methode an modernen Forschungsergebnissen ausrichtet.

Eine gegenwärtig aktuelle Methodenfrage richtet sich auf das *Lesenlernen ohne Fibel*[92]. Diese schon aus der Zeit der Reformpädagogik bekannte Diskussion wurde durch eine kritische Lehrerschaft in den 80er Jahren wieder aufgegriffen. Das Unbehagen vieler Lehrer, mit Fibeln arbeiten zu müssen, die ihrer Auffassung von Lesen nicht gerecht werden, führte nicht selten zu Situationen, wie sie *Gümbel* aus eigener Beobachtung schildert: „Gegen Ende des ersten Schuljahres war eine zunehmende Unlust beim Lesen der Fibelseiten und beim Durcharbeiten der Übungsmaterialien zu bemerken. Die Lehrerinnen versuchten, die Lesemotivation durch neue Leseanlässe und neue Lesematerialien zu erhalten. Die Eigenfibel der Klasse Ib entstand: Aktuelle Erlebnisse wie Schulausflug, Zoobesuch, die Geburt des kleinen Bruders wollten die Kinder niederschreiben oder drucken, die ‚eigenen‘ Texte sammeln und sich gegenseitig vorlesen" (*Gümbel* 1980, 39). *Jaumann* berichtete 1982 von lernbehinderten Kindern, die mit den üblichen Fibeln das Lesen verweigerten und, vergleichbar den von *Gibson* und *Levin* in den USA gewonnenen Beobachtungen, keinerlei Neugier mehr zeigten, „wissen zu wollen, was auf einer beschriebenen Seite steht" (*Gibson/Levin* 1980, 89). Tatsächlich erscheint es zunächst verlockend, auf eine Fibel zu verzichten. Kinder können direkt zu Kinderbüchern hingeführt werden, die allemal spannender und aufregender sind als Fibeln. Lehrer und Lehrerinnen können den Erlebnis- und Erfahrungshintergrund jedes einzelnen Schülers erkunden und dafür treffende Lektüre bereithalten. Eigene Erlebnisse lassen sich in der eigenen Sprache verschriften und anderen vorlesen, was das Lesen interessant macht und den Schreibunterricht mit einbezieht. Der Leseunterricht läßt sich leichter an den Sachunterricht anbinden, da dessen Inhalte Lesestoff werden können. Das von einer Fibel oftmals vorgegebene einheitliche Lerntempo kann zugunsten individueller Lernfortschritte aufgegeben werden. Die Lernwege für verschiedene Kinder lassen sich unterschiedlich gestalten. Letztlich lernen Kinder von Anfang an das Lesen von Ganztexten aus Büchern, was unter Umständen zur Gewohnheit wird und dann auch außerhalb der Schule beibehalten wird.
Es gibt also viele Gründe und Möglichkeiten, Kinder ohne Fibel zum Lesen zu führen. Trotzdem wäre es falsch, einseitig nur einen Leseanfang ohne Fibelwerk zu postulieren; denn ein „Schulanfang ohne Fibeltrott"[93]

---

92 vgl. dazu auch: Heuß, Gertraud E.: Lesenlernen ohne Fibel? In: Pädagogische Welt 38/8/ 1984, S. 450–456; dies.: Fibel – Zwang oder Hilfe? In: Bayerische Schule 30. 10. 1987, S. 11–14

93 vgl. das gleichnamige Buch von Bergk, Marion und Kurt Meiers (Hrsg.) 1985

setzt sehr erfahrene, kompetente Lehrerinnen und Lehrer voraus, die es verstehen, auch ohne methodische Hilfen Kindern die Lesetechnik zu vermitteln. Ein weiteres kommt hinzu: Fibeln sind so angelegt, daß sie lesetechnischen Bedürfnissen genügen. Ihre Papierqualität ist weder zu rauh noch zu glänzend, damit die Schrift weder Schatten wirft noch reflektiert. Die Eindeutigkeit der Druckbuchstaben ist gewährleistet, damit das Kind sich die Zeichen bestmöglich einprägen kann. Das Layout ist so gestaltet, daß der Leseanfänger weiß, wo er weiterlesen kann. Satzspiegel und Flattersatz kommen der noch ungeübten Blickspanne des Leseanfängers entgegen. Dies alles garantiert uns kein Kinder- oder Bilderbuch; denn bei deren Gestaltung stehen zuvorderst ästhetische und nicht lesetechnische Momente. Es kommt hinzu, daß ein ungeübter Lehrer möglicherweise den Überblick über die zur Verfügung stehende Zeit verliert, wenn er sich von der Fibel lossagt. Eine Fibel garantiert, daß der Leselernprozeß innerhalb der vorgesehenen Zeit abgeschlossen werden kann. Wer auf sie verzichtet, muß die Zeit eines Schuljahres selbst optimal einteilen. Und schließlich darf nicht übersehen werden, daß für einen anspruchsvollen Leseunterricht sehr viel Lesestoff bereitgehalten werden muß. Mindestens 60 bis 80 Bände, angefangen vom Bilderbuch bis zu relativ umfangreichen erzählenden und informierenden Kinderbüchern sollten für eine Anfängerklasse bereitstehen. Leider fehlt vielen Lehrerinnen und Lehrern ein umfassender Überblick über das reichhaltige Angebot an Kinderbüchern[94]. Die Entscheidung für einen Leselernbeginn mit oder ohne Fibel liegt in der Hand der Lehrer. Sie müssen wissen, was sie sich und ihren Kindern zutrauen können.

5.3.2 Schreibwerkzeuge und -materialien[95]

Ebenso wie beim Lesenlernen spielt auch beim ersten Schreiben die Wahl der Medien eine entscheidende Rolle. Schon durch eine geeignete Auswahl der Schreibgeräte kann die Stimmigkeit zwischen der Spurbreite eines Stiftes und der vorhandenen Schreibfläche hergestellt werden:[96]

---

94 Einen ersten Überblick kann man sich außer in Verlagsprospekten in den jährlich erscheinenden Zusammenstellungen des Arbeitskreises für Jugendliteratur, Schlörstr. 10, 8000 München 19, verschaffen.

95 vgl. auch Kapitel 4.2.5

96 Die folgenden Ausführungen wurden erstmals im Lehrerbegleitheft des Schreiblehrgangs „Ich lerne schreiben (2)" (von H. Gärtner, G. E. Heuß, M. Liedel, K. Patho, München: Oldenbourg 1977) dargelegt.

– *Wachsmalstifte* ergeben eine breite, farbige Spur ohne großen Druck-
aufwand. Die Schiebehülsen verhindern das Abbrechen des Stiftes. Griff-
rillen erleichtern das Halten und verhindern ein Rutschen, wenn die Hand
schwitzt.
Sie eignen sich besonders für große Bewegungsabläufe und zum Füllen
von Flächen.

– *Faserstifte* erfordern ebenfalls wenig Druck und hinterlassen eine deutliche Schreibspur. Die Faserspitzen sind elastisch und vermitteln Reibungswiderstand. Dadurch wird der Bewegungsablauf gebremst. Faserstifte
eignen sich für differenzierte Form- und Bewegungselemente, beispielsweise zum Füllen von Wortlücken, zum Einkreisen, Ausstreichen oder
zum Schreiben auf Lineatur.

– *Bleistifte* ermöglichen eine genaue Bewegungsführung in schmaler
Schreibspur. Fehler lassen sich mühelos korrigieren. Allerdings sollten
Bleistifte wegen des erforderlichen hohen Schreibdrucks nicht zu früh und
keinesfalls ausschließlich eingesetzt werden.

– *Füllfedern* hinterlassen durch den Tintenfluß eine deutliche, klare
Schreibspur. Die Feder muß stabil, elastisch und anfangs eher breit sein.
Um ein Verklecksen der Finger zu verhindern und die Steuerung durch
das Auge zu ermöglichen, darf der Füller nicht zu weit vorn gefaßt
werden.

Der Schreibdruck hängt nicht allein von der Härte eines Stiftes, sondern
auch von der Unterlage ab, auf die geschrieben wird. Diese sollte für die
ersten Schreibübungen so beschaffen sein, daß sie der Schreibhand leichten Widerstand bietet. Insgesamt muß von Anfang an beim Schreiben
darauf geachtet werden, daß sich die Hand des Schreibers nicht verkrampft, damit dieser nicht vorzeitig ermüdet.

Lineaturen sollen dem Schreibanfänger den Lernprozeß erleichtern und
ihn nicht behindern. Sie bieten Hilfe bei der geraden Zeilenführung, beim
Vermeiden von Schwankungen nach oben und unten und stellen Anhalts-
punkte für annähernd gleiche Buchstabengrößen dar. Da jedes Kind
zunächst seine eigene Schriftgröße finden soll, ist es sinnvoll, bei den
ersten Schreibübungen auf Zeilen zu verzichten. Die nach DIN genorm-
ten Lineaturen sind auf den kindlichen Lernfortschritt bezogen und sollten zunächst nicht zwingend, sondern nach Bedarf eingesetzt werden.
Lehrerinnen und Lehrer können jedem Kind die für seine individuelle
Schrift nötige Lineatur zumessen. Für die noch ungeübte Hand des
Schreibanfängers ist eine große, mit zusätzlichen Hilfslinien versehene

Lineatur zu empfehlen, die sich mit zunehmendem Lernfortschritt verkleinert und schließlich ganz auf die Hilfslinien verzichtet (Abb. 42):

Abb. 42: Vorgesehene DIN-Lineatur für das 1., 2. und 3. Schuljahr

Die Entscheidungen über Schreibwerkzeuge und -materialien hängen eng mit der Methode zusammen. Wir wissen aus der Zeit der Schreibschwingmethoden[97], daß davon ausgegangen wurde, die Schwünge zuerst groß- und erst nach längerer Übung auch kleinflächig zu gestalten. Ausschlaggebend war die Überzeugung, daß sich die Entwicklung der kindlichen Graphomotorik aus der Grob- zur Feinmotorik vollziehe. Es war daher oolbotvorständlich, zuerst großflächige rauhe Papiere als Schreibmaterialien zu verwenden, auf die die Schreibanfänger mit Wachsmalstiften ihre Schwünge malten. Dabei wurde darauf geachtet, daß sich die Hand im sog. „Pfötchengriff" um den Stift legte (Abb. 43).

---

97 vgl. Kapitel 4.2.4

 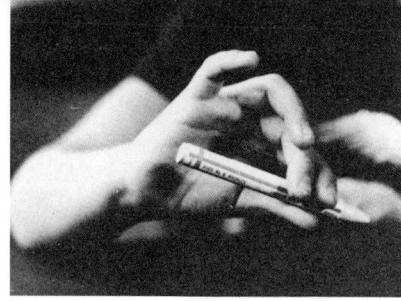

Wachsmalkreide mit Daumen und Zeige-
finger halten

Wachsmalkreide mit Daumen, Zeige- und
Mittelfinger halten

Wachsmalkreide mit Daumen, Zeige-,
Mittel- und Ringfinger halten

Wachsmalkreide mit allen fünf Fingern
halten.

Abb. 43: Der „Pfötchengriff" bei dicken Schreibstiften (Gärtner et al. 1983b, 14)

Wer dagegen mit dem Schreiben von Druckbuchstaben beginnt und auf Großschwünge verzichtet, kann sich von Anfang an an einen Tisch zum Arbeiten setzen. Da alle Schreibanfänger anfangs stärker aufdrücken und sich willentlich auf die Ausgestaltung der Zeichen konzentrieren[98], werden ihnen nur solche Stifte und Schreibmaterialien nützlich sein, mit denen sie problemlos aufdrücken und langsam arbeiten können.

Zu unrecht finden die *Schreiblehrgänge* in der Regel eine geringere Aufmerksamkeit als die Lesefibeln. Dabei ist die Wahl eines Schreiblehrgangs für den Lernfortschritt der Schreibanfänger nicht minder bedeutsam als die der Schreibmaterialien. Rein äußerlich lassen sich oftmals kaum Unterschiede zwischen verschiedenen Lehrgängen ausmachen, da die ersten Schreibhefte nahezu alle im DIN-A-4-Format vorliegen. So hat das schreibende Kind Platz für seine Übungen. Auch leicht angerauhtes Papier, das dem Stift Widerstand entgegensetzt, findet sich in vielen Schreibheften. Der Unterschied zwischen den Schreiblehrgängen zeigt sich zumeist erst

---

98 vgl. die Ausführungen über Walter Edelmanns Studie in den Kapiteln 3.1.3 und 4.2.5

bei den Übungen. Diese können sich im einförmigen Nachschreiben vor-gegebener Zeichen und Formen erschöpfen, oder aber ungemein anre-gend gestaltet sein, damit dem Kind von Anfang an das Schreiben als sinnvolle Handlung erscheint: So gibt es Schreiblehrgänge, die Buchsta-ben und später Wörter in zusammenhängenden Texten ergänzen lassen. Andere regen die Kinder beim Schreiben zum Mitdenken und zu Ent-scheidungen an, weil der Übungstext beispielsweise Fragen enthält, auf die jeweils mit „ja" oder „nein" zu antworten ist. In manchen Lehrgängen können Bilder beschriftet, Sätze aus vorgegebenen Wörtern aufgeschrie-ben, aus Silben Wörter gebildet werden, usf. Wer aus einer Fülle von Wörtern seine eigene Wunschliste, Briefe, Rezepte, Einladungen auf- und abschreibt, wer durch Einsetzen von Buchstaben oder Wörtern Rätsel löst, hat sicher mehr Spaß an der Schreibübung als wer nur zeilen-lang wiederholt, was im Schreibheft vorgegeben ist.

Ein Schreibheft sollte neben den Schreibübungen für Buchstaben und deren zum Teil schwierige Verbindungen auch Anregungen zum Ziffern-schreiben enthalten. Außerdem ist es wichtig, zu prüfen, ob der Schreib-anfänger im Schreibheft jeweils genügend Platz zum Selbstschreiben und Üben findet. Oftmals sind Schreiblehrgänge zwar anregend gestaltet, sie lassen aber dem Kind zur eigenen Übung zu wenig Möglichkeiten.

Ein Kind sollte anhand des vom Lehrer gewählten Schreiblehrgangs das Schreiben in seinen unterschiedlichen Funktionen erfahren: als Notiz (zum Beispiel beim Beschriften aller Art, beim Aufschreiben von Ein-kaufszetteln, beim Festhalten einer mündlichen Mitteilung für andere), als Mitteilung (zum Beispiel beim Briefeschreiben, beim Schreiben einer Einladung), zur Unterstützung von Denkleistungen (zum Beispiel beim Rätsellösen, bei Wort- und Bedeutungsveränderungen) und als Möglich-keit für persönlichen Ausdruck bei bestimmten Empfindungen (zum Bei-spiel beim Schreiben eines Gedichts oder persönlicher Erlebnisse).

Für Lehrerinnen und Lehrer, die dem unterschiedlichen graphomotori-schen Entwicklungsstand ihrer Schreibanfänger gerecht werden wollen, ist es zudem wünschenswert, daß ein Schreibheft für das erste Schreiben auch die Möglichkeit zur Überprüfung der Ausgangslage der Kinder enthält. Durch bestimmte Übungen mit dem Stift kann man erkennen, ob ein Kind eher die linke oder die rechte Hand bevorzugt, wie weit die Auge-Hand-Koordination eingespielt ist, wie weit die Feinmotorik schon entwickelt ist, ob ein Kind visuell rechts und links sicher unterscheiden kann oder ob es in der Lage ist, auch Kleindetails an Graphemen sicher wahrzunehmen.

Ist ein Schreibheft auch für selbsttätiges Arbeiten der Kinder vorgesehen, brauchen sie eine Möglichkeit zur Kontrolle. Dabei ist nicht nur an die richtige Form oder den gewünschten Bewegungsablauf einzelner Buchstaben zu denken, sondern auch an die Orthographie. Gerade für die ersten selbständigen Schreibübungen sollte ein Kind eine Auswahlmöglichkeit unter vorgegebenen Wörtern haben, damit es nicht immerzu nach der Orthographie fragen muß.

5.4 Methodische Entscheidungen

5.4.1 Der Aufbau der Lehrgänge

Obwohl sich bei einer gründlichen Analyse einzelner Lese- und Schreiblehrgänge recht unterschiedliche Vorgehensweisen beobachten lassen, liegt den jeweils zu *einer* Methode gehörenden Verfahren prinzipiell doch ein einheitlicher Aufbau zugrunde. Dies ergibt sich aus der Überzeugung der jeweiligen Autoren, daß sich Lesen- und Schreibenlernen im wesentlichen linear entwickeln und diese Entwicklung einem zugrundegelegten Plan folgt. Erst in jüngerer Zeit wird vermehrt darauf verwiesen, wie unterschiedlich die Lernwege einzelner Kinder sein können[99] und wie blockierend es sich dabei für ein Kind auswirken kann, wenn der vom Lehrer oder der Lehrerin eingeschlagene Weg nicht mit der eigenen Lernstruktur übereinstimmt. Ebenso problematisch wäre es aber auch, wenn Lehrer und Lehrerinnen das Lesen- und Schreibenlernen ganz den Kindern überließen, aus der Überlegung heraus, jeder solle seinen eigenen Lernweg finden. Hier blieben viele Kinder auf der Strecke. Auch wenn sich der Lese- und Schreibunterricht von Klasse zu Klasse ganz wesentlich unterscheiden kann, ist es doch notwendig, sich über die einzelnen methodischen Schritte Klarheit zu verschaffen, die den unterschiedlichen Verfahren zugrunde liegen. Nur so kann verhindert werden, daß ein entscheidender Schritt auf dem Weg zum Lesen und Schreiben ausgelassen wird, wenngleich sich durchaus die Wege abkürzen oder Schritte überspringen lassen.
Synthetische Verfahren[100] lassen sich verallgemeinernd gesehen in drei Sequenzen gliedern:
– in die Vermittlung der Phoneme und ihrer Grapheme,

---

99 Vgl. u. a. Brügelmann, Hans 1983; Dehn, Mechthild 1988; Scheerer-Neumann, Gerheid 1979.
100 vgl. auch Kapitel 4.1.1

– in die Zusammensetzung der Grapheme zu Wörtern,
– in das Zusammensetzen der Wörter zu Sätzen.

Der Weg führt von der kleinsten Einheit zur immer größeren und richtet sich an bestimmten Zielen aus. Die erste Lernsequenz dient dazu, Graphem-Phonem-Korrespondenzen aufzubauen, und zwar für alle Groß- und Kleinbuchstaben unseres Alphabets. Dabei lernt das Kind einen normierten Laut für die entsprechenden Zeichen kennen. Lautvariationen, die sich für ein bestimmtes Zeichen je nach dessen Stellung innerhalb eines Wortes ergeben, werden erst beim Zusammenlesen von einzelnen Zeichen zu Wörtern berücksichtigt. Die Einsicht, daß das Lesen unserer Schrift die Kenntnis der Buchstaben voraussetzt, wird auf dieser Stufe geweckt.

Die zweite Lernsequenz zielt auf das „Zusammenlauten" der gelernten Schriftzeichen. Vermutlich verzichten alle heute noch praktizierten Lautierverfahren dabei auf das Zusammenfügen sinnloser Zeichenfolgen. Von Anfang an können bei einer entsprechenden Abfolge der gelernten Zeichen sinnvolle Wörter gelesen werden, wie beispielsweise *da, in, am, um* oder *auf*. Um jede Überforderung des Leseanfängers zu vermeiden, führt der Weg von wenigen zu immer mehr Zeichenkombinationen. Das Ziel dieser Stufe ist das Erlesen eines Textes mit Hilfe der gelernten Zeichen.

Als dritte Lernsequenz ergibt sich konsequent das Zusammenlesen einzelner Wörter zu Sätzen. Als Ziele dieses Lernschrittes gelten die Vervollkommnung der Lesetechnik, das heißt die richtige Betonung beim klanggestaltenden Lesen und auch die Sinnfindung beim stillen Lesen. Das Kind soll in der Lage sein, selbständig zu lesen.

Lautsynthetische Verfahren erlauben problemlos eine Parallelisierung von Lesen und Schreiben, vorausgesetzt, beide Lernprozesse bedienen sich der Druckschrift. Die visuell und kognitiv erfaßten Buchstaben des Lesetextes können mit verschiedenen Materialien nachgestaltet und schließlich auch nachgeschrieben werden. Der umgekehrte Weg ist ebenso möglich, daß zunächst etwas aufgeschrieben wird, was dann als Lesetext dient. Lesen- und Schreibenlernen unterstützen sich dabei wechselseitig.

Auch die *ganzheitlich-analytisch-synthetischen Verfahren*[101] lassen sich, wie schon am Beispiel der Brückl-Methode dargelegt, in drei Lernsequenzen einteilen:

---

101 vgl. Kapitel 4.1.2

- das naiv-ganzheitliche oder voranalytische Lesen,
- die Durchgliederung oder Analyse der Wortgestalt,
- das synthetische Lesen.

Auch diese drei Lernsequenzen bezwecken jeweils besondere Kenntnisse und Fähigkeiten: Beim naiv-ganzheitlichen Lesen werden Wörter, Sätze oder kleine Texte eingeprägt und wiedererkannt, es zielt auf die Zuordnung eines Wortbildes zu dessen Bedeutung. Der semantische Aspekt steht im Vordergrund. Das Kind soll erfahren, daß aus dem gelesenen Text etwas Sinnvolles erfahren werden kann. Dabei ergibt sich die richtige Betonung der Wörter beim lauten Lesen von selbst. Außerdem stellt diese Stufe das Material für die nächste Lernsequenz bereit, das heißt, es werden solche Lernwörter gelernt, an denen auf analytischem Wege die einzelnen Graphem-Phonem-Verbindungen gewonnen werden können. Die zweite Sequenz, das Durchgliedern der Wortgestalt, bezweckt das Erkennen visueller und auditiver Gleichheiten bei Wörtern. Bestimmte An-, Aus- und Inlaute werden im Schriftbild verschiedener Wörter so hervorgehoben, daß sie als gleich erkannt werden können:

M utter	Hau *s*	H *a* se
M ama	Gra *s*	W *a* gen
M oni	Ei *s*	Z *a* hn

Da es schwieriger ist, Phoneme aus Wörtern abzuhören als deren Grapheme visuell zu identifizieren, erfolgt die auditive Analyse in der Regel erst nach der visuellen. Eine auf diese Weise optisch und akustisch analysierte Graphem-Phonem-Korrespondenz wird eingeprägt und im „Buchstabenhaus"[102] oder auf andere Weise im Klassenzimmer sichtbar gespeichert. Die Ziele dieser zweiten Stufe sind vielfältig: Zunächst soll das Kind alle Graphem-Phonem-Korrespondenzen unserer Schrift, also alle Groß- und Kleinbuchstaben in ihrer jeweiligen Lautung je nach Stellung im Wort erlernen; dann soll es aber auch auf die Funktion der Buchstabenschrift aufmerksam werden und erfahren, daß sich das akustische Nacheinander eines gesprochenen Textes in ein optisches Nebeneinander schriftlich umsetzen läßt. Schließlich soll es daraus erkennen, daß sich mit Hilfe der wenigen Schriftzeichen unseres Alphabets alle Wörter unserer Sprache verschriften lassen. Und letztlich stellt auch diese Stufe wiederum das Übungsmaterial für den nächsten Lernschritt, die Lesesynthese, bereit.

---

102 vgl. Abb. 49, S. 148

Die dritte Lernsequenz zielt, vergleichbar den synthetischen Verfahren, auf das Zusammenlesen der gelernten Zeichen zu sinnvollem Text. Auch hier wird in der Regel der Weg vom Einfachen zum Schwierigen führen, das heißt, zuerst werden solche Wörter synthetisch erlesen, die aus der ersten Stufe des naiv-ganzheitlichen Lesens schon bekannt sind. Die Leseübung sieht dann beispielsweise das Ab- und Aufbauen der aus der naiv-ganzheitlichen Lesephase bekannten Wörter vor:

Hase	H	Hund	H
Has	Ha	Hun	Hu
Ha	Has	Hu	Hun
H	Hase	H	Hund

Erst dann folgt die Synthese auch solcher Wörter, die nicht schon als Ganzwörter eingeprägt waren. Die richtige Betonung beim Vorlesen, die Sinnentnahme auch beim stillen Lesen und das Üben bis zur Lesegewandtheit sind die weiteren Ziele dieser dritten Lernsequenz.

Prinzipiell lassen sich auch beim ganzheitlichen Vorgehen Lesen- und Schreibenlernen kombinieren. Voraussetzung ist dann allerdings auch hierfür die Verwendung einer Druckschrift als Lese- und Schreibschrift. Wo, wie in der Vergangenheit, das Lesen zwar mit der Druckschrift, das Schreiben aber mit der Lateinischen oder Vereinfachten Ausgangsschrift begonnen wurde, war eine Phasenverschiebung notwendig, um zu vermeiden, daß Kinder gleichzeitig zweierlei Alphabete erlernen mußten. Zur Einübung der Schreibschrift war es dann nötig, in einem Vorkurs Grundschwünge zu üben, die später zu „Schwungwörtern" führten, aus denen sich dann die Buchstaben des Schreibalphabets entwickeln ließen[103].

Aus der Kritik an den beiden vorgenannten methodischen Gruppen[104] wurden in den 70er Jahren die *methodenintegrierenden*, auch *methodenintegrative, methodenverbindende, methodenübergreifende Verfahren* genannt, entwickelt. *Pregel* brachte als erster 1971 „ein neues Leselernwerk auf sprachlich operativer und methodenintegrierender Grundlage" auf den Markt, seine Fibel „Lesen heute". Von Anfang an sollten die Kinder nun Lesen als Technik *und* Sinnentnahme zugleich verstehen, das heißt, sie sollten die Bedeutung der Schrift gleichzeitig auf den drei linguistischen Ebenen, der phonetischen, der lexikalischen und der syntaktisch-semantischen erfahren (Abb. 44)

103 vgl. Kapitel 4.2.4
104 vgl. auch Kapitel 4.1.3

STOP Oma – rot
ein Auto

Oma
STOP STOP

rot O o

Auto

Abb. 44: Beispiel
aus „Lesen heute"
(Pregel 1981, 6)

In einer ersten Lernsequenz wird bei den methodenintegrierenden Verfahren den Kindern zunächst der Zeichenvorrat unserer Schriftsprache sowohl als Einzelzeichen mit normierter Aussprache als auch als Zeichen innerhalb eines Wortes mit entsprechender Aussprache und, wo möglich, als Teil eines Satzes vorgestellt. Dabei wird die Graphem-Phonem-Korrespondenz als abhängig von der Stellung eines Zeichens innerhalb eines Wortes erfahren. Der Leseanfänger lernt also beispielsweise den Unterschied der Aussprache des *e* in *Tee, lesen* oder *Pferd*.

Die Ziele dieser ersten Lernsequenz sind demnach das Kennenlernen der Laute und der sie repräsentierenden Zeichen, sowie die jeweils richtige Aussprache der Zeichen je nach Stellung im Wort oder Satz.

Die zweite Lernsequenz dient der intensiven Übung. In vielerlei Variationen werden dem Kind die einzelnen Laute bzw. Zeichen repräsentiert: als An-, In- und Auslaute in bekannten und dem Kind geläufigen Wortbeispielen. Die Ziele dieser Stufe sind das optische und akustische Wiedererkennen gelernter Laute und Schriftzeichen in Texten, sowie ein exaktes Unterscheiden ähnlich klingender bzw. aussehender Phoneme bzw. Grapheme (Abb. 45).

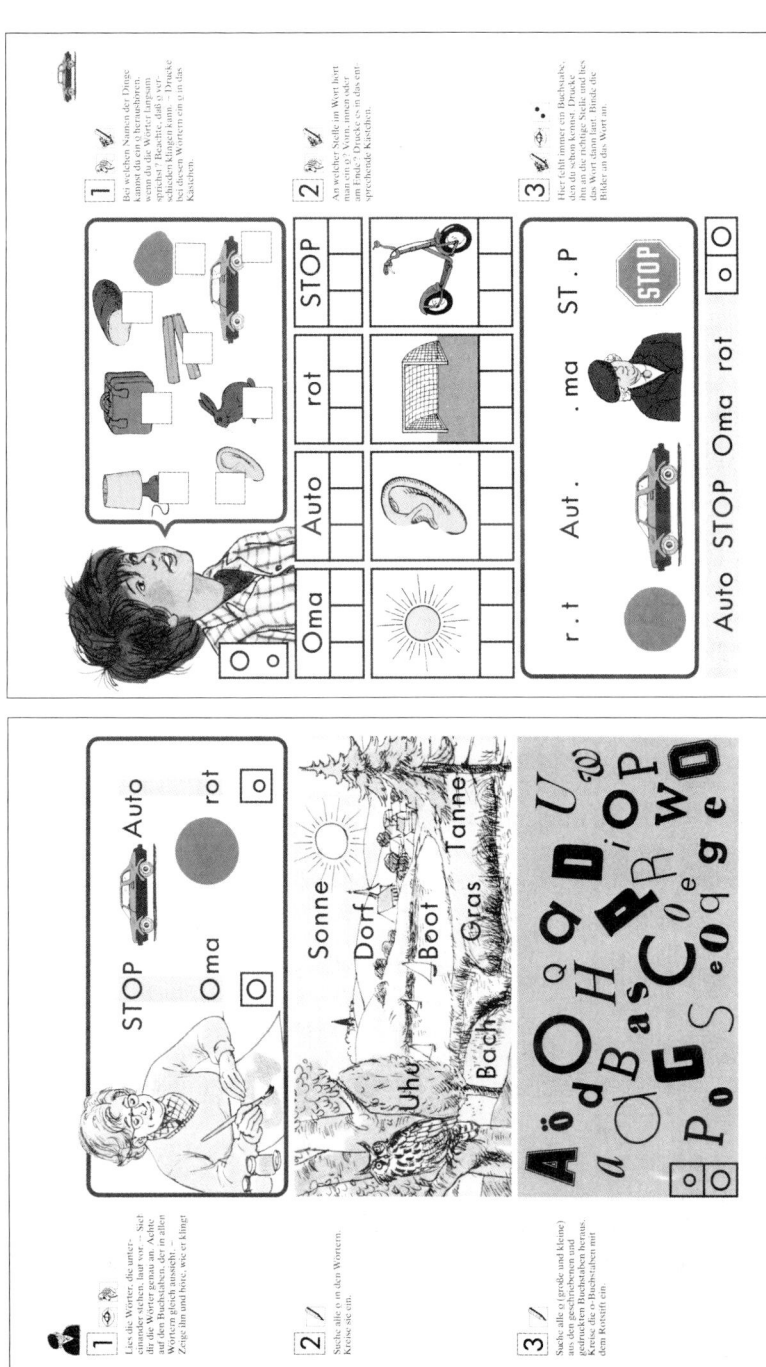

Abb. 45: Übungsbeispiele zum visuellen und auditiven Unterscheiden ähnlicher Grapheme bzw. Phoneme. (Pregel 1981 [Übungsheft], 4f.)

139

Der dritte Lernschritt führt zum Zusammenlesen der gelernten Zeichen zu sinnvollen Wörtern und Texten, wobei die Schwierigkeitsstufung von kurzen zu längeren Wörtern und Sätzen beachtet wird. Als Ziel dieser Lernsequenz dient das richtige, sinngerechte Betonen beim Vorlesen fremder Texte.

In einem letzten Lernschritt wird schließlich angestrebt, das Kind zum geläufigen Lesen zu führen. Bestimmte, in unserer Schrift häufig wiederkehrende Zeichenfolgen werden in vielfältigen Variationen geboten. Die Ziele dieser Stufe sind die Bildung von Superzeichen oder „Signalgruppen" (Warwel 1965) als Voraussetzung für ein geläufiges Lesen und schließlich das überschauende Lesen (Abb. 46). Dem Lesen solcher Signalgruppen kann das Lesen von Reimwörtern vorausgehen, das es den Kindern erleichtert, bis dahin fremde Wörter schnell aufzufassen:

Haus	*Hand*	*Rasen*
Maus	*Sand*	*Hasen*
Laus	*Land*	*Nasen*

ick	Tick ticken	ack	Tack Dackel	eck	Wecker wecken
ick	*Tick schicken*	*ack*	*Tack Lack*	*eck*	*Wecker lecken*
ing	Finger ringen	ang	lange Wange	ung	Zunge Lunge
ing	*Finger Ding*	*ang*	*lange angeln*	*ung*	*Zunge Leitung*
ah	fahren Bahn	oh	wohnen bohren	eh	zehn fehlen
ah	*fahren zahlen*	*oh*	*wohnen Lohn*	*eh*	*zehn Mehl*

Abb. 46: Signalgruppen aus der Kombi-Fibel (Günnewig et al. 1978, Arbeitsbeilage 7)

Ebenso wie bei den synthetischen bzw. ganzheitlich-analytisch-synthetischen Verfahren lassen sich auch bei den methodenintegrierenden Akzentverlagerungen in Form von Zwischenstufen ausmachen, wie am Beispiel der Fibel von *Menzel* et al. gezeigt werden kann. Als Teiloperationen werden dort benannt:

„– die Zuordnung von Wort und Bedeutung;
 – die Zuordnung von Buchstabe und Laut (Phonem);
 – das Wiedererkennen des optisch und akustisch Gleichen (Identifikation);
 – das Unterscheiden von optisch und akustisch Ähnlichem, aber Ungleichem (Diskrimination);
 – das Analysieren (Ausgliedern von Lauten / Buchstaben aus dem Wort und von Wörtern aus dem Satz);
 – das Synthetisieren (Zusammensetzen von Buchstaben zu Wörtern und von Wörtern zu Sätzen);
 – das Speichern von Wortschemata (Einprägen einer Reihe von ganzheitlich vermittelten Wörtern durch stete Wiederholung in Sätzen und Texten);
 – die Verankerung des Gelernten durch Beteiligung aller Sinne (aufmerksames Hören, genaues Sprechen, Lesen, leseunterstützendes Schreiben, experimentelles Spiel, Reflexion und kommunikatives Handeln)"[105].

Wenn mit der Druckschrift gelesen und geschrieben wird, eignen sich auch methodenintegrierende Verfahren zur Parallelisierung von Lesen und Schreiben. Frühzeitig lassen sich eigene Texte verschriften oder Lesetexte abschreiben, was die beiden Lernprozesse wechselseitig stützt.

5.4.2 Die Wahl der Schriftart

Hinsichtlich der Wahl der Schriftart für das Lesen- und Schreibenlernen sind durch die Lehrpläne einzelner Bundesländer Vorentscheidungen getroffen. So wird für den Leseunterricht heute nahezu ausnahmslos die Druckschrift als angemessen erachtet, da sie die Leseschrift der Umwelt des Kindes darstellt. Dagegen soll „das Lesen von Texten in Schreibschrift (. . .) entsprechend dem Fortschritt im Erstschreiben angebahnt sein", steht im Lehrplan für die Grundschulen in Bayern[106]. Welcher Art nun die

---

105 Menzel, Wolfgang et al.: Die Fibel (Lehrerband). Braunschweig 1986, 8
106 Bekanntmachung des Bayerischen Staatsministeriums für Unterricht und Kultus vom 22. 5. 1981, KMBl I So.-Nr. 20/1981, 350

Druckschrift ist, bleibt offen. Ein Blick in verschiedene Fibeln zeigt, welch unterschiedliche Druckschriften hier schon im Gebrauch sind. Oftmals setzt ein Fibelwerk, wie schon erwähnt[107], bewußt verschiedene Drucktypen ein, um dem Kind das Transferlernen innerhalb der Schrift zu erleichtern.

Schorch (1992) stellt die Vorzüge der Druckschrift auch als erste Schreibschrift heraus[108]: Druckbuchstaben lassen sich leicht nachgestalten, da sie überwiegend aus Kreisen und Geraden bestehen. Diese Schrift läßt sich daher frühzeitig einsetzen. Sie erleichtert es dem Kind, die verschiedenen Funktionen des Schreibens zu verstehen, denn es kann sich beispielsweise selbst etwas notieren, kann seine Unterschrift unter ein gemaltes Bild setzen, kann anderen etwas mitteilen. Mit der Druckschrift lassen sich, wie schon gesagt, der Lese- und Schreibunterricht problemlos parallelisieren. Es braucht zunächst nur ein Alphabet gelernt zu werden. Außerdem wird die Funktion der Buchstabenschrift dem Leser dadurch deutlich, daß er mit Hilfe der gelernten Zeichen selbst Sprache verschriften kann. Das Nach- und Abschreiben der Wörter in Druckschrift erleichtert das Einprägen von Wörtern und lenkt die Aufmerksamkeit der Kinder auf die Merkmalsunterschiede einzelner Zeichen. Die beiden Lernprozesse Lesen und Schreiben unterstützen sich somit wechselseitig. Ferner kommt hinzu, daß sich durch das Druckschriftschreiben feinmotorische Bewegungsabläufe einspielen, die das Erlernen einer Lateinschrift erleichtern, und schließlich muß das Druckschriftschreiben auch später zum Ausfüllen von Formularen und im Zahlungsverkehr beherrscht werden.

Von der Ähnlichkeit des Schriftbildes her liegt es nahe, das Druckschriftschreiben in das Schreiben der Vereinfachten Ausgangsschrift überzuleiten[109]. Diese aus der Kritik an der Lateinischen Ausgangsschrift gewonnene Schreibschrift ist ihrer geringen Drehrichtungswechsel wegen leicht erlernbar. Wo diese Schriftart amtlicherseits als Ausgangsschrift zugelassen ist[110], wird sie sich auch beim schnellen Schreiben formstabil zeigen und dadurch lesbar bleiben, wie in mehreren Untersuchungen festgestellt werden konnte[111]. Als einziger Nachteil dürfte für die Vereinfachte Aus-

---

107 vgl. Kapitel 5.3.1
108 vgl. auch Kapitel 4.2.3
109 Zur Vereinfachten Ausgangsschrift vgl. Abbildung 37, S. 99
110 Leider kann die Vereinfachte Ausgangsschrift noch nicht in allen Bundesländern als erste Verbundschrift geschrieben werden. Lehrpläne geben darüber Auskunft.
111 vgl. die Zusammenstellung „Empirische Befunde über die Vereinfachte Ausgangsschrift" von Heinrich Grünewald. In: Die Grundschule 13/2/1981, 80 f.

gangsschrift wohl angeführt werden, daß noch wenig Lesestoff in dieser Schriftart gedruckt ist und damit Leseanfänger, die Bücher in Schreibschrift lesen, genötigt sind, auch die Formen der Lateinischen Ausgangsschrift zu erlernen.

Die Überleitung aus der Druckschrift in die Schulausgangsschrift 1968 der ehemaligen DDR (Abb. 47) dürfte den Schreibanfängern keine große Mühe machen, sind doch gerade bei den Großbuchstaben viele Ähnlichkeiten mit den Zeichen der Druckschrift erkennbar.

Wenn aber, wie gegenwärtig beispielsweise noch in Bayern, das Druckschriftschreiben zum Schreiben der Lateinischen Ausgangsschrift weiterführt, gilt es darauf zu achten, daß überall dort, wo sich die Zeichen beider Schriftalphabete in Form und Bewegungsführung gleichen, auch darauf hingewiesen wird. Die Schreibschrift sollte nicht als etwas völlig

Schulausgangsschrift
1968

A B C D E F G H J J K L
M N O P Q R S T
U V W X Y Z

a b c d e f g h i j k
l m n o p q r s ß t u
v w x y z

1 2 3 4 5 6 7 8 9 0

Abb. 47: Schulausgangsschrift 1968 (Kaestner/Tost 1977, 23)

Neues sondern nur als andere Form des schon bekannten Alphabets vorgestellt werden. Es kann für Kinder sehr reizvoll sein, selbst Gleichheiten und Unterschiede beider Alphabete zu entdecken.

5.4.3 Die Motivation der Kinder

Wie bei jedem anderen Lernprozeß auch, spielt die Motivation der Schulanfänger für das Lesen- und Schreibenlernen in dreierlei Hinsicht eine große Rolle: Sie aktiviert die Lernhandlung der Kinder, steuert sie und gibt ihr ihre umfassende Bedeutung[112]. Das wußte schon *Jean Jacques Rousseau*, der im „Émile" die Erzieher auffordert, sich um die Lernmotivation der Kinder zu kümmern, wenn er erklärt: „Man bemüht sich eifrigst um bessere Lesemethoden. Man erfindet Lesekästen und Karten. Man macht aus der Kinderstube eine Druckerei (...) Das sicherste Mittel, das man immer wieder vergißt, ist natürlich der Wunsch im Kinde, lesen zu lernen! Erweckt diesen Wunsch im Kinde; laßt dann eure Kästen und Würfel sein, und jede Methode ist ihm recht (...) Das unmittelbare Interesse ist die große und einzige Triebfeder, die sicher und weit führt"[113].

Auch heute noch sind die meisten Schulanfänger begierig, Lesen und Schreiben zu lernen, wie aus vielen Beobachtungen hervorgeht. Als Begründung für den Lesewunsch gaben in unserer Befragung[114] vier- und fünfjährige Kinder zum Beispiel an,

– „weil ich dann lesen kann, was im Fernsehen kommt";
– „um dem Bruder vorlesen zu können";
– „damit Mama nicht mehr vorlesen muß";
– „damit ich Zeitung lesen kann";
– „dann kann ich Namen lesen";
– „ich möchte zu den Schulkindern gehören und lesen können" (...)

Diese beispielhaft herausgegriffenen Antworten lassen bei den betreffenden Kindern eine Lesebereitschaft schon im Vorschulalter erkennen. Wir erhielten auf die Frage „Möchtest du lesen lernen?" aber auch Antworten, die zwar nicht typisch zu sein brauchen, aber doch aufhorchen lassen:

---

112 vgl. „Motivation" im Herder-Lexikon der Psychologie, hrsg. von Arnold, Eysenck, Meili (1971)
113 zit. nach Reiser, Rudolf 1984, 168
114 Es handelt sich um die schon mehrfach zitierte Befragung von 200 Kindergarten- und Grundschulkindern am Lehrstuhl für Grundschuldidaktik an der Universität München in der Zeit von 1987–89

– „Nicht so ganz gern. Papa schimpft oft, wenn er liest."
– „Ja, aber es ist nicht so wichtig."
– „Weiß nicht, ich bin noch viel zu klein."

Lehrer und Lehrerinnen werden daher nicht in jedem Fall mit einem regen Interesse am Lese- und Schreiblernprozeß rechnen können. Auch, wenn die Bereitschaft für die beiden Lernprozesse anfangs groß ist, werden manche Kinder bald über die langsamen Fortschritte, die sie machen, enttäuscht sein, weil sie mit falschen Erwartungen das Lesen- und Schreibenlernen begonnen haben. Es wird ihnen ein Durchhaltevermögen abverlangt, das sie gelegentlich überfordert. Lesen und Schreiben lassen sich eben nicht so schnell erlernen wie Radfahren oder Schwimmen. Außerdem ist es viel einfacher, sich eine Kassette anzuhören, als mühsam ein Buch zu entziffern. Da wird es für Lehrerinnen und Lehrer schwierig, die Motivation der Kinder immer wieder anzuregen.

Wie selbstverständlich sich aber ein Kind diesen Kulturtechniken zuwendet, wenn es die Notwendigkeit begreift oder die Freude erfahren hat, Lesen und Schreiben zu können, beschreibt *Ursula Ziehbart* in ihrer „Hexenspeise". Da war eine einfallsreiche Großmutter die Mittlerin zwischen der Enkeltochter und einer imaginären Feuerhexe, die in der Küche im Kachelherd ihren Platz hatte. „Wurde es also morgens ruhig in unserem Haus, strebte ich freudig mit der Großmutter in die Küche und stellte mich auf eine Fußbank vor den Kachelherd, um in nie sich vermindernder Teilnahme mitzuerleben, wenn unsere Gefährtin geweckt wurde. Die schlief um diese Zeit zusammengekrochen als kleines dunkelrotes Glimmen unter der Asche, niemand hätte bei diesem Anblick denken können, zu welch hellen, prasselnden Flammen die Feuerhexe sich unter den kundigen Händen meiner Großmutter schnell erhob, mit heißen, roten Zungen leckte sie gierig nach dem Topf, der in den Herdring gestellt wurde, aber nicht bevor der zischelnden Hexe Wacholder hingeworfen war, der Duft davon hielt sich im Raum, und dann öffnete ich die Tür zur Wärmeröhre des Herdes um zu sehen, was von unseren Speiseopfern die Feuerhexe in der Nacht zu sich genommen hatte, denn wir legten uns niemals schlafen ohne auf einem letzten Gang in die Küche der sachte sich auch zur Ruhe begebenden Feuerfrau in meinem Puppengeschirr etwas von unserem Abendbrot hinzustellen (...) Geduldig habe ich der Feuerhexe die Töpfe gefüllt, sechshundert Linsen abgezählt für die Suppe, (...) einen Vorrat von viertausend weißen Bohnen angelegt und als ich sehr betrübt wurde, weil es unmöglich ist, die Körnchen im Salzfaß zu zählen, schlug meine Großmutter vor, der Feuerhexe einen Brief zu schreiben.

Ich war Feuer und Flamme, und wer eine 7 schreiben kann, lernt auch ein F zu malen. Es hat ein bißchen gedauert, aber eines Abends konnte ich in die Wärmeröhre neben das Puppengeschirr einen Zettel legen, auf den ich geschrieben hatte: *Liebe Feuerhexe, gute Nacht!*
Als ich am Morgen die Klappe öffnete, war mein weißer Zettel fort. Aber neben dem leeren Geschirr lag ein brandrotes zweimal gefaltetes Papier. Auf dem Schoß meiner Großmutter buchstabierte ich zusammen, was darauf zu lesen stand: *Liebe Ursel, guten Morgen!*
Eine Fibel habe ich nie gebraucht. Ich habe das Lesen aus roten Hexen-briefen gelernt, die ich allmorgendlich vorfand und aufhob in einem Kasten (. . .)"[115]. *Ursula Ziehbart* fährt fort: „Was wäre aus mir geworden, wenn ich lesen und schreiben durch Schulmeisterei gelernt hätte, anstatt erwartungsvoll rote Zettel aus dem Herd zu holen, die zwar nicht für den ganzen Jahrgang 1921 geschrieben waren, aber für mich, die ich keinen Tag vergessen wurde und keinen Tag vergaß und nach diesen frühen Erfahrungen nicht aufhören werde, schreiben und lesen für den zartesten Austausch zu halten, der zwischen zwei Wesen möglich (. . .) ist" (*Ziehbart* 1976, 321).
Solche Anlässe, wie sie *Ziehbart* schildert, wird es im Raum der Schule selten geben. Trotzdem läßt sich die apostrophierte „Schulmeisterei" auf ein Minimum begrenzen, wenn sich Lehrer und Lehrerinnen mühen, die Motivation zum Lesen- und Schreibenlernen immer wieder zu entfachen anstatt sie der Methode wegen selbst zu zerstören; denn gelegentlich verzögern Lehrer und Lehrerinnen auch unabsichtlich durch ihr methodi-sches Vorgehen den Lernprozeß und tragen damit zur Langeweile der Schüler bei. Hier hilft nur beständiges Überdenken des eigenen Vorge-hens und ein genaues Beobachten der Lernfortschritte einzelner Kinder, damit diesen unter Umständen andere, für sie bessere Wege zum eigen-ständigen Weiterlernen gezeigt werden können. Wenn ihre Neugierde auf das Entschlüsseln der verschrifteten Sprache geweckt ist, dürfen ihnen keine Hemmschwellen methodischer Art in den Weg gelegt werden. Hier muß, im Sinne eines offenen Unterrichts, Raum gegeben werden für unterschiedliches Vorgehen. Da können täglich Botschaften zwischen einzelnen Schülern und der Lehrerin schriftlich ausgetauscht werden, da hilft ein Briefkasten im Klassenzimmer, in den adressierte Zettel gelegt werden, da werden an der Pinnwand Mitteilungen, Einladungen, Auffor-derungen ausgehängt, es werden Rätsel, einfache Kochrezepte oder Ba-

---

115 Ziehbart, Ursula 1976, 317 ff.

stelanleitungen aufgeschrieben und ausgetauscht, eigene Büchlein können gemalt, geschrieben, gestempelt oder gedruckt werden, Lieblingsbücher werden abschnittweise vorgelesen und zum Weiterlesen aufgestellt, Lese- und Schreibspiele können in den Unterricht einbezogen werden. Der Kreativität sind keine Schranken gesetzt. Erfindungsreiche Lehrer und Lehrerinnen[116] berichten von Gedichten, die die Kinder selbst verfaßt und mit besonders schöner Schrift aufgeschrieben haben, vom Gestalten von Initialen, von geschriebenen Sprachspielen, ja von Ausstellungen, die das Ergebnis eines Projektes zum Thema „Gestalten mit Schrift" sein können. Eine Lese- und Schreibecke mit vielen und vielerlei Büchern, Heftchen, Stiften, Blättern, Quartett- und Legespielen, mit Schreibmaschinen, Stempelkästen, und vielen anderen Medien schafft den äußeren Rahmen für solch ein eigenständiges Weiterlernen.

Es erfordert von jeder Lehrerin und jedem Lehrer anhaltendes Engagement und großen Einfallsreichtum, die Kinder nicht zu entmutigen und ihren Eifer nicht vorzeitig erlahmen zu lassen. Der Weg zum sicheren Lesen und Schreiben ist lang, und es hilft manchem Schüler, wenn ihm zwischendurch immer wieder gezeigt wird, was er schon erreicht hat, was ihm aber auch noch fehlt. Mit einem klaren Ziel vor Augen können Kinder die Anstrengungen leichter abschätzen, die bis zum Ende der Lernprozesse nötig sind. Zu diesem Zweck finden sich in manchen Fibeln Buchstaben- oder Wortleisten (Abb. 48), die auf das schon Gelernte

Abb. 48: Buchstabenzug aus der Fibel „Neue bunte Lesewelt" (Auf'm Kolk/Kuch 1992, 12).

verweisen. Im Klassenzimmer lassen sich Buchstabenbänder, -bäumchen oder -häuschen anbringen (Abb. 49), die durch die Leerräume auch auf die Anzahl der noch zu erlernenden Graphem-Phonem-Beziehungen hinweisen. Als beständige Motivation kann außerdem das regelmäßige Vorlesen aus Büchern durch die Lehrkraft oder ein Kind anreizen, weiterzu-

---

116 vgl. auch Krichbaum, Gabriele 1987

lernen, um so bald selbst Sicherheit und Unabhängigkeit beim Lesen zu erreichen.

Auch für den Schreibunterricht läßt sich betonen, wie wichtig ein immer wieder ermutigender Zuspruch für das Kind ist, denn dieses ist mit seinen Schreibfortschritten oft recht unzufrieden. Humor und spielerisches Üben können hier manche Enttäuschung und Entmutigung überwinden helfen. Schließlich wird es auch nötig sein, unter dem Gesichtspunkt der Motivierungshilfe solche Schreiblehrgänge auszuwählen, die reizvolle Schreibanlässe enthalten und Schreiben nicht auf bloßes Imitationslernen reduzieren[117]. Endlich müssen Lehrerinnen und Lehrer auch die Gefahr einer zeitlichen Überforderung beachten, um keinen Überdruß aufkommen zu lassen und damit zu riskieren, daß das schon Gelernte wieder durch Unachtsamkeit oder Unlust gefährdet wird[118].

5.4.4 Lernstandsdiagnose und ihre Konsequenzen

Wer ein bestimmtes Ziel erreichen will, wird nicht umhin kommen, sich immer wieder zu versichern, daß er auf dem richtigen Weg dazu ist. Wie

---

117 vgl. auch Kapitel 5.3.2
118 vgl. auch Kapitel 3.2.2

sich ein Wanderer an der Karte oder den Wegmarkierungen orientiert, braucht auch der Lernende Zeichen, die ihm signalisieren, wo er sich auf dem Weg zum Lernziel befindet.

Nun sind die Lernstandskontrollen oder -überprüfungen nicht zu unrecht in Verruf geraten, weil sie oft genug bei den Schülern Ängste auslösen, Unsicherheit verbreiten und auch Lehrerinnen und Lehrern Unbehagen bescheren. In der Regel führen Lernstandskontrollen zu einer Note, über deren pädagogische Fragwürdigkeit vielfach nachgedacht ist[119]. Die Argumente gegen die Ziffernbenotung brauchen hier nicht wiederholt zu werden, da sich der Verzicht auf Notengebung in den ersten Grundschuljahren zum Glück mehr und mehr durchgesetzt hat. Trotzdem kommen wir nicht umhin, von Zeit zu Zeit Lernstandsüberprüfungen durchzuführen. Sie sollen aber nicht in einer Note die Leistungen der Kinder festhalten, sondern als Diagnostikum gebraucht werden, um den Kindern auf ihren Lernwegen weiterzuhelfen.

Als Möglichkeiten zur Lernstandsdiagnose stehen für den ersten Lese- und Schreibunterricht sowohl standardisierte als auch nicht standardisierte Tests ebenso zur Verfügung wie lernzielorientierte Proben, die entweder Auskunft über die individuellen Leistungsfortschritte eines Kindes innerhalb einer bestimmten Zeit geben oder aber die Leistung eines Kindes im Verhältnis zur Eich-Stichprobe eines Tests festlegen lassen. So reizvoll es sein mag, gelegentlich die Lernleistungen der eigenen Klasse an denen der Eich-Stichprobe eines Tests zu messen, für den Lernfortschritt einzelner Kinder sind solche Überprüfungen bedeutungslos. Sinnvoll dagegen sind Verfahren, die eine Diagnose des Lernstandes erlauben, auf die hin sich der weitere Lernweg des Kindes ausrichten läßt.

Lernstandsdiagnose am Schulbeginn

Meiers hat für den „Lehrer, der Schulneulingen erstmals Leseunterricht erteilen soll", beispielsweise einen informellen Test zur Ermittlung von Leselernvoraussetzungen[120] entwickelt. Dieser ermöglicht es, schon in den ersten Schulwochen „die bei (...) Schülern vorhandenen unterschiedlichen Voraussetzungen, die zum Erwerb der Lesefähigkeit notwendig

---

119 Für viele andere mögen hier Ingenkamp, Karlheinz 1971 und Schwarzer, Christine 1981 stehen.

120 Meiers, Kurt: Informeller Test zur Ermittlung von Leselernvoraussetzungen bei Schulanfängern, hrsg. vom Arbeitskreis Grundschule e. V., Reutlingen 1971, überarbeitete Fassung 1981

sind", zu ermitteln[121]. Dabei wird überprüft, inwieweit Kinder schon in der Lage sind, gleiche optische Gestalten – auch bei unterschiedlicher Größe – zu erkennen, einen gegebenen Anlaut zu identifizieren oder einen Endlaut abzuhören (Abb. 50).

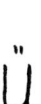     

Abb. 50: Beispiel aus dem Informellen Test zur Ermittlung von Leselernvoraussetzungen bei Schulanfängern (Meiers 1981)

Um die Ausgangslage der Schreibanfänger richtig einschätzen zu können, eignen sich kleine Aufgaben, die außer der visuellen Wahrnehmung die Seitigkeitsdominanz eines Kindes überprüfen, Auskunft über dessen Raum-Lage-Stabilität geben, den Grad der feinmotorischen Geschicklichkeit erkennen lassen und Hinweise auf die Auge-Hand-Koordination geben. Im Schreiblehrgang „Ich lerne schreiben"[122] sind dafür beispielsweise die in Abb. 51 dargestellten Aufgaben vorgesehen.

Die Anzahl der Punkte in den jeweiligen Kreisen sowie die Sicherheit der Strichführung bei der Gestaltung der Luftballons wird die Hand verraten, mit der das Kind sicherer arbeitet, auch wenn möglicherweise schon vor der Schule ein Linkshänder durch das Elternhaus auf die rechte Hand umgestellt worden ist. Weitere Beobachtungen des Kindes beim Auffädeln von Perlen auf eine Schnur, beim Ballfangen mit nur einer Hand, beim einhändigen Auf- und Zuknöpfen des Mantels, beim Umfüllen von Wasser aus einem Becher in eine Flasche und dergleichen Übungen mehr lassen die Hand erkennen, mit der ein Kind sicherer arbeitet und die deshalb gefördert werden sollte.

Die Überprüfung der Raum-Lage-Stabilität soll Auskunft darüber geben, ob ein Kind schon in der Lage ist, spiegelbildlich ähnliche Zeichen, beispielsweise M W, A V, n u, sicher zu unterscheiden. Diese Fähigkeit ist für den Lese- und Schreibprozeß unerläßlich und kann durch entsprechende Übungen gesteigert werden.

---

121 Meiers, Kurt: Beiheft mit Anleitungen, Auswertungstabellen und Testmaterialien zum informellen Test zur Ermittlung von Leselernvoraussetzungen bei Schulanfängern. Reutlingen 1981, 3

122 Gärtner, Hans, Gertraud E. Heuß, Marianne Liedel, Lehrerbegleitheft zu Ich lerne schreiben 1 (neu), München: Oldenbourg 1983 (2. Aufl.), 4 ff.

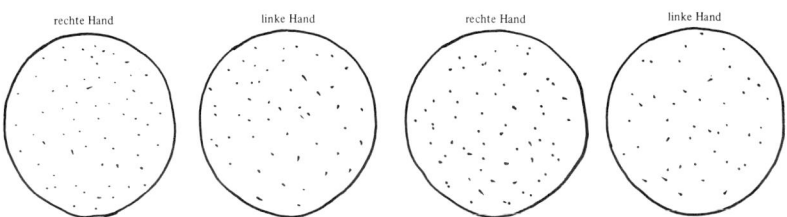

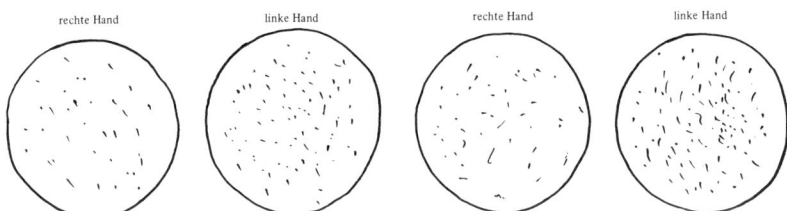

Male gleichzeitig mit beiden Händen Luftballons! (mit zwei gleichen Bleistiften.)

Abb. 51a

BBⱭBⱭB ppqpbp dddbbdd

Male die gleichen Buchstaben jeweils mit der gleichen Farbe aus !

LMUSWUSMLWUSL

Male die gleichen Buchstaben mit demselben Farbstift aus !

Abb. 51b

Verbinde die Punkte mit Strichen, laß keinen aus!

Abb. 51c

Abb. 51: Beispiele aus dem Schreiblehrgang „Ich lerne schreiben" zur Überprüfung der Ausgangslage eines Schreibanfängers. Es werden folgende Funktionen ermittelt:
a) Dominanz der Schreibhand, b) Raum-Lage-Stabilität, c) Auge-Hand-Koordination (Gärtner et al. 1983a, 5f.; 1983b, 4)

Die Aufgabe „Punktverbinden" läßt auf die Sicherheit der Auge-Hand-Koordination schließen bzw. gibt Auskunft über die feinmotorische Geschicklichkeit eines Kindes. Gelingt diese Aufgabe – wie im Beispiel – noch nicht richtig, so kann auch hier durch gezieltes Üben in der Regel rasch nachgeholfen werden.

Zur Information über den Stand der Sprachentwicklung, der motorischen Geschicklichkeit, der Konzentrationsfähigkeit, der visuellen Wahrnehmung und anderer, für den Lese- und Schreibakt notwendiger Funktionen, liegen für den Schulgebrauch eine Reihe von Tests vor, die aufzeigen helfen, wo die besonderen Stärken oder Schwächen eines Kindes liegen[123].

Die Überprüfung der Ausgangslage für den Lese- wie auch für den Schreibunterricht dient zunächst dem Zweck, Mißerfolgserlebnisse bei den Schulanfängern dadurch zu vermeiden, daß ihnen die Lehrkraft von Anfang an nur solche Aufgaben stellt, die sie erledigen können. Darüberhinaus liefern die Ergebnisse aber auch eine erste Orientierung für nötige individuelle Hilfen und geben Lehrerinnen und Lehrern die Möglichkeit, differenzierend zu unterrichten, indem die Kinder nach Leistungsstand zu Gruppen zusammengefaßt werden.

Lernstandsdiagnose während der beiden ersten Schuljahre

Um Lerngruppen nicht vorschnell zu fixieren, sie also offen und variabel zu halten, ist es unabdingbar, Lese- und Schreibfortschritte aller Kinder in bestimmten Intervallen zu überprüfen, damit die Gruppen leistungsgerecht neu formiert werden können. Jede schriftliche Aufzeichnung eines Kindes bietet dem Lehrer Gelegenheit, die Sicherheit der Strichführung, richtige Bewegungsabläufe, Zeilenführung, Buchstabengröße und -verbundenheit, aber auch den Fortschritt in der Orthographie bei den einzelnen Kindern zu beobachten und zu beurteilen.

Nicht ganz so einfach lassen sich aber Lernfortschritte oder auch Lücken beim Lesenlernen erkennen. Hier sind diagnostische Hilfen nötig, die nach bestimmter Zeit über den Lernstand der Kinder Aufschluß geben. Solche Hilfen können beispielsweise die in einzelnen Leselehrgängen eingeplanten Lernstandskontrollen sein, mit denen die bis dahin gelernten Fähigkeiten und Fertigkeiten überprüfbar sind (Abb. 52).

---

123 Tests für die Hand des Lehrers sind über die Beltz Test Gesellschaft, Postfach 11 20, 6940 Weinheim, zu beziehen.

Abschlußkontrolle,

Inhaltsfragen zu Aufgabe 1

Name

Lies die Geschichte noch einmal leise durch.
Versuche dir möglichst viel zu merken.

Die folgenden Fragen und die möglichen Antworten liest dir der Lehrer vor.
Du kannst sie gleich mitlesen. Nach jeder Frage hast du Zeit,
im Kästchen die Antworten anzukreuzen, die richtig sind.

1. Wovon ist in der Geschichte erzählt?

von einer lustigen Reise ☐
von einem Unfall ☐
von einem Streit mit der Polizei ☐

2. Welche Personen sind in der Geschichte genannt?

Oma ☐ Polizei ☐
Vater ☐ Arzt ☐
Opa ☐

3. Wo ist der Unfall passiert?

auf einem Waldweg ☐
auf einer Autobahn ☐
vor einer Straßenkreuzung ☐
auf einer Brücke ☐

4. Wann ist der Unfall passiert?

im Winter ☐ im Frühling ☐
im Sommer ☐ im Herbst ☐

Abb. 52: Beispiel einer Lernstandskontorlle (Pregel 1983, Blatt 14)

Der Nachteil solcher Lernstandskontrollen liegt allerdings darin, daß sie sich auf den Lesestoff und den Aufbau allein der Fibel beziehen, der sie beigegeben sind, und nicht auf andere Texte übertragen werden können. Hat nun ein Kind Lernlücken, dann wird es an dem bekannten Material der entsprechenden Fibel entweder wiederholen oder zusätzlich üben müssen. Hier könnte Lernunlust aufkommen, die sich vermeiden ließe, wenn andere Materialien zum Schließen der Lernlücken herangezogen würden. Solch eine Möglichkeit bieten beispielsweise die „8 Serien zur Prozeßdiagnose sinnverstehenden Lesens im 1./2. Schuljahr" von *Kalb*, *Rabenstein* und *Rost*. Hier liegt ein fibelunabhängiges Diagnose- und Trainingsprogramm vor, das aufzeigt, „in welchen Bereichen des Leselernprozesses Schüler besonders förderungsbedürftig sind"[124]. Mit acht verschiedenen Aufgabentypen, angefangen vom Zuordnen von Bild und Wort bis zum Ankreuzen von Antwortsätzen auf Textfragen, kann ein Lehrer die Fähigkeiten seiner Schüler überprüfen und mit den beigegebenen Trainingsaufgaben die festgestellten Lücken schließen (Abb. 53).

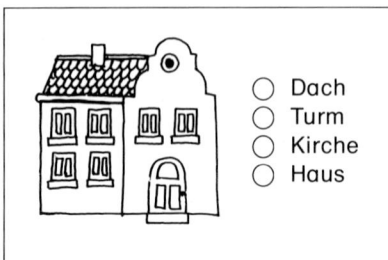

Abb. 53: Beispiele aus „Lesen und Verstehen" (Kalb/Rabenstein/Rost 1979, Übungsserie D1/A; D5/A; D6/A; D7/A)

---

124 Kalb, G., R. Rabenstein, D. H. Rost: Lesen und Verstehen. (Anleitungsheft) 1979, 4

Konsequenzen für den Unterricht

Die Konsequenzen einer Lernstandsdiagnose, das wurde schon mehrfach betont, sollten nicht vorschnell zur Bewertung der Schülerleistung und damit zur Selektion der Kinder in Leistungsstarke und -schwache führen. Damit ist den Kindern wenig geholfen. Die pädagogische Antwort auf Lernstandsdiagnosen liegt dagegen in einem Unterricht, der es jedem Kind ermöglicht, das zu üben und nachzuholen, was es für seinen Lernfortschritt braucht. Für den Bereich Erstlesen/Erstschreiben bieten sich dafür Möglichkeiten im differenzierenden und auch – in Grenzen – offenen Unterricht an.

Die innere Differenzierung einer Klasse kann sowohl für den Lese- als auch den Schreibunterricht nach unterschiedlichen Gesichtspunkten vorgenommen werden. Beim Lesen bietet es sich an, die Gruppen zunächst nach Leistungsvermögen zu formieren, das heißt beispielsweise, die Kinder, die schon lesen können, vom Lehrgang zu befreien und ihnen eigene Lektüre anzubieten. Daß hierzu ein großer Vorrat an Bilder- und Kinderbüchern, u. U. auch an anderen Fibeln nötig ist, um den unterschiedlichen Interessen und Leistungsfähigkeiten gerecht zu werden, wurde schon erwähnt[125]. Kinder, die ein Buch selbständig durchgelesen haben, können dieses der Klasse vorstellen, darüber berichten, was ihnen besonders gefallen hat oder was sie nicht verstanden haben. Auf diese Weise wird auch die Lesemotivation der anderen immer wieder geweckt, weil sie neugierig auf die Lektüre werden. Eine zweite Gruppe kann sich mittlerweile anhand der Lehrervorgaben mit Arbeitsblättern einer Fibel beschäftigen, einen Lesetext einüben oder Lesespiele zur Wiederholung und Festigung des Gelernten durchführen. Dadurch bleibt der Lehrkraft Zeit, sich mit einer dritten Kindergruppe direkt zu befassen, um mit dieser all das zu üben, was für diese Kinder besonders nötig ist. Die Gruppeneinteilung wird sich je nach Leistungsfortschritt der einzelnen Kinder so lange ändern, bis schließlich alle in der Lage sind, selbständig größere Texte zu lesen.

Beim Schreiben kann die Größe der Kinder oder ihr Arbeitstempo neben der graphomotorischen Geschicklichkeit ausschlaggebend für die Zuordnung zu einer Gruppe werden. Die richtige Anpassung des Schulgestühls an den Körper ist nötig, um Haltungsschäden zu verhindern. Der Grad der graphomotorischen Geschicklichkeit kann über die Tätigkeiten der

---

125 vgl. Kapitel 5.3.1

Kinder entscheiden: Während die einen sich noch im Ausmalen und Nachfahren großflächiger Zeichen mit Buntstiften üben, können andere schon mit anderen Materialien schreiben. Auch hier wird sich die Gruppenzugehörigkeit einzelner Kinder aufgrund der häufigen Übungen immer wieder verändern.

Offener Unterricht wird sich dort ergeben, wo es Lehrerinnen und Lehrer verstehen, die Zuordnung einzelner Kinder zu Gruppen mehr und mehr den Kindern selbst zu überlassen. Der Weg von der gelenkten Zuordnung zum eigenverantwortlichen Handeln eines Kindes ist oftmals kurz. Je besser es die Lehrkraft versteht, sich zurückzunehmen und die Lese- und Schreibanfänger sich selbst den angemessenen Gruppen zuordnen zu lassen, um so eher wird sich der Unterricht öffnen und den Kindern die Möglichkeit geben, sich auf ihre Weise Schrift zu erschließen. *Sünkel* behauptet zurecht, „der erste Schritt zur Öffnung geschieht auf der Erzieherseite (...) gleichsam als die Selbstöffnung des Erziehers. Sie ist die notwendige Voraussetzung alles weiteren" (*Sünkel* 1990, 304). Allerdings warnt er auch vor falschem Verständnis des offenen Unterrichts, denn „Situationen können nicht offen bleiben, wenn Prozesse in Gang kommen sollen" (*Sünkel* 1990, 299). Verantwortungsbewußte Lehrer und Lehrerinnen müssen daher immer wieder überprüfen, was sie den Kindern selbst überlassen können und wo sie einzugreifen haben. Das Lernen von Bewegungsabläufen beim Schreiben, richtige Körper- und Stifthaltung, orthographisches und grammatisches Wissen bedarf der Vermittlung durch Lehrerinnen und Lehrer. Dagegen können den Kindern Freiräume hinsichtlich der Schreibanlässe, der Inhalte, der Lesetexte und -zeiten, der Anzahl von Wiederholungen und der Verwendung von Materialien eingeräumt werden. Die Aufgabe der Lehrkraft wird es bleiben, jedem Kind zu helfen, das zu finden, was für seinen Lernzuwachs nötig ist. Sie muß durch das Bereitstellen von Materialien und Aufgaben die Voraussetzungen schaffen, daß jedes Kind seinem augenblicklichen Lernstand entsprechend arbeiten kann. Während die einen beispielsweise anhand einer Wörterkartei den Grundwortschatz üben, „sammeln" andere ihre Lieblingswörter und schreiben sie in verschiedenen Schriften auf; während die einen schwierige Buchstabenverbindungen üben, versuchen andere, in Zeilen richtig zu schreiben; während die einen einen Fragebogen zusammenstellen und ihn von anderen Mitgliedern der Gruppe ausfüllen lassen, erfinden die anderen freie Geschichten, notieren einen Traum oder ein anderes persönliches Erlebnis; während die einen Begleittexte zu gemalten Bildern schreiben, beschriften andere ihre Schulutensilien mit dem eigenen Namen. Die Beispiele lassen sich fast beliebig fortführen. Entscheidend bleibt nur, daß Lehrerinnen und Lehrer alle möglichen Lernwege überschauen und souverän entscheiden, ob und wann einem Kind weitergeholfen werden muß. Welche Möglichkeiten sich beispielsweise anbieten, die phonematische Bewußtheit anzubahnen, Sprache zu lernen, ein Verständnis für den Symbolcharakter der Buchstabenschrift zu entwickeln, feinmotorische Geschicklichkeit anzuregen, den Lernwillen aufrecht zu erhalten und den Kindern auf dem Weg zur Entschlüsselung der Schrift zu helfen, wurde schon mehrfach erwähnt und braucht hier nicht wiederholt zu werden[126].

5.4.5 Die Bewertung der Schülerleistungen

Viele Lehrerinnen und Lehrer sind heute dankbar, daß sie zumindest in den ersten beiden Schuljahren vom Benoten der Lese- und Schreibleistungen ihrer Schüler weithin befreit sind. Wortgutachten sind an die Stelle der Noten getreten und ermöglichen eine sehr viel differenziertere Beurteilung der Lernfortschritte einzelner Kinder als dies durch Noten möglich ist.

Was sollte auch bei Schriften benotet werden? „Soll man den Fleiß belohnen, den ein Kind auf die Gestaltung und Ausführung seiner schriftlichen Arbeiten legt, soll die möglichst normgetreue Wiedergabe der Vorlagen mit Lob bedacht werden? Wie kann man einem Kind gerecht werden, das zwar ‚wie gestochen‘ schreibt, dafür aber unangemessen viel Zeit beansprucht?“ (*Heuß* 1988, 26.) Bei einer Untersuchung fanden 12 voneinander unabhängig urteilende Lehrerinnen bei der Begutachtung von 40 Schülerschriften zu keinem einheitlichen Maßstab[127]. Keine einzige Schrift wurde von allen Lehrerinnen gleich bewertet. Für 13 Schriften ergab sich eine Notenstreuung über zwei Notenstufen, 24 Schriften wurden dreierlei Noten zugeordnet und drei Schriften wurden gar mit vier verschiedenen Ziffern bewertet. Wenngleich dieses Ergebnis statistisch nicht überraschen mag, ist es doch für ein Kind von erheblicher Bedeutung, ob seine Schrift mit „3“, „4“, „5“ oder gar „6“ benotet wird.

---

126 vgl. dazu auch Frostig, Marianne und Phyllis Maslow: Lernprobleme in der Schule. Stuttgart (Hippokrates) 1978 (bes. Kap. IV); Heuß, Gertraud, E.: Vorschule des Lesens. München (Oldenbourg) 1980 (3. Aufl.)

127 40 Schülerschriften aus einem zweiten Schuljahr wurden im Februar 1981 von 12 Münchner Grundschullehrerinnen anhand der herkömmlichen Notenskala bewertet. Es handelte sich nur um erfahrene Lehrkräfte, deren Alter zwischen 40 und 65 Jahren lag.

Es darf wohl zurecht bezweifelt werden, ob ein ähnlicher Vergleich der spontanen Benotung von Leseleistungen bei Schulanfängern zuverlässigere Ergebnisse ergeben hätte. Ziffernzensuren liefern „keine objektive Beurteilung von Schülerleistungen (...), sondern (erwecken) nur den Schein einer weitgehend verläßlichen Urteilsinstanz", wie *Benner* und *Ramseger* (1985, 152) unter Berufung auf umfangreiche empirische Untersuchungen feststellen. Wenn man bedenkt, wie schnell sich gerade Lernanfänger entmutigen lassen, wenn ihre Anstrengungen nicht zu der erhofften Note führen, ist es nur sinnvoll, auf die Ziffernbenotung zu verzichten.

Was tritt aber an ihre Stelle? Mancher Lehrer und manche Lehrerin sind hilflos, wenn sie auf die bisher geübte Praxis der Ziffernbenotung verzichten müssen und die Lernleistungen ihrer Schüler in Worten ausdrücken sollen. So fanden *Benner* und *Ramseger* (1985), daß einige Lehrkräfte die Ziffern im Wortgutachten mehr oder weniger umschreiben. Wenn es da beispielsweise heißt, „B. hat im Leselernprozeß zufriedenstellende Leistungen erbracht (...) Im übrigen hat sie ein gutes Schriftbild" (*Benner/ Ramseger* 1985, 156), so interpretieren Eltern die Leistungen des Kindes als „3" bzw. „2", und es ist im Vergleich zur Ziffernbenotung wenig gewonnen. Eltern können aus solchen Aussagen nicht erkennen, wie es um die spezifische Leistung ihres Kindes steht. Außerdem wird in solchen Zeugnisbemerkungen deutlich, daß Lehrerinnen oder Lehrer die Leistungen einzelner Kinder nicht an deren Möglichkeiten, sondern lediglich an einer von außen gesetzten Norm messen. Nichts wird über die Anstrengung eines Kindes gesagt, die es im Verlauf des Schuljahres gezeigt hat, nichts über mögliche Rückschläge und Fortschritte auf dem Weg zum Ziel.

Aussagekräftiger und für Eltern und Kinder hilfreicher sind dagegen Wortgutachten mit deskriptivem Charakter, die zu beschreiben versuchen, was das einzelne Kind aufgrund seiner Vorkenntnisse und seiner Leistungsbereitschaft in einem bestimmten Lernfeld erreichen konnte. Da steht zum Beispiel über einen Jungen, dessen Lesefertigkeit gute Fortschritte gemacht hat: „Er betont den Sinn richtig, trägt aber den Text noch leicht stockend vor. Er konnte sich zum Text äußern und zeigen, daß er ihn verstanden hat. Inzwischen schreibt er geübte Texte mit nur wenigen Fehlern (...) Beim Worttraining war er zu abgelenkt, um das sichere Einprägen zu üben (...)" (*Benner/Ramseger* 1985, 164). Solchen Aussagen geht ein sehr sorgfältiges Beobachten einzelner Kinder in unterschiedlichen Situationen voraus. Lehrer und Lehrerinnen müssen sich genau aufzeichnen, was sie beobachten, ohne das Registrierte gleich zu bewerten. Sie brauchen auch eine exakte Vorstellung über operationalisierte Ziele, die in den beiden Lernbereichen Erstlesen und Erstschreiben anzustreben sind. Laut-Buchstaben-Verbindungen beherrschen, selbständig neue Lesewörter erlesen, den Stift richtig halten, geübte Wörter sicher und zügig schreiben, nach unbekannten Wörtern fragen, kleine Texte selbständig erstellen, dies sind nur einige Beispiele beobachtbarer Teilleistungen auf dem Weg zum Lesen- und Schreibenkönnen. Insofern die Formulierungen im Zeugnis in der Vergangenheitsform stehen, beziehen sie sich auf bestimmte Lernsituationen und erwecken nicht den Eindruck der Verallgemeinerung.

Noch vorteilhafter als das deskriptive Zeugnis ist ein Entwicklungsbericht, aus dem sich der bisherige Verlauf der Lernleistungen der Kinder entnehmen läßt. *Benner* und *Ramseger* (1985) sehen im Entwicklungsbericht unter anderem folgende Vorteile: Er „schildert Prozesse und beurteilt nicht lediglich Resultate von Lernbemühungen (. . .)"; er „beschreibt Lernsituationen als Lebenssituationen der Kinder, in denen sich diese entfalten und entwickeln, und verweist damit auf die Verantwortung der Schule, solche Situationen auch bereitzustellen" (*Benner/Ramseger* 1985, 165). Hier hinterfragt ein Lehrer oder eine Lehrerin den eigenen Lehrstil im Hinblick auf die Fortschritte eines Kindes, mißt also nicht nur an von außen gesetzten Normen, sondern überlegt, ob vielleicht die Lernangebote der Schule nicht ausgereicht haben, um dem einen oder anderen Kind zum Erfolg zu verhelfen. Aus solchen Berichten wird auch deutlich, weshalb ein Kind seine Leistungen verändern konnte. Es wird also begründet und erklärt, wie aus dem folgenden Beispiel hervorgeht: „Sein anfängliches Ausweichverhalten baute er langsam ab, als er kleine Sätze erlesen konnte und seine Lesefähigkeit im Spiel und bei der Klärung von Sachfragen anwenden lernte. Er ist jetzt in der Lage, kurze zusammenhängende Texte zu erlesen und zu verstehen. F. entwickelte seinen Schreibstil langsam, vorsichtig und manchmal etwas verkrampft. Bald aber konnte er Buchstaben formen, und Wortverbindungen gelangen ihm fast fehlerfrei (. . .) Über sein Sachinteresse sollte noch bewußter versucht werden, ihm die sogenannten Kulturtechniken anzubieten als einen Weg, weitere Informationen einzuholen" (*Benner/Ramseger* 1985, 166). Solch ein Bericht läßt Eltern nachvollziehen, wie sich ihr Kind entwickelt hat. Er schenkt auch Einblick in den Unterrichtsstil von Lehrern und Lehrerinnen, die Kindern Lernangebote machen und ihnen Zeit lassen, das für sie Nötige daraus zu entnehmen. In solchen Wortgutachten wird Beobachtetes festgehalten und nicht in fragwürdigen Prognosen, im Sinne von „verspricht ein tüchtiger Leser zu werden", über die Zukunft des Kindes spekuliert.

Da Schulzeugnisse zunächst für Eltern und Erzieher der Kinder geschrieben sind, können Erstkläßler selbst den Inhalt in der Regel weder lesen noch verstehen. Dies ist deshalb bedauerlich, weil sie ganz selbstverständlich neugierig sind zu erfahren, was über sie und ihre Leistungen aufgeschrieben ist. Manche Lehrer und Lehrerinnen nehmen sich daher die Zeit, Kindern zusätzlich zum Zeugnis noch einen Brief zu schreiben, der diesen in ihrer Sprache verdeutlicht, was bisher besonders gelungen ist und was noch verbessert werden könnte.

5.4.6 Lese- und Schreibstörungen und ihre Behandlung

Gestörte Schriften

Jeder Mensch hat seine eigene Handschrift, die ihn ebenso unverwechselbar ausweist wie seine Stimme, seine Mimik, seine Gestik. Deshalb ist es schwierig, festzulegen, was für einen Menschen als „normal" und was als gestört gelten soll. Schon bei der Frage der Schriftbewertung mußte darauf hingewiesen werden, daß es fast unmöglich ist, Kriterien zu bestimmen, an denen Schriften gemessen und verglichen werden können. Nicht minder schwierig ist es, eine Schrift als gestört einzustufen. An welchen Merkmalen können sich Lehrerinnen und Lehrer orientieren? Es gibt große und kleine, enge und weite, unverbundene und verbundene, steile und schräge, leicht und schwer lesbare Schriften, die alle gestört oder nicht gestört sein können. Dieser erste Ordnungsgesichtspunkt hilft hier nicht weiter. Man muß sich das Schriftbild genauer anschauen und Ausschau halten nach Verklecksungen, Überschreibungen, Druckschwankungen und -stockungen, nach unrhythmischer Abfolge der Zeichen, Vereckungen oder Verbiegungen einzelner Zeichen, nach ungleichmäßigen Abständen zwischen Buchstaben, Wörtern und Zeilen oder nach dem schwankenden Gleichmaß der Schreibrichtung. *Liedel* (1979) sieht erste Hinweise auf gestörte Schriften auch in einem unverhältnismäßig hohen Zeitaufwand, den Kinder auf ihr Schriftstück verwenden, ohne daß dieses dann als geglückt bezeichnet werden könnte. *Gestörte Schriften liegen* nach *Liedels* Verständnis *dann vor, wenn es mißlingt, in einer angemessenen Zeit gut lesbar unter Verwendung zweckmäßiger Bewegungsabläufe zu schreiben* (Abb. 54).

Buchstabenform: richtig? eindeutig? vollständig? Verformungen? Verschreibungen? Ausbesserungen? Knicke, Ecken?

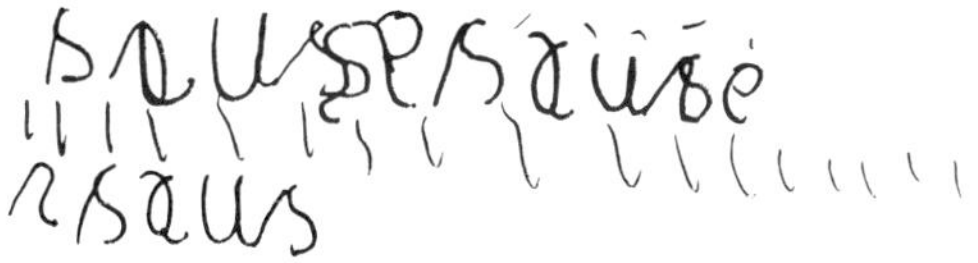

Buchstabengröße: extrem groß oder klein? Schwankungen innerhalb der Zeilen, Wörter oder Buchstaben? Veränderung der Proportionen zwischen Mittelband, Ober- und Unterlängen?

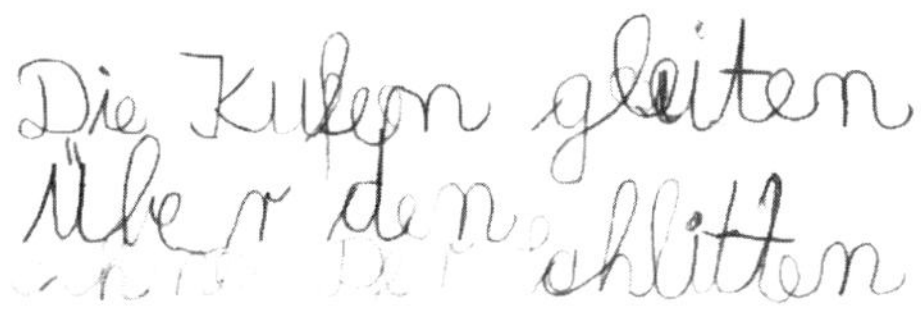

Raum: Zeilenrichtung fallend, steigend, unregelmäßig? Wortabstände und Buchstabenabstände weit, eng, unregelmäßig? Zeilenabstände eng, weit, überschneidend, unregelmäßig? Rand links, rechts, oben, unten?

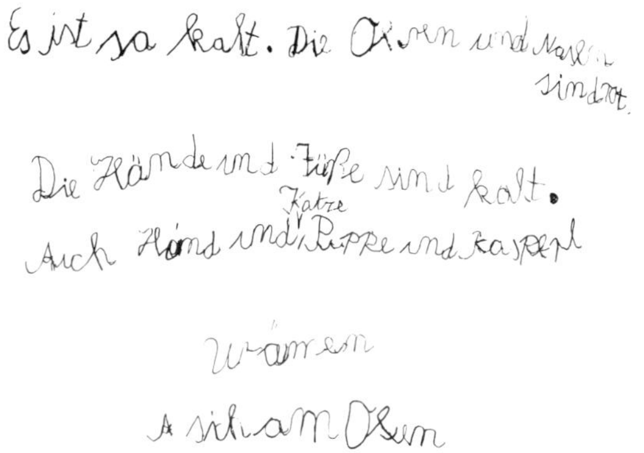

Abb. 54: *Gestörte Schriften (Liedel 1979, 197)*

Wenn nun die Schrift weder den Erwartungen des Kindes noch denen des Lehrers oder der Lehrerin entspricht, muß nach Möglichkeiten gesucht werden, dem Kind zu helfen. Zuerst wird in solchen Fällen zu klären sein, ob möglicherweise organische Defekte ursächlich verantwortlich zeichnen. Kurzsichtigkeit, Astigmatismus und andere Sehschäden können die Auge-Hand-Koordination empfindlich stören und damit ein entsprechendes Schriftbild veranlassen. *Reinartz* (1979) verweist auf mögliche Wahrnehmungsdefekte im visuellen Bereich, wie gestörte Figur-Grund-Wahrnehmung oder Störungen in der Wahrnehmungskonstanz, was dann zu Verwechslungen bei der Lage der Buchstaben oder der Buchstabenformen führen könnte. Auch der Bewegungsapparat insgesamt könnte gestört sein, wenn es sich um leichte Fälle von spastischen oder anderen motorischen Störungen handelt, die bis dahin nicht erkannt worden sind (*Blöcher* 1981). Hier müssen Ärzte um Rat gefragt werden. Während die Schriften der Kinder, die an oben erwähnten organischen Krankheiten leiden, immer gestört wirken, lassen sich bei anderen Schülern gelegentlich situative Veränderungen beobachten, beispielsweise dann, wenn ein Kind müde ist oder sich eine Krankheit ankündigt. Hier können Lehrerinnen und Lehrer helfen, indem sie die Schreibaufgaben für solche Kinder vorübergehend reduzieren.

Schwieriger wird es, wenn psychische Faktoren ein Kind beim Schreiben dauernd beeinträchtigen. Angst oder Unsicherheit, Aggressivität, innere Unruhe, Ungeduld, alles wirkt sich auf das Schriftbild aus und enttäuscht Kinder ebenso wie Lehrer. Hier kann im Rahmen der Schule der Unterrichtsrhythmus neu überdacht werden, der den Wechsel zwischen Anspannungs- und Entspannungsphasen bestimmt. Möglicherweise hilft es manchem Kind, wenn es sich vor einer Schreibaufgabe entspannen darf, sei es im Meditieren, im Spiel, beim Musikhören oder in einer anderen Tätigkeit, die es beruhigt.

Schließlich ist es auch unverzichtbar, daß Lehrerinnen und Lehrer sich selbst und ihr methodisches Vorgehen immer wieder hinterfragen. Ungeduldige oder gleichgültige Einstellungen dem Schreiben gegenüber, eine eigene Tafelschrift, die nicht als Vorbild taugt, unüberlegtes Ansetzen einer Schreibaufgabe etwa nach einer Turnstunde, wo sich die Kinder motorisch erregt haben, lösen bei manchen Kindern Schriftstörungen aus. Oftmals ist Kindern schon geholfen, wenn sie sich etwas mehr Zeit zu einer Schreibaufgabe lassen können oder wenn ihnen andere Schreibmaterialien angeboten werden. Für das Kind interessante Schreibübungen werden dieses eher veranlassen, sich Mühe zu geben, als wenn ihm nur einförmiges Üben abverlangt wird.

Der Schreibunterricht selbst kann immer wieder zur Hilfe bei Schriftstörungen herangezogen werden. Zunächst lassen sich am Tageslichtprojektor vergrößerte Fehlformen zeigen, besprechen und vor den Augen der Kinder verändern. Hier kann die richtige Bewegungsführung vorgemacht werden, hier können Buchstabenformen und -größe gezeigt werden. Fallen einem Kind bestimmte Buchstaben schwer, so sollte es an die Grundschwünge[128] erinnert werden, aus denen heraus sich diese Buchstaben ergeben:

a, o, g aus der Ovale,

m, n, i, t, u, U, w, W, v, V aus der Arkade bzw. Girlande,

z, Z, L aus dem Achterschwung,

um nur einige Beispiele zu nennen. Wenn dann dem Schreiber immer noch nicht geholfen ist, sollte daran gedacht werden, daß es einfachere Formen als die Lateinische Ausgangsschrift gibt, etwa die Vereinfachte Ausgangsschrift oder die Schulausgangsschrift der ehemaligen DDR, deren Formen den Druckbuchstaben ähnlicher sind als die der Lateinischen Ausgangsschrift, die sich leichter schreiben lassen als jene und die auch beim schnellen Schreiben formstabiler bleiben.

Lese- und Rechtschreibstörungen

Ebenso wie beim Schreiben stellen sich auch beim Lesenlernen immer wieder Störungen ein. Es wird sich kaum eine Schulanfängerklasse finden, in der es keine Kinder mit Lese- und Schreibstörungen gibt. Häufige Verlesungen, ein verlangsamtes Lesetempo, Unverständnis für das Gelesene lassen sich bei manchen Kindern ebenso beobachten wie das Unvermögen, Wörter im Setzkasten richtig zu setzen oder sie fehlerfrei von der Tafel abzuschreiben. Hier kündigt sich ein weiteres Störmoment an: die Rechtschreibstörung. Nun ist es bei unserer wenig lauttreuen Verschriftung der Sprache und der uneinheitlichen Regelung der Orthographie durchaus nicht ungewöhnlich, daß sich da und dort immer wieder Fehler beim Ab- und Aufschreiben einstellen. Ebenso ist es selbstverständlich, daß ein Lesenlernender gelegentlich Schwierigkeiten hat, ein ihm fremdes Wort zu entziffern. Unterschiede ergeben sich nur in der Häufigkeit der Verlesungen oder Verschreibungen und in der Art, wie Kinder darauf reagieren. Während die einen ihre Fehler meist schnell erkennen und zu verbessern suchen, bemerken sie andere Kinder überhaupt nicht, oder sie

---

128 vgl. Abb. 38, S. 102

lassen es sich nicht anmerken, daß sie beim Abschreiben oder Nachschreiben einzelner Wörter und Sätzchen unsicher sind. Sie verweigern dann entweder die erwartete Leistung oder lenken geschickt ab. Wieder andere Kinder wissen ebenfalls um ihr Unvermögen, gehen schon mit Unbehagen an die gesetzten Aufgaben heran und trauen sich eine selbständige Lösung erst gar nicht zu.

Fallen Kinder durch regelmäßige Fehlleistungen auf, so bedürfen sie der besonderen Fürsorge durch Lehrerinnen und Lehrer. Zunächst einmal wird, wie bei gestörten Schriften auch, zu überprüfen sein, ob das betreffende Kind richtig sieht und gut hört. Visuelle oder auditive Wahrnehmungsschwächen können sich auf den Lese- und Schreiblernprozeß sehr nachteilig auswirken, sind solche Kinder doch behindert, die zu lernenden Schriftzeichen richtig zu erkennen oder die Laute der gesprochenen Sprache deutlich abzuhören. Auch sprechmotorische Störungen können die Lese- und Schreibfähigkeit nachteilig beeinflussen. Wenn aber durch den Arzt keine Organschäden festgestellt werden können, sollten Lehrerinnen und Lehrer zunächst die Ursachen für das Versagen des Kindes bei sich selbst und ihrer Methode suchen. Möglicherweise wurde nicht sorgfältig genug überprüft, über welche Lernvoraussetzungen ein Kind verfügt. Es könnte auch übersehen worden sein, daß Lernlücken vorhanden sind, etwa, weil für dieses Kind zu schnell vorgegangen worden ist. Möglicherweise aber wurde auch zu langatmig und uninteressant gelernt und geübt, so daß das Kind abgeschaltet und dann versäumt hat, zum richtigen Zeitpunkt wieder aufzumerken. Nicht selten wird auch zu einseitig kognitiv unterrichtet, ohne daß andere Sinneskanäle in die Aufnahme des zu Lernenden einbezogen werden. Wer es sich zur Aufgabe macht, sein Lehrverhalten kritisch zu überdenken, wird möglicherweise da und dort schon Ansatzpunkte für Hilfen finden.

Trotzdem wird es immer wieder Kinder geben, die bei allem Engagement der Lehrerin oder des Lehrers im Lesen und Rechtschreiben versagen. Daß dies auch Kinder mit sonst durchschnittlichen bis guten Leistungen treffen kann, wissen wir aus der Legasthenieforschung[129]. Ihre Schwäche tritt erst dann in Erscheinung, wenn sie Lesen und Schreiben erlernen. Betroffene Kinder und auch deren Eltern sind daher in der Regel unvorbereitet und werden unerwartet mit der Lernstörung Legasthenie oder Lese-Rechtschreibschwäche konfrontiert. Welche psychischen Irritationen es für Kinder bedeutet, die im vorschulischen Leben möglicherweise

---

129 vgl. bes. Grissemann, Hans 1986 und Hasler, Herbert 1991

kaum Schwierigkeiten beim Erlernen bestimmter Fertigkeiten und Fähigkeiten hatten, kann nur annähernd nachvollzogen werden. Es liegt nahe, daß solche Kinder häufig zu Mutlosigkeit neigen, an sich selbst zu zweifeln beginnen, verunsichert und ängstlich oder aber aggressiv und unangepaßt reagieren. Oftmals wird das Erleben des eigenen Versagens noch durch spöttische Bemerkungen der Klassenkameraden oder durch unverständiges Reagieren der Eltern verstärkt. Diese berichten dann von Schulangst ihrer Kinder, die sich als körperliche Beschwerden wie Übelkeit, Erbrechen, Kopfweh, nächtlichen Schlafstörungen oder aber im Nägelkauen äußern kann. Bis dahin unauffällige Kinder werden plötzlich zu Problemfällen. Je länger solch ein Kind in seiner Hilflosigkeit allein gelassen wird, um so nachhaltiger können sich seine Verhaltensauffälligkeiten und -störungen verfestigen. Solchen Kindern sollte daher so schnell wie möglich geholfen werden.

Grundsätzlich sollten sich Lehrerinnen und Lehrer darüber im klaren sein, daß sie zwar nicht die Ursachen, wohl aber die Symptome angehen können. *Scheerer-Neumann* (1981) empfiehlt daher, die früher geübte Praxis aufzugeben, in der für jede vermutete Störung einer psychophysischen Teilfunktion bestimmte Übungen angeboten wurden. Waren Lehrerinnen und Lehrer beispielsweise davon überzeugt, daß es sich bei einem Kind um eine auditive oder visuelle Leistungsschwäche handle, wurden dem Kind überwiegend Übungen zur akustischen bzw. optischen Wahrnehmungsdifferenzierung gegeben. Solches Vorgehen ist sicher dann sinnvoll, wenn aus der Diagnose mit großer Wahrscheinlichkeit auf die Störung einer bestimmten Teilleistung geschlossen werden kann. Da die Diagnosemöglichkeiten im Rahmen der Schule aber recht begrenzt sind, werden Lehrerinnen und Lehrer in den seltensten Fällen die richtigen Maßnahmen treffen können. Es kommt hinzu, daß der Prozeß des Schriftspracherwerbs heute sehr viel integrativer als früher aufgefaßt wird[130]. Von daher wird es verständlich, daß in der Praxis der Legasthenikerbetreuung jene Trainingsprogramme am erfolgreichsten waren, „die im wesentlichen den Erstlese- und Rechtschreibunterricht" wiederholten (*Scheerer-Neumann* 1981, 187). Demnach stellt sich den Lehrern und Lehrerinnen die Aufgabe, ihren Erstlese- und Schreibunterricht genau zu analysieren und zu beobachten, unter welchen Bedingungen Kinder dabei versagen.

Dazu wird es nützlich sein, sich die einzelnen Lernstufen und -schritte der

---

130 vgl. dazu Brügelmann, Hans und Heiko Balhorn (Hrsg.) 1990

gewählten Lehrgänge zu vergegenwärtigen[131] und sorgfältig zu prüfen, wo unter Umständen zu wenig geübt und wiederholt wurde. Bei methodenintegrierenden Verfahren kommt es ganz wesentlich auf das Üben von Superzeichen oder „Signalgruppen" (*Warwel* 1965) an, sobald die Voraussetzungen dazu geschaffen sind. Es kann aber auch sein, daß lese-rechtschreibschwache Kinder Schwierigkeiten beim Aufbau ihres Symbolverständnisses für die geschriebene Sprache haben. *Günther* (1986, 1989) verweist mit Nachdruck darauf, wie wichtig die präliteral-symbolische Phase für den Erwerb der Lese- und Schreibfähigkeit ist[132]. Wenn sich hier Lücken finden, sollten sie durch entsprechende Übungen nachträglich geschlossen werden[133]. *Schneider* (1989), *Troßbach-Neuner* (1992) und *Wimmer* et al. (1991) betonen die Notwendigkeit eines phonematischen Trainings, das heißt, es kann gar nicht oft genug im Spiel versucht werden, Sprache auf ihre Lautung und Segmentierungsmöglichkeiten hin abzuhören. *Grissemann* (1986) schließlich verweist auf einen umfassenden, anregenden Sprachunterricht ganz allgemein als unverzichtbare Voraussetzung für das Erlernen der Schriftsprache.

5.5 Zusammenfassung

Trotz vieler materieller Vorgaben, normativer Bestimmungen und situativer Notwendigkeiten im Erstlese- und -schreibunterricht bleiben für Lehrerinnen und Lehrer noch viele Entscheidungsmöglichkeiten offen, um diesen Unterricht nach eigener Verantwortung zu gestalten. Dabei werden den Kindern Haltungen, Einstellungen und Fertigkeiten vermittelt, die weit über das Lesen- und Schreibenlernen hinausgehen, wie beispielsweise Einsichten in die Notwendigkeit der Schriftsprachbeherrschung oder eine gewisse Kompetenz im Umgang mit der geschriebenen und gedruckten Sprache. Dies wird aber vermutlich nur gelingen, wenn sich Lehrerinnen und Lehrer über ihre eigenen Einstellungen zum Lesen und Schreiben Klarheit verschaffen, wenn sie vorgegebene Lehrziele reflektieren, die vorhandenen Materialien kritisch auf Inhalte und Struktur analysieren und souverän die methodischen Möglichkeiten ausnützen, die ihnen zur Verfügung stehen. In jedem Schuljahr bieten sich dazu neue

---

131 vgl. dazu Kapitel 5.4.1
132 vgl. Kapitel 3.1.1
133 vgl. Kapitel 3.1.3 und 3.2.1

Möglichkeiten. Ganz entscheidend für den Erfolg wird es auch sein, wie es Lehrerinnen und Lehrer verstehen, den Kindern Freude am Lesen- und Schreibenlernen zu vermitteln. Das gelingt wohl denjenigen am besten, die selbst ein produktives Verhältnis zum Buch und zum Schreiben haben.

Im Unterricht kommt es darauf an, den Kindern soviel wie möglich an Selbständigkeit und Selbsttätigkeit zuzutrauen. Sie sollen sich den Weg zur Schriftsprache auf eigene Weise erschließen. Lehrern und Lehrerinnen ist es aufgegeben, zwar genau zu beobachten und zu begleiten, aber die spezifische Entwicklung der Kinder nicht zu stören. Dazu ist es auch notwendig, den jeweiligen Leistungsstand jedes Kindes zu kennen. Diese Kenntnis dient nicht einer Benotung, wohl aber der je und je notwendigen, vorübergehenden Zuordnung zu einer Gruppe ähnlich leistungsstarker Kinder. Diese sollen, entsprechend ihrem Können, auf bestmögliche Weise weitergefördert werden. Dazu gehört eine repressionsfreie Atmosphäre, in der gern gelernt und gearbeitet wird. Schließlich ist es auch unumgänglich, eine lernanregende Umwelt zu schaffen, in der jedes Kind die Möglichkeit findet, sich mit Schriftsprache zu beschäftigen. Damit aber wird die Lehrperson zum eigentlich zentralen Faktor bei der Hinführung der Kinder zur Schriftsprache.

5.6 Weiterführende Literatur

Brügelmann, Hans/Heiko Balhorn (Hrsg.): Das Gehirn, sein Alfabet und andere Geschichten. Konstanz (Faude) 1990

Frostig, Marianne und Phyllis Maslow: Lernprobleme in der Schule. Stuttgart (Hippokrates) 1978

Gärtner, Hans, et al.: Ich lerne schreiben. Lehrerbegleithefte 1 und 2 (neu). München (Oldenbourg) 1983 (2. Aufl.)

Glöckel, Hans: Erstschreibunterricht. In: R. Rabenstein (Hrsg.), Erstunterricht. Bad Heilbrunn/Obb. (Klinkhardt) 1979 (2. Aufl.)

Grissemann, Hans: Pädagogische Psychologie des Lesens und Schreibens. Bern/Stuttgart/Toronto (Huber) 1986

Gümbel, Ruth: Erstleseunterricht. Entwicklungen, Tendenzen, Erfahrungen. Frankfurt a. M. (Scriptor) 1989 (3. Aufl.)

Hasler, Herbert: Lehren und Lernen der geschriebenen Sprache. Darmstadt (Wissenschaftliche Buchgesellschaft) 1991

Heuß, Gertrud E.: Schreibenlernen in offenen Lernsituationen – sicheres oder gefährdetes Schreibenlernen? In: Grundschule 22/6/1990, S. 17–19

Heuß, Gertraud E.: Vorschule des Lesens. München (Oldenbourg) 1980 (3. Aufl.)

Piechorowski, Arno (Hrsg.): Vielfältiger Erstleseunterricht. Ulm (Vaas) 1980

6. Literatur

Antesperg, Johann Balthasar von: Das Josephinische Erzherzogliche A.B.C. oder Namen-büchlein. Wien (Heyinger) 1744 (Nachdr. Dortmund (Harenberg) 1980

Arnold, Wilhelm / Hans Jürgen Eysenck / Richard Meili (Hrsg.): Lexikon der Psychologie. Freiburg / Basel / Wien (Herder) 1971

Auf'm Kolk, Adelheid / Theodor Kuch: Neue bunte Lesewelt. Donauwörth (Auer) 1992 (2. Auflage)

Baer, Jörg R.: Der Leselernprozeß bei Kindern. Analysen und Untersuchungen zur experimentellen Leseforschung und zu Problemen der Lesemethodik. Weinheim / Basel (Beltz) 1979

Bärmann, Fritz: Graphische Bestandsaufnahme. Ausgangsbasis für den Schreibunterricht. In: F. Bärmann (Hrsg.), Lernbereich Schrift und Schreiben. Braunschweig (Westermann) 1979, S. 102–120

Balhorn, Heiko / Hans Brügelmann (Hrsg.): Welten der Schrift in der Erfahrung der Kinder. Konstanz (Faude) 1987

Bamberger, Richard / Erich Vanecek: Lesen – Verstehen – Lernen – Schreiben. Wien / Frankfurt / Aarau (Jugend & Volk / Diesterweg / Sauerländer) 1984

Bauer, Sybille: Die Fibel als Instrument der Sozialisation. In: Diskussion Deutsch 5/1971, S. 265–273

Beisbart, Ortwin / Dieter Marenbach: Einführung in die Didaktik der deutschen Sprache und Literatur. Donauwörth (Auer) 1990 (5. Aufl.; 3. Aufl. 1981)

Benner, Dietrich / Jörg Ramseger: Zwischen Ziffernzensuren und pädagogischem Entwicklungsbericht: Zeugnisse ohne Noten in der Grundschule. In: Zeitschrift für Pädagogik 31/2/1985, S. 151–174

Bergk, Marion: Leselernprozeß und Erstlesewerk. Bochum (Kamp) 1980

Bergk, Marion / Kurt Meiers (Hrsg.): Schulanfang ohne Fibeltrott. Bad Heilbrunn/Obb. (Klinkhardt) 1985

Berquet, Karl Hans: Auf die Haltung kommt es an. In: L. F. Katzenberger (Hrsg.), Hygiene in der Schule. Ansbach (Prögel) 1976, S. 71–77

Bethlehem, Gerhard: Praxis des Lesenlernens. Düsseldorf (Schwann) 1984

Blöcher, Elisabeth: Motorische Dysfunktion als Ursache einer Schreibstörung. Diagnostik und therapeutische Vorschläge. In: E. Neuhaus-Siemon (Hrsg.), Schreibenlernen im Anfangsunterricht der Grundschule. Königstein/Ts. (Scriptor) 1981, S. 193–223

Bonfadelli, Heinz: Stand und Ergebnisse der Lese(r)forschung in der Schweiz. In: Lesen im internationalen Vergleich, Teil 1. Mainz (Stiftung Lesen) 1991 (2. Auflage), S. 80–101

Borries, Waltraud / Edith Tauscheck: Mimi die Lesemaus (Arbeitsheft). München (Oldenbourg) 1987

Bosch, Bernhard: Grundlagen des Erstleseunterrichts. Ratingen (Henn) 1961 (5. Aufl.; 1. Aufl. Leipzig 1937)

Bosch, Bernhard: Zum Problem des frühen Lesenlernens. In: Blätter des Pestalozzi-Fröbel-Verbandes 20/1969, S. 107–116

Bronfenbrenner, Urie: Wie wirksam ist kompensatorische Erziehung? Stuttgart (Klett) 1974

Brückl, Hans: Mein Buch. München / Berlin (Oldenbourg) 1926 (2. Aufl.)

Brückl, Hans: Mein erstes Buch zum Anschauen, Zeichnen, Lesen und Schreiben. München (Bayer. Schulbuchverlag/Oldenbourg) 1960 (11. Aufl.)

Brückl, Hans: Der Gesamtunterricht im ersten Schuljahr. München (Oldenbourg) 1964 (7. Aufl.)

Brügelmann, Hans: Kinder auf dem Weg zur Schrift. Konstanz (Faude) 1983

Brügelmann, Hans: Lesen- und Schreibenlernen als Denkentwicklung. In: Zeitschrift für Pädagogik 30/1/1984, S. 69–91

Brügelmann, Hans: Kinder auf dem Weg zur Schrift. In: Spektrum der Wissenschaft Mai 1987, S. 81–83

Brügelmann, Hans / Heiko Balhorn (Hrsg.): Das Gehirn, sein Alfabet und andere Geschichten. Konstanz (Faude) 1990

Burkhardt, Hermann: Zur visuellen Kommunikation in der Grundschulpraxis. Ravensburg (Otto Maier) 1974

Conrady, Peter: Fibelanalyse – alle Jahre wieder. In: Grundschule 22/5/1990, S. 50 f.

Correll, Werner: Vierjährige lernen lesen. In: Schwartz, Erwin: Neue Beiträge zum Erstleseunterricht, Beiheft 1: Die Grundschule. In: Westermanns Pädag. Beiträge 19/1/1967

Dahrendorf, Malte: Eine neue Lesebuchgeneration. Sonderdruck aus Bertelsmann-Briefe 1978

Dehn, Mechthild: Texte in Fibeln und ihre Funktion für das Lesen. Kronberg/Ts. (Scriptor) 1975

Dehn, Mechthild: Lernschwierigkeiten beim Schriftspracherwerb. Kriterien zur Analyse des Leselernprozesses und zur Differenzierung von Lernschwierigkeiten. In: Zeitschrift für Pädagogik 30/1/1984, S. 93–114

Dehn, Mechthild: Zeit für die Schrift. Bochum (Kamp) 1988

Denzel, Ferdinand: Erstunterricht. München (Kösel) 1964 (3. Aufl.)

Diener, Kuno: Schreibenlernen. Psychologische und didaktische Voraussetzungen. Stuttgart (Kohlhammer) 1980

Dühnfort, Erika / Ernst Michael Kranich: Der Anfangsunterricht im Schreiben und Lesen. Stuttgart (Freies Geistesleben) 1971

Edelmann, Walter: Schreiben lernen. Düsseldorf (Schwann) 1972

Edelmann, Walter: Schreibmotorik und Schreibentwicklung. In: Zeitschr. f. Entwicklungspsychologie und Pädag. Psychologie V/4/1973, S. 279–292

Faulmann, Carl: Das Buch der Schrift. Nördlingen (Greno) 1985. Reprint nach Wiener Ausgabe von 1880

Fechner, Heinrich (Hrsg.): Vier seltene Schriften des sechzehnten Jahrhunderts. Berlin (Wiegandt & Grieben) 1882 (Reprint)

Ferdinand, Willi: Über die Erfolge des ganzheitlichen und des synthetischen Lese-(Schreib-) Unterrichts in der Grundschule. Essen (Neue deutsche Schule) 1970

Földes Papp, Károly: Vom Felsbild zum Alphabet. Stuttgart (Delsei) Sonderausgabe 1984, Original 1966

Franzmann, Bodo: Leseverhalten im Spiegel neuerer Untersuchungen. In: Lesen im internationalen Vergleich, Teil 1. Mainz (Stiftung Lesen) 1991 (2. Aufl.), S. 53–70

Frith, U.: Beneath the surface of developmental dyslexia. In: K. E. Patterson et al. (Hrsg.) Surface dyslexia. Neuropsychological and cognitive studies of phonological reading. London (Erlbaum) 1985, S. 301–330

Frostig, Marianne / Phyllis Maslow: Lernprobleme in der Schule. Stuttgart (Hippokrates) 1978

Gärtner, Hans / Gertraud E. Heuß / Marianne Liedel: Ich lerne schreiben 1 und 2 (neu). Lehrerbegleithefte. München (Oldenbourg) 1983 a (2. Aufl.)

Gärtner, Hans / Gertraud E. Heuß / Marianne Liedel: Ich lerne schreiben (neu) (1 und 2). München (Oldenbourg) 1983 b (2. Aufl.)

Gibson, Eleanor J. / Harry Levin: Die Psychologie des Lesens. Stuttgart (Klett) 1980

Glöckel, Hans: Schreiben lernen – Schreiben lehren. Donauwörth (Auer) 1972 (2. Aufl.)
Glöckel, Hans: Erstschreibunterricht. In: R. Rabenstein (Hrsg.), Erstunterricht. Bad Heilbrunn/Obb. (Klinkhardt) 1979 (2. Aufl.)
Glogauer, Werner: Ausbildung der Sprechfertigkeit als Lernziel. In: Ehrenwirth Grundschulmagazin 5/1982, S. 9–12
Goodman, Kenneth S.: Die psycholinguistische Natur des Leseprozesses. In: A. Hofer (Hrsg.), Lesenlernen. Theorie und Unterricht. Düsseldorf (Schwann) 1976, S. 139–151
Grabolle, Almut: Voraussetzungen erfolgreichen Lesenlernens. In: Meiers, Kurt (Hrsg.), Erstlesen. Bad Heilbrunn (Klinkhardt) 1981 (2. Aufl.)
Gramm, Dieter: Entwicklungsgemäßes Schreibenlernen. Hannover (Zickfeldt) 1971 (2. Aufl.; 1. Aufl. 1964)
Gregor-Dellin, Martin (Hrsg.): Deutsche Schulzeit. Erinnerungen und Erzählungen aus drei Jahrhunderten. München (Nymphenburger Verlagshandlung) 1979
Grimm, Maria / Norbert Marcinkowski / Christa Marenbach / Dieter Marenbach / Dietrich Rüdiger: Lies mit Habakuk. Frankfurt a.M. (Diesterweg) 1989
Grissemann, Hans: Pädagogische Psychologie des Lesens und Schreibens. Bern / Stuttgart / Toronto (Huber) 1986
Grömminger, Arnold: Die deutschen Fibeln der Gegenwart. Erziehungswissenschaftliche Forschungen Bd. 3. Weinheim / Berlin / Basel (Beltz) 1970
Grosse, Siegfried (Hrsg.): Schriftsprachlichkeit. Düsseldorf (Schwann) 1983
Grünewald, Heinrich: Schrift als Bewegung. Weinheim (Beltz) 1970
Grünewald, Heinrich: Empirische Untersuchungen über die Bewegungsstruktur der Lateinischen Ausgangsschrift. In: F. Bärmann (Hrsg.), Lernbereich Schrift und Schreiben. Braunschweig (Westermann) 1979, S. 268–274
Gümbel, Ruth et al.: Fröhliche Fibel, Hannover (Schroedel) 1984
Gümbel, Ruth: Erstleseunterricht. Entwicklungen, Tendenzen, Erfahrungen. Frankfurt a.M. (Scriptor) 1989 (3. Aufl.; 1. Aufl. 1980)
Günnewig, Heinz / Günter H. Magnus / Gudrun Spitta / Kurt Warwel: Kombi-Fibel. Braunschweig (Westermann) 1978
Günther, Klaus B.: Ein Stufenmodell der Entwicklung kindlicher Lese- und Schreibstrategien. In: Brügelmann, Hans (Hrsg.), ABC und Schriftsprache: Rätsel für Kinder, Lehrer und Forscher. Konstanz (Faude) 1986, S. 32–54
Günther, Klaus B. (Hrsg.): Ontogenese, Entwicklungsprozeß und Störungen beim Schriftspracherwerb. Heidelberg (Schindele) 1989
Hasler, Herbert: Lehren und Lernen der geschriebenen Sprache. Darmstadt (Wiss. Buchgesellschaft) 1991
Havekost, Hermann / Klaus Klattenhoff: Lesen lernen. ABC-Bücher, Fibeln und Lehrmittel aus drei Jahrhunderten (Ausstellungskatalog). Universität Oldenburg (Bibliotheks- und Informationssystem) 1982
Heermann, Magadalene: Schreibbewegungstherapie für entwicklungsgestörte und neurotische Kinder und Jugendliche. Bielefeld (Gieseking) 1965
Hering, Chr.: Deutsche Fibel. München (Oldenbourg) o.J.
Heß, Gerhard: Linkshänder im Anfangsunterricht. In: F. Bärmann (Hrsg.), Lernbereich Schrift und Schreiben. Braunschweig (Westermann) 1979, S. 231–239
Heuß, Gertraud E.: Schreibenlernen: Technik oder Erziehungsprozeß? In: Bayerische Schule (Wissenschaft und Praxis) 17/1978, S. 11–14
Heuß, Gertraud E.: Vorschule des Lesens. München (Oldenbourg) 1980 (3. Aufl.)
Heuß, Gertraud E.: Leselehrverfahren in empirischer Sicht. In: K. Meiers (Hrsg.), Erstlesen. Bad Heilbrunn/Obb. 1981 (2. Aufl.), S. 88–97
Heuß, Gertraud E.: Was wird beim Benoten von Schülerschriften bewertet? In: AGS (Hrsg.), Schreiben will gelehrt sein. Hannover (Pelikan) o.J. (1988), S. 26–30

Heuß, Gertraud E.: Schreibenlernen in offenen Lernsituationen – sicheres oder gefährdetes Schreibenlernen? In: Grundschule 22/6/1990, S. 17–19

Heuß, Gertraud E.: Lernen mit allen Sinnen – auch bei Lese-Rechtschreib-Schwierigkeiten? In: Grundschule 23/5/1991, S. 26–28

Hinrichs, Jens / Helene Will-Beuermann: Bunte Fibel. Hannover (Schroedel) 1983

Hirsch, Helmut (Hrsg.): Über Tisch und Bänke. Erzählte Kindheit. Berlin (Ost) (Der Morgen) 1981

Hofer, Adolf (Hrsg.): Lesenlernen. Theorie und Unterricht. Düsseldorf (Schwann) 1976

Höfling, Gerd: Auf den Blickwinkel kommt es an. In: L. F. Katzenberger (Hrsg.), Hygiene in der Schule. Ansbach (Prögel) 1976, S. 79–91

Ingenkamp, Karlheinz (Hrsg.): Die Fragwürdigkeit der Zensurengebung. Texte und Untersuchungsberichte. Weinheim (Beltz) 1971

Iserlohner Schreibkreis (Hrsg.): Rundbriefe 1951–1964. Iserlohn (Iserlohner Schreibkreis)

Jackson, Donald: Alphabet. Die Geschichte vom Schreiben. Frankfurt a. M. (Fischer) 1981

Jaumann, Olga: Der Leselernprozeß bei benachteiligten Kindern. Weinheim / Basel (Beltz) 1982

Kaestner, Elisabeth / Renate Tost: Schreibunterricht. Berlin (Ost) (Volk und Wissen) 1977

Kainz, Friedrich: Psychologie der Sprache (Bd. 4). Stuttgart (Enke) 1956

Kainz, Friedrich: Die Schrift. In: K. Meiers (Hrsg.), Erstlesen. Bad Heilbrunn/Obb. (Klinkhardt) 1977, S. 25–32

Kalb, Günter / Rainer Rabenstein / Detlef H. Rost: Lesen und Verstehen. Anleitungsheft. Braunschweig (Westermann) 1980 (2. Aufl.; 1. Aufl. 1979)

Kalb, Günter / Rainer Rabenstein / Detlef H. Rost: Lesen und Verstehen. Diagnose und Training. Braunschweig (Westermann) 1980 (2. Aufl.)

Katzenberger, Lothar F. (Hrsg.): Hygiene in der Schule. Ansbach (Prögel) 1976

Kern, Artur / Erwin Kern: Praxis des ganzheitlichen Lesenlernens. Freiburg / Basel / Wien (Herder) 1964 (2. Aufl.)

Kitzinger, Erwin / Ferdinand Kopp / Erich Selzle: Lehrplan für die Grundschule in Bayern mit Erläuterungen und Handreichungen. Donauwörth (Auer) 1971

Klafki, Wolfgang: Zum Verhältnis von Didaktik und Methodik. In: Zeitschrift f. Päd. 22/1/1976, S. 77–94

Klafki, Wolfgang: Die bildungstheoretische Didaktik. In: Westermanns Pädagogische Beiträge 32/1/1980, S. 32–37

Klauer, Karl Josef: Forschungsmethoden der Pädagogischen Psychologie. In: Weidenmann, Bernd / Andreas Krapp et al. (Hrsg.), Pädagogische Psychologie. München / Weinheim (Psychologie Verlags Union / Urban & Schwarzenberg) 1986, S. 73–95

K. Lokalschulkommission (Hrsg.): Münchener Fibel. München (Schnell) o. J.

Kohtz, Karin: Club für kleine Leseratten. Untersuchung und Forderung von spontan frühlesenden Kindern im Alter von 5 bis 8 Jahren. Unveröffentlichter Abschlußbericht der Begabtenförderung des Bundesministers für Bildung und Wissenschaft. Bonn 1989

Kramer, Josefine: Linkshändigkeit. Solothurn (Antonius) 1970 (2. Aufl.; 1. Aufl. 1962)

Kratzmeier, Heinrich: Kleinkindfibel. Weinheim (Beltz) 1967

Krichbaum, Gabriele (Hrsg.): Schrift gestalten – Gestalten mit Schrift. Beiträge zur Reform der Grundschule (Bd. 72). Frankfurt a. M. (Arbeitskreis Grundschule e. V.) 1987

Kuhlmann, Fritz: Schreiben im neuen Geiste. München (Max-Kellerers) 1917

Laermann, Klaus: Schrift als Gegenstand der Kritik. In: Merkur (Deutsche Zeitschrift für europäisches Denken) 44/2/1990, S. 120–134

Lehrplan für die bayerischen Grundschulen. Amtsblatt des bayerischen Staatsministeriums für Unterricht und Kultus, So.-Nr. 20, 1981

Lichtenstein-Rother, Ilse: Schulanfang. Frankfurt / Berlin / Bonn / München (Diesterweg) 1969

Lichtenstein-Rother, Ilse / Edeltraud Röbe / Heinrich J. Röbe / Rolf Bergmann: Der Lesebaum. Arbeitsmappe f. d. erste Schuljahr. München (List) 1992

Liedel, Marianne: Störungen im Schreiblernprozeß. In: F. Bärmann (Hrsg.), Lernbereich Schrift und Schreiben. Braunschweig (Westermann) 1979, S. 196–204

Lückert, Heinz Rolf (Hrsg.): Begabungsforschung und Bildungsförderung als Gegenwartsaufgabe. München / Basel (Reinhard) 1969

Ludwig, Otto: Einige Gedanken zu einer Theorie des Schreibens. In: S. Grosse (Hrsg.): Schriftsprachlichkeit. Düsseldorf (Schwann) 1983, S. 37–74

May, Peter: Schriftaneignung als Problemlösen. Frankfurt a. M. / Bern / New York (Peter Lang) 1986

Meiers, Kurt (Hrsg.): Erstlesen. Bad Heilbrunn/Obb. (Klinkhardt) 1981 (2. Aufl.; 1. Aufl. 1977)

Meiers, Kurt und M. Herbert: Bedingungen des Lesenlernens. Kronberg/Ts. (Scriptor) 1978

Meiers, Kurt: Informeller Test zur Ermittlung von Leselernvoraussetzungen bei Schulanfängern. Reutlingen (Arbeitskreis Grundschule e. V.) 1981

Meiers, Kurt (Hrsg.): Fibeln und erster Leseunterricht. Beiträge zur Reform der Grundschule (Bd. 64). Frankfurt a. M. (Arbeitskreis Grundschule e. V.) 1986

Meis, Rudolf: Schreibleistungen von Schulanfängern u. das Problem der Ausgangsschrift. In: Zeitschr. f. experimentelle u. angewandte Psychologie. Göttingen 1963, S. 425–454

Menzel, Wolfgang (Hrsg.): Fibeln und Lesebücher für die Primarstufe. Paderborn (Schoningh) 1975

Menzel, Wolfgang: Zur Integration der Methoden beim Lesen- und Schreibenlernen. In: K. Meiers (Hrsg.), Erstlesen. Bad Heilbrunn/Obb. (Klinkhardt) 1977, S. 125–132

Menzel, Wolfgang: Schreibenlernen – Lesenlernen. In: Bärmann, Fritz (Hrsg.): Schrift und Schreiben. Braunschweig (Westermann) 1979, S. 242–252

Menzel, Wolfgang: Schreiben – Lesen. Für einen handlungsorientierten Erstunterricht. In: E. Neuhaus-Simon (Hrsg.), Schreibenlernen im Anfangsunterricht der Grundschule. Königstein/Ts. (Scriptor) 1981, S. 134–160

Menzel, Wolfgang et al.: Die Fibel. Lehrerband. Braunschweig (Westermann) 1986

Meyers Konversationslexikon, Band 15. Leipzig / Wien (Bibliographisches Institut) 1897 (5. Aufl.)

Müller, Erhard P.: Lesen in der Grundschule. München (Oldenbourg) 1978

Müller, Heinrich: Methoden des Erstleseunterrichts und ihre Ergebnisse. Meisenheim am Glan (Anton Hain K.G.) 1964

Muth, Jakob: Ausgangsschrift im Erstleseunterricht. In: K. Meiers (Hrsg.), Erstlesen. Bad Heilbrunn/Obb. (Klinkhardt) 1981 (2. Aufl.), S. 143–154

Naegele, Ingrid / Dieter Haarmann / Peter Rathenow / Kurt Warwel (Hrsg.): Lese- und Rechtschreibschwierigkeiten. Orientierungen und Hilfen für die Arbeit mit Grundschülern. Beiträge zur Reform der Grundschule (Bd. 46/47). Weinheim / Basel (Arbeitskreis Grundschule e. V. Frankfurt) 1981

Neisser, Ulric: Kognitive Psychologie. Stuttgart 1974

Neuhaus-Simon, Elisabeth (Hrsg.): Schreibenlernen im Anfangsunterricht der Grundschule. Königstein/Ts. (Scriptor) 1984 (2. Aufl.; 1. Aufl. 1981)

Neuhaus-Simon, Elisabeth: Kinder kommen als Leser in die Schule. Entwicklungsprozesse beim Schriftspracherwerb. In: K. B. Günther (Hrsg.), Ontogenese, Entwicklungsprozeß und Störungen beim Schriftspracherwerb. Heidelberg (Schindele) 1989, S. 135–150

Neuhaus-Simon, Elisabeth: Frühleser – Ergebnisse einer Fragebogenerhebung in den Regierungsbezirken Unterfranken und Köln. In: Zeitschrift für Pädagogik 2/1991, S. 285–308

Nießler, Martin: Augsburger Schulen im Wandel der Zeit. Augsburg (Hieronymus Mühlberger) 1984

Nündel, Ernst (Hrsg.): Lexikon zum Deutschunterricht. München / Wien / Baltimore (Urban & Schwarzenberg) 1979

Oerter, Rolf / Leo Montada: Entwicklungspsychologie. München / Weinheim (Psychologie Verlags Union) 1987 (2. Aufl.)

Oppolzer, Siegfried (Hrsg.): Denkformen und Forschungsmethoden der Erziehungswissenschaft, Bd. 1 und 2. München (Ehrenwirth) 1966 (Bd. 1), 1969 (Bd. 2, 2. Aufl.)

Oskamp, Irmtraud M.: Zur Sprachentwicklung des Kindes. In: Grundschule 21/11/1989, S. 49–53

Piechorowski, Arno (Hrsg.): Vielfältiger Erstleseunterricht. Ulm (Vaas) 1980

Pregel, Dieter et al.: Lesen heute (Neubearbeitung). Hannover (Schroedel) 1981

Pregel, Dieter et al.: Lernstandskontrollen zu „Lesen Heute". Hannover (Schroedel) 1983

Rabenstein, Rainer: Erstleseunterricht. In: R. Rabenstein (Hrsg.), Erstunterricht. Bad Heilbunn/Obb. (Klinkhardt) 1979

Rathenow, Peter: Was Stefan schon lesen kann. In: K. B. Günther (Hrsg.), Ontogenese, Entwicklungsprozeß und Störungen beim Schriftspracherwerb. Heidelberg (Schindele) 1989

Reinartz, Erika: Förderung visueller Wahrnehmung und Motorik. In: F. Bärmann (Hrsg.), Lernbereich Schrift und Schreiben. Braunschweig (Westermann) 1979, S. 184–195

Reinhard, Ludwig: Grundlagen und Praxis des Erstunterrichts im Lesen und Schreiben. München (Bayer. Schulbuchverlag) 1962 (2. Aufl.)

Reiser, Rudolf: Lehrergeschichte(n). Ein historischer Streifzug von der Germanenzeit bis zur Gegenwart. München (Ehrenwirth) 1984

Reitmajer, Valentin: Mundartsprechende Schüler haben es schwerer. In: Bayerische Schule (Wissenschaft und Praxis) 11/1980, S. 17–20

Rett, Andreas / Thaddäus Kohlmann / Günter Strauch: Linkshänder. Analyse einer Minderheit. Wien (Jugend und Volk) 1973

Ritter, M. / F. Spanier (Hrsg.): Ferdinand Hirts Neue Schreib-Lese-Fibel. Breslau (Hirt) 1926

Röbe, Edeltraud: Didaktik des Lesenlernens. (Diss. Augsburg). Forschungsbeiträge zur Grundschulreform (Bd. 2). Frankfurt a. M. (Arbeitskreis Grundschule e. V.) 1977

Röhr, Horst: Voraussetzungen zum Erlernen des Lesens und Rechtschreibens. Aspekte eines Lernprozesses und Ergebnisse einer multivariaten Längsschnittstudie. Diss. der Phil. Fak. der westfälischen Wilhelms-Universität Münster (Westf.) 1978

Rombach, Theo (Hrsg.): Wer stört denn da schon wieder? Alte und neue Schulgeschichten. Freiburg / Basel / Wien (Herderbücherei 1274) 1985

Rost, Detlef H.: Komponenten des Leseverständnisses. Berichte und Arbeiten aus dem Institut für Grundschulforschung der Universität Erlangen-Nürnberg, 1984

Rost, Detlef H.: Hat Leseverständnis eine Struktur? Berichte und Arbeiten aus dem Institut für Grundschulforschung der Universität Erlangen-Nürnberg, 1985

Rother, Ilse: Schulanfang. Frankfurt a. M. (Diesterweg) 1957

Rüdiger, Dietrich: Ansatz und erste Befunde einer experimentellen Längsschnittstudie zum Lesenlernen im Vorschulalter. In: Schule und Psychologie 17/3/1970

Rüdiger, Dietrich et al.: Lies mit Habakuk. Frankfurt a. M. (Diesterweg) 1990

Rudolf, Horst: Die Entwicklung der Graphomotorik (Diss. PH Westfalen-Lippe) 1978

Salberg-Steinhardt, Barbara: Die Schrift. Geschichte, Gestaltung, Anwendung. Köln (Du Mont) 1988 (4. Aufl.)

Samuels, S. J.: Attentional process in reading. The Effects of Pictures on the Aequisition of Reading Response. In: Journal of Educ. Psychology 58/337/1967

Scheerer, Eckart: Probleme und Ergebnisse der experimentellen Leseforschung. In: Zeitschrift f. Entwicklungspsychologie u. Pädagogische Psychologie X/4/1978, S. 347–364

Scheerer-Neumann, Gerheid: Zur Analyse des Leseprozesses beim Grundschulkind. In: Osnabrücker Beiträge zur Sprachtheorie, Juli 1979, S. 98–123

Scheerer-Neumann, Gerheid: Prozeßanalyse der Leseschwäche. In: Valtin, Renate, et al., Legasthenie in Wissenschaft und Unterricht. Darmstadt (Wiss. Buchgesellschaft) 1981

Scheerer-Neumann, Gerheid: Zur Entwicklung von Spontanschreibungen: Eine Fallstudie. In: Baurmann, Jürgen u. a. (Hrsg.): Germanistische Linguistik 93–94 (1988), Aspekte von Schrift und Schriftlichkeit. Hildesheim / Zürich / New York (Georg Olms) 1988, S. 27–58

Scherl, Josef: Neue Menschen, neue Schule. In: Süddt. Sonntagspost, München 2/34 vom 19. 8. 1928, S. 12 f.

Schiefele, Hans: Lernmotivation und Motivlernen. München (Ehrenwirth) 1974

Schiffler, Horst / Rolf Winkeler: Tausend Jahre Schule. Eine Kulturgeschichte des Lernens in Bildern. Stuttgart / Zürich (Belser) 1987 (2. Aufl.)

Schilling, Friedhelm: Linkshändigkeit und Schreibenlernen. In: E. Neuhaus-Siemon (Hrsg.), Schreibenlernen im Anfangsunterricht der Grundschule. Königstein/Ts. (Scriptor) 1981, S. 163–191

Schilling, Friedhelm: Linkshändigkeit und Schreibenlernen. In: Bayerische Schule (Wissenschaft und Praxis) 14/1983, S. 15–18

Schilling, Friedhelm: Vom Strich zur Schrift. In: Grundschule 22/4/1990, S. 17–19

Schmalohr, Emil: Psychologie des Erstlese- und Schreibunterrichts. München / Basel (Reinhardt) 1961

Schmalohr, Emil: Frühes Lesenlernen. Heidelberg (Quelle & Meyer) 1973

Schneider, Wolfgang: Möglichkeiten der frühen Vorhersage von Leseleistungen im Grundschulalter. In: Zeitschrift für Pädagogische Psychologie 3/2/1989, S. 157–168

Schorch, Günther (Hrsg.): Schreibenlernen und Schriftspracherwerb. Bad Heilbrunn/Obb. (Klinkhardt) 1992 (2. Aufl.)

Schorch, Günther: Erstschrift. In: G. Schorch (Hrsg.), Schreibenlernen und Schriftspracherwerb. Bad Heilbrunn/Obb. (Klinkhardt) 1992, S. 106–119

Schwartz, Erwin: Der Leseunterricht 1. Wie Kinder lesen lernen. Braunschweig (Westermann Taschenbuch) 1971 (4. Aufl.; 1. Aufl. 1964)

Schwarzer, Christine: Schülerbeurteilung. Zur Problematik der Erfassung und Beurteilung der Leistung des Grundschülers. In: H. R. Becher (Hrsg.), Taschenbuch des Grundschulunterrichts. Baltmannsweiler (Päd. Verlag Burgbücherei Schneider) 1981, S. 101–109

Schweitzer, Ingrid: Otto ist toll – Susanne weint. Neues zu Rollenklischee und Gleichberechtigung in Fibeln. In: Grundschule 23/1/1991, S. 18–20

Smith, Carl B.: The Effect of Environment on Learning to Read. In: Smith, C. B. (ed.), Parents and Reading. Newark (IRA, Perspectives in Reading Nr. 14) 1971, p. 10–22

Speck, Josef / Gerhard Wehle (Hrsg.): Handbuch pädagogischer Grundbegriffe (Bd. 2). München (Kösel) 1970

Steinwachs, Friedrich / Inge Teuffel: Schreibmotorik und Schreibmaterial bei Grundschulkindern. Göttingen (Hogrefe) 1954

Sünkel, Wolfgang: Die Situation des offenen Anfangs der Erziehung mit Seitenblicken auf Pestalozzi und Makarenko. In: Zeitschr. f. Pädagogik 36/3/1990, S. 297–307

Sütterlin, Ludwig: Grundlagen und Praxis des Erstunterrichts im Lesen und Schreiben. München (Beck) 1917

Tille, Josef / Anna Tille: Ein neuer Weg im Erstleseunterricht. Wien (Jugend und Volk) o. J. (3. Aufl. ca. 1962)

Troßbach-Neuner, Eva: Womit fängt „Eimer" an? Gesprochene Sprache im Aufbau phonematischer Bewußtheit. Frankfurt a. M./Berlin/Bern/New York/Paris/Wien (Peter Lang) 1992

Valtin, Renate / Anke Bemmerer / Gabi Nehring: Kinder lernen schreiben und über Sprache nachzudenken. Eine empirische Untersuchung zur Entwicklung schriftsprachlicher Fähigkeiten. In: Valtin / Naegele (Hrsg.): Schreiben ist wichtig! Beiträge zur Reform der Grundschule 67/68. Frankfurt a. M. (Arbeitskreis Grundschule e. V.) 1986, S. 23–53

Valtin, Renate: Erstunterricht mit Großbuchstaben. In: Grundschule 22/3/1990, S. 44–46

Vestner, Hans u. a.: CVK-Leselehrgang. Sprechen – Schreiben – Lesen. Berlin/Bielefeld (Cornelsen, Velhagen & Klasing) 1974

Walz, Ursula / Erwin Schwartz (Hrsg.): Lesewerk und Texte für die Grundschule. Beiträge zur Reform der Grundschule (So. Bd. 21/22). Frankfurt a. M. (Arbeitskreis Grundschule e. V.) 1975

Warwel, Kurt: Über Signalgruppen und ihre Bedeutung für den Lesevorgang. In: Westermanns Pädagog. Beiträge 17/7/1965, S. 322–327

Wechsler, Ulrich: Lesen, Leseforschung, Leseförderung. In: Bertelsmann Briefe H. 121, Mai 1987, S. 3–8

Weigl, Egon: Schriftsprache als besondere Form des Sprachverhaltens. In: A. Hofer (Hrsg.), Lesenlernen: Theorie und Unterricht. Düsseldorf (Schwann) 1976, S. 82–98

Weinert, Franz / H. Simons / W. Essing: Schreiblehrmethode und Schreibentwicklung. Weinheim (Beltz) 1966

Wimmer, Heinz / Michael Hartl / Ewald Moser: Passen „englische" Modelle des Schriftspracherwerbs auf „deutsche" Kinder? Zweifel an der Bedeutsamkeit der logographischen Stufe. In: Zeitschrift für Entwicklungspsychologie und Pädagogische Psychologie XXII/2/1990, S. 136–154

Wimmer, Heinz / Thomas Zwicker / Daniela Gugg: Schwierigkeiten beim Lesen und Schreiben in den ersten Schuljahren: Befunde zur Persistenz und Verursachung. In: Zeitschrift für Entwicklungspsychologie und Pädagogische Psychologie XXIII/4/1991, S. 280–298

Wiener, Harvey S.: Sprache für ein ganzes Leben. Ravensburg (Otto Maier) 1990

Wygotski, Lew Semjonowitsch: Denken und Sprechen. Frankfurt a. M. (Fischer Taschenbuch) 1977

Ziehbart, Ursula: Hexenspeise. Pfullingen (Neske) 1976